L'Alliance française

Histoire d'une institution

Maurice Bruézière

Agrégé des lettres.
Directeur de l'École Internationale de l'Alliance française de Paris, de 1959 à 1981.
Ancien membre du Haut-Comité de la langue française.
Conférencier de l'Alliance française en Europe, en Amérique du nord et du sud, en Afrique, en Asie, en Océanie.

Auteur (ou co-auteur) de plusieurs ouvrages pour l'enseignement du français aux étrangers :
— *La France et ses écrivains,*
— *Manuel du français accéléré,*
— *Le français et la vie* (3 tomes),
— *Pages contemporaines*
(Hachette éditeur).

Directeur de la collection *Poche université*, puis de la collection *Lire aujourd'hui* (20 titres parus).
(Hachette éditeur).

Auteur d'une *Histoire descriptive de la Littérature contemporaine* (2 tomes) (Berger-Levrault éditeur).

Maurice BRUÉZIÈRE

L'Alliance française

Histoire d'une institution

Hachette

Sur la couverture : reproduction d'une mosaïque en cristal de Venise, d'Oswaldo Guyasamin, réalisée pour l'Université centrale de Quito.

Principe général de lecture :
Elle se lit de bas en haut.

Les couleurs et la lumière :
Du fond noir qui encadre l'homme primitif en bas, au milieu, naissent tous les autres coloris dont aucun ne se répète : les bleus, les jaunes, les rouges, jusqu'au blanc dans l'angle supérieur droit, évolution ultime qui, lui, représente la lumière vers laquelle monte l'humanité.

Lecture détaillée :
A gauche :
un minotaure inversé (corps de taureau, tête d'homme) porteur de feu. A sa gauche, une plante fossile, symbole de la plante nourricière primitive.

Au centre en bas :
l'homme primitif surgissant du limon et portant un masque ;
— à droite le maïs ;
— à côté du maïs : stylisation de l'arc gothique, représentant la religion. On distingue dans le dessin une représentation de la poitrine de l'homme (branchies ou poumons) couronnée par l'arc ogival ;
— à côté de l'arc gothique : le symbole du guerrier, le casque avec les dents et le glaive. La religion et la guerre écrasent l'homme qui ploie ou se prosterne.
Le tout est inspiré par l'art du vitrail.

A l'extrême droite :
un mutant, l'homme nouveau de l'espace, mais dont les bras sont coupés aux coudes car l'homme n'est pas terminé, il est en train de s'accomplir, c'est le sens de la légende : « Un monde à naître sous tes pas » ;
— en bas à droite de cet homme du futur dont la tête est dans la lumière blanche, la roue, symbole de l'invention humaine ;
— en haut : le soleil encadré par le symbole de l'énergie nucléaire : nature et science s'illuminant l'une l'autre pour porter l'homme vers le progrès.
Cette démarche très « teilhardienne », qui propose une synthèse des phénomènes physiques, biologiques, psychologiques pour conclure à une évolution de l'univers en marche vers la lumière de l'unité, est on ne peut plus optimiste.

I.S.B.N. 2.01.009341.0.

© 1983 Librairie Hachette. 79, bd Saint-Germain. F. 75006 PARIS

NOTRE ALLIANCE

Une libre association sans but lucratif qui prospère, sereine et, semble-t-il, assurée de son avenir, atteint aujourd'hui la centième année de son âge : ne serait-ce pas un miracle ? Et d'autant qu'à plusieurs reprises, la prospérité de l'Alliance et son existence même ont failli disparaître.

Était-elle encore utile, l'Alliance, au début de ce siècle quand tout semblait aller de soi, dans le vaste monde, pour la langue et la culture de la France, pays riche, actif, rayonnant, admiré et envié ?

Survivrait-elle cette Alliance, quand un peu plus tard une longue guerre inexpiable ruinerait et saignerait la France, ferait perdre sa suprématie intellectuelle et morale à l'Occident européen et allumerait, à l'Est comme à l'Ouest, des lumières nouvelles et qui éblouiraient ?

Ne risquait-elle pas le coup de grâce, cette Alliance, quand la France, en 1940, sombrait dans l'abîme obscur où elle resterait plongée pendant quatre ans avant d'en sortir épuisée ? Et pourrait-elle renaître en 1944, dans un monde aussi tourmenté et déchiré dans la paix qu'il l'avait été dans la guerre ?

Et puis, reconnaissons-le, l'esprit du siècle ne favorise en rien, quand il les tolère encore, les œuvres de liberté, les entreprises désintéressées, l'air des cimes ; il bâtit des plans, il s'en remet aux États et à l'anonymat pesant de leurs administrations ; il tend, à l'exemple de l'ennemi par deux fois abattu, à substituer la contrainte au dévouement, l'ordre au libre examen, la propagande à la bonne foi. N'affirme-t-il pas aussi, sans aucune espèce de remords, la primauté de l'économie et n'affiche-t-il pas un matérialisme orgueilleux et oppressif ?

Quel est, alors, le secret de l'Alliance, qu'est-ce qui a permis sa survie et son développement et qui, depuis l'origine, assure sa prospérité ?... Tout simplement sa fidélité à elle-même et au corps de doctrine de ses fondateurs et de ceux qui, par la suite, ont tenu ses destinées en main.

Pour eux et pour nous, la langue française, la culture française, la civilisation — que cette langue exprime et que cette culture féconde — ne sont pas la propriété de la France. La France, grâce à l'Alliance, propose amicalement à tous la connaissance et l'usage de son « beau langage » et l'accès aux enrichissements et aux plaisirs que peuvent apporter à l'esprit et au cœur sa culture et sa civilisation.

Audacieuse, elle remet aux autres, c'est-à-dire aux étrangers eux-mêmes, le soin d'accéder, et par leurs voies propres, à la possession de ce qu'elle leur propose. Ils le découvrent, le cultivent et le célèbrent à leur manière. Il n'y a pas une « Alliance française » mais des Alliances françaises, et l'Alliance de Paris n'est rien d'autre qu'une sœur aînée et, j'ose à peine l'écrire, une « Alliance-mère ».

Une fédération qui transcende les frontières nationales ? Une union ? Bien plutôt, semble-t-il, des liens d'amitié, des rencontres, des échanges, une *entraide. Les Alliances, toutes les Alliances sont maîtresses chez elles, avec leurs statuts, leurs propriétés, leurs inspirations, leurs programmes, leurs volontés. Elles ne s'engagent, à notre endroit, qu'à servir l'esprit qui nous définit.*

... Respecter l'autre quelles que soient sa religion, ses opinions, sa couleur, ses traditions. Ni maîtres, ni élèves, car chacun peut avoir à occuper la chaire ou à prendre place sur les bancs ! Ne compte que l'effort pour s'instruire et s'élever. On parle à présent de « dialogue des cultures » : seule, l'expression est nouvelle et nous pratiquons ce dialogue depuis l'origine, sachant bien que c'est en donnant qu'on reçoit.

L'idée de compétition nous fut et nous demeure étrangère. Les langues, les cultures et la civilisation sont ce qu'elles sont et occupent, dans le monde, les places que l'Histoire leur a données et qu'elle n'a jamais cessé de réduire ou d'élargir à son gré. Si telle langue paraît un jour plus utile que d'autres, ou même plus apte à l'expression de certains aspects de la civilisation, que nous importe ? Demain, les choses auront changé et seul l'esprit a chance d'être éternel.

Mais *l'Alliance a des méthodes, qu'elle recommande et qu'en 1944, son Président à Paris, Georges Duhamel, et moi-même, nous nous sommes attachés à redéfinir.*

D'abord, établir, dans toute la mesure où cela paraît souhaitable et possible, une hiérarchie des activités.

Au premier rang, de toute nécessité aujourd'hui comme hier, l'enseignement de la langue. Parce que c'est une entreprise légitime et qui laisse à chacun sa pleine liberté de choix et son originalité. Parce qu'aussi il ne suffit plus, comme autrefois, d'entretenir la connaissance du français chez nos amis de l'étranger, mais qu'il importe de la répandre et, en la répandant, de « faire du nombre » tout en sachant répondre à des curiosités et à des besoins spécifiques. Que le professeur, en particulier, n'hésite jamais à sortir de sa classe, que Mahomet aille à la montagne puisque la montagne ne peut venir à lui !

Le livre, ensuite, parce qu'il est l'aboutissement et la récompense de cet enseignement de la langue. Sans le livre, cet enseignement ne peut que déboucher sur le vide... Une Alliance est infirme qui ne possède pas sa bibliothèque en un temps où, hélas, le livre français est souvent resté, dans les librairies de l'étranger, une marchandise rare et chère. Le livre, aussi, parce que notre civilisation, comme toute civilisation, comme la civilisation, est une civilisation du livre ; le livre est la mémoire de l'humanité civilisée, et l'audio-visuel ne peut que venir (mais doit venir) diversifier et prolonger ses bienfaits.

Naîtront d'elles-mêmes, alors, comme données « par surcroît », et s'épanouiront, ces formes agréables et enrichissantes de l'activité spirituelle : les réunions « sociales », les conférences, les débats, le théâtre, le cinéma, les concerts, les expositions... Récompenses ? Couronnements ? Une vie spirituelle qui, sans cesse, est relancée et se renouvelle.

Une Alliance, chaque Alliance, serait donc une personne vivante. Il nous appartiendrait de lui fournir des outils, c'est-à-dire d'abord des méthodes modernes d'enseignement adaptées à ses besoins ; mais encore des livres, du matériel, et des hommes qui iraient lui porter ce que Georges Duhamel appelait « la parole de la France ».

Il nous appartiendrait aussi de la pousser à se mettre, comme on dit, dans ses murs : soit en louant, soit en achetant et, mieux encore, en bâtissant. On nous reprochera aimablement d'être atteint de « la maladie de la pierre » et d'avoir tout fait pour que les autres, par centaines, en souffrent à leur tour ! Mais les âmes qui ne se sont pas incarnées, se condamnent, hélas, à l'errance et, au moindre souffle de bise, à la disparition !... A Paris, par des emprunts audacieux, nous avons donné l'exemple. D'autres nous ont suivis, et des municipalités et des gouvernements étrangers les ont souvent généreusement aidés.

Il nous appartiendrait, en outre, et grâce au soutien que nous accorderaient les gouvernements de la France, de mettre à la disposition de ces Alliances des professeurs qu'on choisirait talentueux, dévoués, respectueux des libertés d'autrui, curieux de recevoir des autres tout autant que de leur donner... Ils sont à présent des centaines !

Ne restait plus qu'à définir – ce que nous fîmes dès 1944 – ce que serait une Alliance achevée et complète, une « Alliance idéale ». Un groupe, une réunion, aussi nombreux et varié qu'il est possible, d'étrangers curieux, ou amoureux, de la France, de sa langue, de sa culture, de la civilisation... qui élirait périodiquement un Comité chargé de lui donner un statut, de l'implanter dans les réalités locales, de le représenter, de l'administrer et de l'inspirer... Avec l'aide du garçon de talent que nous lui enverrions et d'une équipe que ce Comité et lui-même auraient à recruter... Une maison, en somme, bruissante de vie, attirante et ambitieuse, une maison de la France, des amitiés de l'esprit, une chaleureuse entreprise intellectuelle.

Marc BLANCPAIN

AVERTISSEMENT

Il est surprenant que l'Alliance française ait dû attendre un siècle avant de trouver son premier historien. Sans doute les hommes d'action qui l'ont fondée, puis qui ont travaillé à sa croissance et à sa prospérité, ont-ils pensé qu'il était plus important de faire l'histoire que de l'écrire : un jour viendrait bien où quelque plumitif rendrait hommage à la hardiesse des pionniers et à la ténacité de leurs successeurs... Eh ! bien, avec l'année du Centenaire ce jour — de devoir sinon de gloire — est arrivé, car il aurait été dommage de célébrer un anniversaire aussi vénérable sans voir l'un des « chevaliers servants[1] » de la maison remémorer les efforts, et parfois les combats, de ceux qui l'ont construite, agrandie, consolidée jusqu'à en faire une institution irremplaçable.

Pourtant, et bien que je sois d'Alliance, je n'ai jamais envisagé d'écrire un panégyrique de notre association. Historien : oui ; apologiste : non ; hagiographe : encore moins. Si elle a été critiquée, voire attaquée, l'Alliance n'a jamais fait la guerre à personne. Elle n'a pas à être défendue, ni même justifiée. Elle n'a aucun secret honteux à cacher, à gommer, à retrancher de sa longue carrière. Elle peut se présenter le front haut devant la postérité.

Au reste, je n'aurais jamais accepté de composer cette histoire, si j'avais dû le faire après avoir reçu des directives quelconques. J'ai écrit ce livre en toute liberté, conformément à la tradition d'une Association qui se flatte d'être une « libre assemblée d'hommes libres ». On pourra me reprocher des omissions, des oublis : je suis conscient d'avoir été souvent dans l'incapacité d'évoquer, fût-ce en quelques lignes, le travail de fourmis accompli dans chacun des quelque 1 200 Comités d'Alliance et d'avoir dû passer sous silence tant de dévouements exemplaires, tant de vertus qui auraient mérité d'être mentionnées. Mais l'espace m'était mesuré, et le temps aussi pour faire toutes les recherches nécessaires. Cette histoire n'est qu'une histoire, une première histoire, qui en suscitera d'autres plus complètes et mieux informées. Du moins est-elle « sincère », comme fut celle du vieux Seignobos[2], impartiale, et même véridique.

Ma documentation s'est réduite à l'essentiel : je l'ai trouvée, presque entièrement, dans cette **Revue** qu'a ponctuellement publiée l'Alliance depuis ses débuts jusqu'à ce que, « faute d'argent, c'est douleur non pareille », elle ait dû renoncer à la faire paraître (1952). Du moins, un **Bulletin mensuel d'information** ayant assuré la relève quelques années plus tard, ai-je pu y trouver la relation suivie des principaux événements qui ont marqué son existence. J'ai puisé aussi, à pleines mains, dans les **Rapports** présentés par les Secrétaires généraux lors des Assemblées générales

---

1 L'expression est de Raymond Poincaré.
2 Cf *Histoire sincère de la nation française.*

annuelles. Enfin, pour la sinistre période de la seconde guerre mondiale, j'ai pu prendre connaissance, à Londres, des procès verbaux des séances tenues par la Fédération britannique, qui avait pris le relais du siège central parisien, et des différents **Bulletins de guerre** publiés d'abord par elle, puis par le Conseil de gérance d'Alger. Telles sont les conditions dans lesquelles cette première − et jusqu'ici unique − histoire de l'Alliance a été écrite. Il me paraissait utile d'en informer les lecteurs.

Maurice BRUÉZIERE

Fondation et Organisation (1883-1884)

Une œuvre patriotique

L e samedi 21 juillet 1883, à 4 heures de l'après-midi, le Comité d'organisation de l'Alliance française se réunit à Paris, 215, boulevard Saint-Germain, dans une des salles de la Société historique dénommée Cercle Saint-Simon.

Il se compose d'un petit nombre de personnes, parmi lesquelles le diplomate Paul Cambon, alors résident général de France en Tunisie et futur ambassadeur à Madrid, à Constantinople et à Londres, qui préside la séance. Sont également présents, outre Pierre Foncin, à qui l'on doit ce témoignage : « MM. Machuel, Directeur de l'enseignement public en Tunisie ; Jusserand, Chef de bureau au Ministère des Affaires Étrangères ; Alfred Mayrargues, un israélite ; Paul Melon, un protestant ; le Père Charmetant, missionnaire apostolique ; Paul Bert, ancien ministre de l'Instruction publique. »

Au cours des réunions suivantes, le Comité juge nécessaire d'élargir ses rangs et de faire appel à des personnalités qui porteront soit le titre de « Présidents d'honneur » (le sénateur Carnot, le général Faidherbe, ancien gouverneur du Sénégal, le cardinal Lavigerie, archevêque d'Alger, Ferdinand de Lesseps, le perceur du Canal de Suez), soit de « Membres d'honneur » (citons Octave Gréard, vice-recteur de l'Académie de Paris, Gaston Maspero, Directeur des Musées d'Égypte, Gaston Paris, le célèbre médiéviste, Désiré Nisard, Ernest Renan, Hippolyte Taine, le marquis de Vogüé, tous les quatre de l'Académie française, Louis Pasteur, le savant universellement connu).

Le nombre des membres du Conseil d'administration est fixé à *cinquante*. Il compte dans ses rangs des notabilités venues des horizons les plus différents : hommes politiques, diplomates, écrivains, archéologues (Salomon Reinach), historiens (Ernest Lavisse), géographes, magistrats, éditeurs (Armand Colin), gens d'Eglise (le pasteur Puaux, le Grand Rabbin Zadoc Kahn). Le premier Président élu est Charles Tissot, ancien Ambassadeur de France et membre de l'Institut. Il est assisté de quatre Vice-Présidents — Paul Bert, qui s'est fait connaître pour son action en faveur de la laïcité ; Paul Cambon, résident de France à Tunis ; Victor Duruy, ancien ministre et historien ; le sénateur de Pardieu — et d'un Secrétaire général : Pierre Foncin, Inspecteur général de l'Instruction publique. Le « Bureau Central » comprend, en outre, un Trésorier, un Vice-Trésorier, six Secrétaires, un Archiviste et un Agent Comptable.

L'Association est approuvée par arrêté du ministre de l'Intérieur le *24 janvier 1884*. Elle élabore ses statuts et les vote au cours de l'Assemblée Générale du *10 mars 1884*, date à laquelle on peut rapporter la fondation véritable et en tout cas définitive de l'Alliance française.

Au service de la langue française

« Association Nationale pour la *propagation de la langue française* dans les colonies et à l'étranger » : l'Alliance française annonce clairement la couleur. Pour atteindre son but, elle se propose les moyens d'action suivants :

fonder et subventionner des *écoles françaises*, ou introduire des cours de français dans les écoles qui en sont dépourvues ;

former des *maîtres*, au besoin en créant des Écoles Normales ;

distribuer des *récompenses* propres à assurer la fréquentation des écoles ;

donner des *prix* ou des *bourses de voyage* aux meilleurs élèves ;

encourager les *publications* pouvant seconder l'œuvre de l'Alliance, et, en particulier, celles qui ont un caractère pédagogique ;

publier un *Bulletin* périodique ;

organiser des *conférences* et autres moyens divers de propagande.

L'œuvre de l'Alliance se présente comme une œuvre *patriotique*, au double sens que le mot comporte alors historiquement. Il s'agit d'abord de rendre à la France son *image de marque internationale*, cruellement obérée par la défaite de Sedan en septembre

Fondation et Organisation

1870 et par le traité de Francfort du 10 mai 1871, qui a appauvri le pays et amputé le territoire national des deux provinces martyres : l'Alsace et la Lorraine. Il faut ensuite, et par compensation, étendre l'influence française dans les territoires d'outre-mer et plus spécialement dans le bassin méditerranéen : l'Algérie, fraîchement conquise, la Tunisie, soumise au Protectorat par le traité du Bardo en 1881 et le Levant, où la prépondérance de la France s'exerce d'une façon traditionnelle. Ainsi sera réparé un désastre et relancée l'impulsion française.

Cependant, cette action patriotique, voire nationale, reste *exclusive de tout esprit de secte ou de parti*. Elle fait appel aux hommes de bonne volonté, de toute opinion ou de toute tendance — politique, religieuse, idéologique —, aux diplomates, aux marins, aux soldats, aux voyageurs, aux missionnaires, à tous ceux qui, ayant vécu ou vivant à l'étranger, savent la nécessité de multiplier les efforts pour assurer et si possible accroître la présence française. Elle compte sur les écrivains, les artistes, les enseignants, les chercheurs, sur tous ceux qui aiment la langue et se soucient de ses destinées — industriels, négociants, armateurs, agriculteurs, Chambres de commerce, membres des sociétés de géographie, journalistes, économistes — sur tous ceux enfin qui, d'une manière ou d'une autre, s'intéressent à l'expansion de la France dans le monde. Action militante, mais par le moyen d'une arme pacifique : la *langue française*. Ainsi se présente initialement et se présente toujours, la vocation, la mission de l'Alliance.

Les structures initiales

A peine constituée, l'Alliance française se préoccupe d'organiser son action et de l'étendre systématiquement à toutes les parties du globe. A cette fin, elle oriente ses efforts dans deux directions principales : la France et l'Algérie, d'une part ; l'étranger et les colonies, d'autre part.

Pour atteindre le premier objectif, elle crée un Comité général de propagande, qui se trouve au siège même de l'Association et dont les membres (une dizaine) correspondent chacun avec une région déterminée du territoire national, Algérie comprise. Mais ses attributions n'empiètent pas sur l'existence éventuelle de Comités locaux, libres de choisir leur propre organisation.

Fondation et Organisation L'activité du Comité général se répartit selon neuf grandes régions : Nord, Ouest, Paris, Est, Centre, Sud-Est, Midi, Sud-Ouest,

Algérie (de Paris sera bientôt dissociée la région parisienne, qui formera ainsi la dixième division). Chacune d'elles aura à sa tête un Délégué, qui en sera le responsable direct.

Après Paris, qui, la première année, réunit environ 1 200 membres, soit à peu près la moitié de l'effectif total, les régions les plus sensibilisées sont : l'Est (287 inscrits, dont 144 à Nancy), le Sud-Est (215, dont 60 à Lyon et 104 à Marseille), le Midi (183, dont 63 à Nîmes, 60 à Montpellier, 34 à Toulouse), le Sud-Ouest (188 dont 48 à Bordeaux et 78 à Bayonne). L'Algérie, elle, compte 83 sociétaires, dont 30 à Alger et 18 dans la seule petite bourgade d'Aïn Tougourt, qui a reçu l'inscription du maire, de l'instituteur, du juge de paix, des brigadiers de gendarmerie, du garde champêtre, les uns et les autres poussés par un élan de « patriotique unanimité ».

Ici, il faut noter le rôle spécial dévolu aux sociétaires résidant à Paris : ils peuvent être « répartis, d'après leurs indications, en autant de sections qu'il y a de grandes régions où l'Alliance est appelée à exercer son action. » En effet les membres parisiens ne sont pas seulement les plus nombreux, mais ils sont regardés comme les plus aptes à fournir les informations sur les Français établis hors de France ainsi que sur l'enseignement et la diffusion de la langue française dans les colonies et à l'étranger.

Les Comités d'action, eux, sont chargés de couvrir l'étranger et les colonies. Ils sont de deux sortes : régionaux ou locaux, selon qu'ils comptent au moins 50 adhérents ou seulement au moins 10. Ils élisent leur bureau, ont leur caisse particulière, disposent des cotisations et dons qu'ils recueillent, sous réserve de renseigner chaque semestre le Conseil d'administration sur l'emploi de ces fonds. On voit que, tout en entretenant des liens constants avec le siège central de Paris, ils jouissent d'une large, sinon complète, autonomie, *principe qui distingue et distinguera toujours l'Alliance de tout organisme officiel ou gouvernemental.*

Ils sont répartis en 14 Sections (ou « Commissions consultatives »), destinées à faire le point sur la situation de la langue française dans le monde et à faciliter l'action de l'Alliance hors de France :

I. Section des îles Britanniques ;
II. Section des Pays-Bas, de la Belgique et de la Suisse ;
III. Section de l'Europe méridionale : Italie, Espagne, Portugal ;
IV. Section de l'Allemagne, de la Russie et du Danube (Autriche-Hongrie, Roumanie, Bulgarie, Roumélie orientale) ;

Fondation et Organisation

  V. Section des États scandinaves ;
 VI. Section de l'Afrique du Nord : Maroc, Tunisie, Tripolitaine ;
VII. Section de l'Afrique occidentale : Sénégal, Soudan français, Niger ;
VIII. Section de l'Afrique orientale et centrale : La Réunion, Mayotte, Nossi-Bé, Madagascar, Seychelles, Maurice, Transvaal ;
 IX. Section du Levant : Turquie d'Europe, Grèce, Asie Mineure, Syrie, Mésopotamie, Perse, Égypte, Arabie ;
  X. Section de l'Asie méridionale et de l'Extrême-Orient : Inde française, Indochine, Chine, Japon ;
 XI. Section du Pacifique : Nouvelle-Calédonie, îles de la Loyauté, Tahiti, Nouvelle-Zélande, Tasmanie, Australie, îles Sandwich, Hawaii ;
XII. Section de l'Amérique du Nord : Canada, États-Unis, Mexique ;
XIII. Section des Antilles et de l'Amérique centrale ;
XIV. Section de l'Amérique méridionale : Colombie, Venezuela, Guyane française, Pérou, Chili, Uruguay, Argentine, Brésil.

Ce quadrillage serré et minutieux de la planète indique assez le souci de conduire une politique universelle, disons mieux : œcuménique. L'Alliance portera son action en faveur de la langue française aussi loin que possible et partout où cela sera nécessaire.

Le secrétaire général, Pierre Foncin, dans un discours tenu le 5 février 1885 devant la plus grande partie de la presse parisienne, l'affirme en termes d'un lyrisme un peu emphatique : « Il n'est guère, hors de nos frontières, de région où nous n'ayons déjà pénétré et fait quelque bien, ne fût-ce qu'en présentant aux colonies de Français, aux groupes de langue française les plus proches comme les plus lointains l'image vivante de la mère patrie, en leur prouvant qu'il y a encore dans ce pays des cœurs qui battent à l'unisson de leurs cœurs et que la vieille France, élargissant ses ailes, veut toujours y abriter tous ses enfants. »

ALLIANCE FRANÇAISE

ASSOCIATION NATIONALE

POUR LA PROPAGATION DE LA LANGUE FRANÇAISE

DANS LES COLONIES ET A L'ÉTRANGER

(Approuvée par arrêté du Ministre de l'Intérieur en date
du **24 janvier 1884**)

BULLETIN N° 1

AVRIL 1884

SIÈGE SOCIAL

2, RUE SAINT-SIMON (215, BOULEVARD SAINT-GERMAIN)

PARIS

*Fondation
et
Organisation*

Les débuts de l'expansion (1884-1889)

L'Association une fois constituée et organisée, il faut désormais lui assurer vitalité et croissance. C'est là le but visé avec énergie pendant les premières années, aussi bien à Paris qu'en province, dans les pays voisins comme dans les parties les plus reculées du monde. Au bout de trois ans, l'effectif global des adhérents s'élève à près de douze mille : environ neuf mille en France et trois mille à l'étranger. Ce développement rapide, conduit avec vigueur par le nouveau président, Ferdinand de Lesseps, successeur de l'ambassadeur Charles Tissot, disparu prématurément, et un Conseil d'administration qui ne craint pas de se réunir une fois par mois, est consacré par le décret du 23 octobre 1886, selon lequel l'Alliance française est « reconnue comme *établissement d'utilité publique* ».

L'action à Paris

A Paris, le délégué à la propagande, l'éditeur Armand Colin, déploie une activité considérable. Organisant des conférences publiques, souvent confiées à des spécialistes bien informés de la situation du français hors de France, demandant aux journaux *(Le Matin, Le Figaro, Le Petit Journal, Le Temps, Le Journal des Débats)* d'attirer l'attention des lecteurs sur les buts de l'association, mobilisant le corps enseignant, qui prend une part prépondérante à la diffusion de l'idée et au recrutement des adhérents, sollicitant des dons en argent et en livres, il réussit en peu d'années à couvrir la capitale d'un réseau de Comités, qui, un par un, se forment dans les divers arrondissements. Le premier est créé, en janvier 1886, dans le VIᵉ : il a pour président d'honneur (comme c'est ensuite le cas presque partout) le maire en personne, M. de Vallat, et pour président l'éditeur Henri Belin. D'abord

Les débuts de l'expansion

ALLIANCE FRANÇAISE

Siège Social
45, rue de Grenelle
PARIS

CARTE D'ADHÉRENT

Année

M

Membre

Le Titulaire   Le Secrétaire Général   Le Président

divisé en « îlots », il est ensuite découpé en quatorze « sections », répartition destinée à favoriser un démarchage systématique auprès des personnes susceptibles de donner leur adhésion. Le second Comité est fondé en février de la même année dans le Ve arrondissement, à la suite d'un discours où Victor Duruy prononce des paroles mémorables : « Un des conquérants de l'Algérie, le maréchal Bugeaud, avait pris pour devise : *Ense et Aratro, par l'épée et par la charrue* ; nous ajouterons : *et libro, et par le livre.* Car, après l'épée, qui commence la conquête, après la charrue qui la continue et la rend féconde, il convient de ne pas oublier le livre, qui l'achève et la fait durable ». Le président d'honneur est le maire, le président M. Jacquemont, directeur de l'enseignement technique au ministère du Commerce, le vice-président, le géographe Paul Vidal de Lablache, sous-directeur de l'École normale supérieure ; les membres sont pour la plupart des professeurs de lycée, des inspecteurs d'académie ou de l'enseignement primaire. Un appel lancé aux « maîtres et aux élèves » est entendu avec faveur dans plusieurs établissements, notamment dans la division préparatoire à Saint-Cyr, du lycée Saint-Louis, qui envoie sa cotisation en déclarant qu'elle ne peut « rester indifférente à l'oeuvre patriotique tentée par l'Alliance française ». Animée du même esprit, l'Association générale des étudiants apporte, elle aussi, sa contribution.

Les débuts de l'expansion

L'exemple offert par le quartier des Écoles et celui du Luxembourg va rapidement produire une saine émulation parmi les autres arrondissements. Tour à tour le IIe, le XIIe, le XVIe, le XIIIe, le XVIIe, le IXe, le XIe créent des Comités qui rivalisent d'ardeur, notamment en organisant des fêtes, des banquets, des soirées littéraires et poétiques, des représentations théâtrales. L'une des plus réussies de ces manifestations est la matinée, donnée le 2 février 1888 au Théâtre du Vaudeville, avec la participation d'acteurs de la Comédie-Française (Mounet-Sully, Sarah Bernhardt) et surtout d'Ernest Renan, le prince du scepticisme souriant, qui prononce une conférence restée célèbre dans les annales du genre. Enthousiasmée, la femme du président de la République, Mme Sadi Carnot, s'inscrit comme « membre perpétuel », exemple immédiatement suivi par Mme Davaine, une bienfaitrice qui a déjà fait un don de mille francs (or !). Une soirée du même ordre est tenue dans le IVe arrondissement, sous la présidence d'Henri de Bornier, le dramaturge néo-classique de *La Fille de Roland* et surtout l'auteur d'un vers qui pourrait figurer au fronton de l'Alliance française :

« Tout homme a deux patries : la sienne et puis la France. »

Paris est conquis, et acquis à la cause. Des souscripteurs perpétuels de grand renom (Charles Buloz, directeur de *La Revue des Deux Mondes,* les imprimeurs Firmin-Didot, Savorgnan de Brazza[1], gouverneur du Congo), des maisons de commerce ayant pignon sur rue *(La Belle Jardinière, Le Bon Marché, Dollfus-Mieg et Cie)*, des collectivités scolaires (la société des Anciens Élèves de l'École normale de la Seine, le lycée Janson-de-Sailly, le lycée Lakanal à Sceaux), donnent leur caution morale à une entreprise aussi visiblement « patriotique » (épithète qui revient sans cesse sous les plumes de l'époque). Une subvention de 500 F, accordée dès 1886 par le Conseil général de la Seine, apporte l'officielle bénédiction des pouvoirs publics[2].

L'action en province

Moins foudroyante qu'à Paris, où résident la plupart des initiateurs de l'Alliance, la propagation de celle-ci à travers les provinces n'en est pas moins d'une célérité remarquable.

Les débuts de l'expansion

1. Il sera fait membre d'honneur par le Conseil d'administration le 19 mars 1886.
2. L'exemple est suivi à Marseille (500 F), à Lille (100 F), à Bordeaux (100 F), à Clermont-Ferrand (100 F).

D'abord divisé en neuf, puis bientôt en dix et finalement en douze sections[3], dont la première est Paris et la douzième l'Algérie, le territoire national est scindé par groupes géographiques composés chacun de dix ou douze départements en moyenne : la région parisienne, le Nord, le Nord-Ouest, le Nord-Est, l'Est, le Centre, l'Ouest, le Sud-Ouest, le Midi et le Sud-Est. Les meilleurs résultats sont d'abord enregistrés dans le Midi (1 005 adhérents), l'Est (662), le Sud-Est (378), le Sud-Ouest (345), l'Algérie (276), les moins favorables dans l'Ouest (140) et le Centre (91). Dès la fin de 1884, la province compte 3 279 membres (contre 1 216 à Paris et 1 154 à l'étranger et aux colonies), et seize Comités y ont été formés : Lille, Amiens, Nancy, Verdun, Lyon, Marseille, Nîmes, Toulouse, Sète, Montpellier, Mazamet, Montauban, Albi, Bayonne, Bordeaux, Poitiers. Les deux années suivantes, le nombre des sociétaires augmente très sensiblement au point de s'élever à près de 7 000 pour la province à la fin de 1886[4], tandis que les Comités atteignent le

3. Le Nord est dédoublé en Nord et Nord-Ouest, l'Est en Est et Nord-Est en 1885.
4. Le 1er février suivant, le total des adhérents s'élève à 11 930 : 8 993 pour la France et l'Algérie ; 2 937 pour l'étranger et les colonies.

Pierre Foncin, premier secrétaire général de l'Alliance française

Les débuts
de
l'expansion

chiffre de 43 et que, seuls, une vingtaine de départements (sur 90) ne comptent pas encore de représentants officiels de l'Alliance. L'Ouest, après avoir pris un long retard, peut alléguer fièrement le cas de Château-Gontier, petite agglomération de la Mayenne, que le *Bulletin* cite en exemple pour avoir recruté 53 sociétaires ; de leur côté, Saint-Étienne, Bergerac, Limoges, Tulle, villes du centre du pays, ont, elles aussi, réussi à constituer leur Comité.

Pour rendre la propagande plus efficace, la province est peu à peu sillonnée par des conférenciers, agissant à la façon de véritables *missi dominici*. C'est ainsi que Vienne, après avoir reçu la visite de Pierre Foncin, le secrétaire général, organise un Comité. Et l'initiative, d'abord venue de Paris, trouve bientôt d'importants relais provinciaux. Jean Jaurès, alors professeur à la faculté des Lettres de Toulouse, porte la bonne parole à Mazamet, à Montauban, à Albi : « L'Alliance française, observe-t-il, peut espérer que, de tous côtés, on viendra à elle. Son action d'ailleurs, s'exerçant hors de France, n'y trouvera pas les causes de conflit qui travaillent la France elle-même. » Au grand théâtre de Nîmes, le 6 juin 1885, Charles Gide, économiste connu et oncle du futur écrivain, prononce une conférence sur le thème suivant : « Lutte des langues à la surface du globe ; rôle de l'Alliance française ». Il y fait ressortir l'importance du français comme moyen de communication entre les peuples et, avant le général de Gaulle, raille le « volapük » — sorte de nouvel espéranto dont certains utopistes rêvent de faire un langage universel.

Partout, note Pierre Foncin, « les zélateurs les plus actifs et les plus dévoués de notre œuvre sont des membres de l'Université ». Et il est vrai que la Ligue de l'Enseignement, par exemple, a, en tant que personne morale, apporté son soutien à l'Alliance. Mais, si l'on examine la composition des Comités, on verra que beaucoup d'autres corps sociaux y sont représentés : non seulement avocats, architectes, magistrats, ecclésiastiques, militaires[5] y figurent en bonne place, mais on y trouve aussi des industriels et des commerçants, car ils ont très bien compris « l'importance politique » de l'œuvre entreprise pour des raisons que le secrétaire général explique très clairement et sur lesquelles, tout au long de ses discours, il ne cessera d'insister : « Tout client de la langue française est un client naturel des produits français. » Finalement, c'est la nation tout entière qui est intéressée au succès de la jeune association ; « l'Alliance française sera bientôt une France en raccourci, une France d'élite de la grande patrie française ».

Les débuts de l'expansion

5. Une lettre du ministre de la Guerre avait, le 2 mai 1889, autorisé les officiers à s'inscrire à l'Alliance française.

L'Algérie, de son côté, est l'objet d'une sollicitude particulière. L'Alliance française, dont plusieurs membres occupent d'éminentes fonctions outre-mer (Paul Bert vient d'être nommé résident général au Tonkin, le Myre de Vilers résident général à Madagascar), décide rapidement d'y exercer « une action énergique en faveur de l'instruction des indigènes ». Pierre Foncin, lors de l'assemblée générale du 2 février 1888, n'a pas hésité à poser des questions gênantes : « Sur 20 000 petits Musulmans, en âge de fréquenter l'école, combien y en a-t-il qui reçoivent l'instruction française ? 6 000. Est-ce là le résultat digne d'une grande nation ? ». Un an auparavant, un conférencier, M. Agoulon, prenant la parole devant 800 personnes à Constantine, a proposé que l'Alliance apporte tout son concours au « magnifique, mais laborieux travail de fonder une nouvelle France d'Afrique ». A la même époque, deux conférences publiques, tenues à Tlemcen et à Lamoricière, ont suscité près de 200 adhésions. Le comité d'Oran, avec plus de 800 cotisants, est bientôt le plus nombreux de France. Les petites cités, on l'a vu à propos de la bourgade d'Aïn Tougourt, ne sont pas moins enthousiastes. Partout, l'action de l'Alliance se manifeste : elle consiste essentiellement en dons de livres, d'argent, parfois même de vêtements aux écoles indigènes les plus défavorisées. Observons que c'est à Alger que, pour la première fois, un comité crée des cours pour adultes, cours suivis par une centaine d'auditeurs assidus, exemple qui entraîne le comité de Constantine à en créer deux à son tour, dès le début de 1889.

L'action à l'étranger

L'implantation de l'Alliance française hors de nos frontières ne se fait pas, on s'en doute, au même rythme qu'en territoire français et dans les colonies : à la date du 1er février 1887, le nombre des sociétaires étrangers n'est que de 2 937, alors que la France et l'Algérie en comptent déjà 8 993. Et cette pénétration, fatalement sporadique, prend, selon les continents et les pays, des formes différentes.

L'Europe

En **Europe du Nord**, il existe parfois des associations (la Société nationale des professeurs de français[6], en Angleterre, le Sprogforening et le Sprogselskabet à Copenhague), avec lesquelles

6. Il y a aussi, à Londres, une Société nationale française, regroupant les Français vivant en Angleterre.

sont rapidement noués des contacts et qui, d'abord affiliées à l'Alliance, se transforment bientôt en comités. C'est ainsi que se constitue, à Londres, le Comité régional des îles Britanniques, qui nomme des représentants à Glasgow, à Édimbourg, à Manchester, à Liverpool et qui, à partir de 1889, commence à recevoir des conférenciers venus de France[7]. L'affiliation des deux sociétés danoises citées ci-dessus a lieu le 15 février 1886 et le Comité de Copenhague se crée en 1887[8]. En Suède, un délégué est désigné, en 1885, à Stockholm (où le Comité est fondé en 1890), un autre à Kalmar, deux ou trois ans après. Mais dans toute cette partie de l'Europe du Nord, l'implantation reste assez limitée, comme le montre le nombre des adhérents au début de 1887 : 80 dans les îles Britanniques, 62 au Danemark, 20 en Suède seulement.

Dans les pays voisins, Hollande et Belgique, l'activité du Conseil d'administration se borne à nommer quelques délégués, habilités à recevoir des adhésions individuelles, au demeurant fort peu nombreuses, ou à faire des envois de livres, comme ceux dont bénéficie, par exemple, l'École wallonne de Rotterdam. En Suisse, au contraire, la Société de la Colonie française[9] de Zurich et l'École française de Bâle réclament rapidement leur affiliation ; à Genève, un délégué est bientôt nommé et, le 30 juin 1889, est formé à Zurich un Comité d'Alliance, qui n'a pas moins de 125 membres (dont 15 à titre de « sociétaires perpétuels ») et qui, cinq mois après sa fondation, peut donner une « soirée littéraire et dansante » des plus réussies.

En **Europe méridionale**, si l'Italie, cinq ans après la fondation de l'Alliance, ne compte que 23 adhérents, l'Espagne, à la même époque, en a 386. En Catalogne, où il y a toujours eu beaucoup de personnes comprenant le français et où les écoles enseignant notre langue sont légion, un comité se constitue à Barcelone[10] dès 1884, y ouvre un cours pour adultes et reçoit du Conseil d'administration médailles et livres de littérature. A Madrid, où a été inaugurée, le 2 janvier 1884, une *école française d'enseignement primaire*, le promoteur de celle-ci, Alfred Weill, est nommé délégué de l'Alliance, et la Société de bienfaisance dont dépend cet établissement accepte l'idée d'être reconnue comme comité d'action. Valence, qui

7. Il se préoccupera aussi du maintien de la langue française dans les îles anglo-normandes, en particulier à Serq.

8. Le 22 décembre 1884, le Conseil d'administration fait un envoi de livres à la bibliothèque de Sprogforening : d'où la date généralement retenue par les Danois pour établir l'ancienneté du Comité de Copenhague.

9. Beaucoup de membres de cette société étaient des Alsaciens et des Lorrains, qui avaient quitté leur province après 1871.

10. On estime à 30 000 le nombre des Français résidant alors dans cette ville.

Les débuts de l'expansion

a 80 membres en 1888, ne tarde pas, elle non plus, à avoir son comité, tandis que des adhésions de sociétaires enregistrées à Bilbao, à Saint-Sébastien, à Almeria, à Palma de Majorque, fournissent la preuve que l'implantation en territoire espagnol est tout à fait satisfaisante.

En **Europe centrale et orientale**, l'Alliance française se fait connaître peu à peu avec des succès divers. Si elle n'a pas de filiale en Allemagne, elle y compte cependant 49 adhérents en 1885. Au sein de l'Empire austro-hongrois, les régions les plus actives sont la Bohême et la Hongrie : à Prague, il existe une Société française qui, tout en restant autonome, prend, en 1886, le nom d'Alliance française de Prague et à qui le Conseil d'administration envoie des ouvrages de littérature et des livres de prix ; à Budapest, le Cercle français d'industriels (patrons et ouvriers) hongrois demande son affiliation en 1888 et reçoit également des témoignages d'encouragement de Paris. En Roumanie, un comité d'action se forme à Jassy en 1887, un autre à Bucarest, l'année suivante. En Bulgarie, des envois de livres sont faits aux frères des écoles chrétiennes de Sofia et les sœurs qui enseignent notre langue dans cette même ville ont, en outre, droit à une subvention en argent. A Philippopoli (en Roumélie orientale), des sociétaires s'inscrivent en quantité non négligeable. Quant à la Russie, les inscriptions sont assez nombreuses à Kiev et à Odessa pour permettre la nomination d'un délégué dans chacune de ces importantes cités.

Tunisie et Maroc

Dans la section **d'Afrique du Nord,** placée sous la direction du général Parmentier, le Maroc se distingue par les adhésions nombreuses qui sont enregistrées à Tanger, à Fez, à Mogador, à Casablanca et qui permettent d'instituer, au bout de quelques années, un Comité régional dans les deux premières de ces villes.

Mais l'enfant chérie de l'Alliance naissante, c'est la Tunisie. « Elle a été notre premier champ d'action : c'est là que nous avons essayé nos forces, écrit Paul Dupuy. A peine annoncée, l'Alliance y a reçu des adhésions de tous les côtés : colons français, israélites, indigènes maltais ont répondu avec empressement à notre appel ; surtout, il faut le dire bien haut, les musulmans nous ont fourni à eux seuls les deux tiers des membres et les trois quarts de la recette. Nous avons pu ainsi prêter un concours important à nos deux éminents confrères, MM. Cambon et Machuel, ainsi qu'au cardinal Lavigerie et à l'Alliance israélite universelle. »

Les débuts de l'expansion

Paul Cambon,
résident général de France
en Tunisie, initiateur
de l'Alliance française

Rarement action aura été mieux conduite et avec une telle unanimité. C'est que le problème de la scolarisation du pays, au lendemain du traité du Bardo, qui place la Tunisie (appelée désormais « la Régence »), sous la tutelle française, se pose avec acuité : il faut multiplier les écoles et tous les organismes qui sont prêts à coopérer à cette tâche sont les bienvenus. D'où les efforts conjoints de Paul Cambon, résident général, et de M. Machuel, directeur de l'enseignement, pour fonder des établissements publics, de Mgr Lavigerie, pour créer ou rajeunir plus de vingt écoles congréganistes, de l'Alliance israélite pour accueillir les élèves de cette confession. Au total, c'est près de 10 000 enfants qui sont ainsi scolarisés en quelques années : il faut préciser qu'ils sont 100 000 à attendre de l'être ! Le nombre des adhérents à l'Alliance passe de 221 en 1885 à 340 en 1887. Il est dès lors possible de créer à Tunis un comité qui ne compte pas moins de 20 membres et de prévoir d'en fonder d'autres à Sousse, à La Goulette, à Sfax, à Monastir, à Bizerte. Une fête musicale, suivie d'un bal, le 24 novembre 1886, symbolise les brillants résultats de l'Alliance française en Tunisie. Moins spectaculaire, mais tout aussi efficace, la formation d'une bibliothèque populaire, riche de 10 000 volumes, permet de faire des prêts à plus de 6 000 lecteurs.

Afrique occidentale et orientale

Les débuts de l'expansion

En **Afrique occidentale**, l'Alliance française reçoit, dès la première heure, un accueil empressé de la part des autorités puisque, dès le 13 juin 1884, le gouverneur du Sénégal fonde un comité à

Saint-Louis, auquel, peu après, s'adjoignent trois sous-comités : à Gorée, à Rufisque et à Dakar. Le 17 août, le nombre des adhérents s'élève à 150, un peu plus tard à 265.

Comme en Tunisie et en Algérie, la scolarisation des populations africaines est un problème urgent, auquel le général Faidherbe, pacificateur du pays, s'est déjà intéressé et pour la solution duquel il a imaginé deux méthodes d'enseignement : l'une destinée aux élites, prévoyant un apprentissage complet du français oral et écrit ; l'autre dite « expéditive », se limitant à un vocabulaire élémentaire et pratiquée par le moyen de la conversation. Et, sans doute, 2 500 francs sont-ils prélevés d'emblée sur les fonds de la colonie et le Conseil général vote-t-il une somme de 10 000 francs en faveur des établissements scolaires. Sans doute aussi l'Alliance fonde-t-elle, en 1886, treize écoles (notamment à Bamako, à Kita, et à Borkel) et en subventionne-t-elle six autres. Sans doute enfin le lieutenant-colonel Gallieni, commandant supérieur du Soudan français, exprime-t-il, dès son arrivée à son poste, son souci de « procéder à l'organisation du service des écoles ». Mais, au total, ce ne sont que 1 500 élèves (dont 500 des Cours pour adultes) qui peuvent bénéficier de ces mesures. La dispersion des populations, leur méfiance souvent, l'hostilité des marabouts, les conditions climatiques aussi parfois (l'école de Sédhion, en Casamance, est emportée par une tornade) : autant d'obstacles qui rendent très difficile la pénétration scolaire au Sénégal[11].

Dans la huitième section, comprenant l'**Afrique orientale** et les **îles de l'océan Indien**, des adhésions sont recueillies à la Réunion, à Mayotte, à Nossi-Bé, à Madagascar (où la situation est difficile en raison de l'effort accompli par les nombreuses écoles anglaises pour attirer les petits Malgaches), à Zanzibar même ! Mais la grande réussite de l'Alliance dans cette région du monde a pour siège l'île Maurice, qui se nommait île de France avant d'être cédée à l'Angleterre en 1814, et où la grande majorité de la population était restée fidèle à notre langue. Dès le 10 septembre 1884, à l'appel du docteur Clarenc, quarante personnes se réunissent et forment le Comité de Port-Louis, qui compte bientôt plus de 150 adhérents et manifeste une grande activité. Il organise « un concours de langue française », auquel participent, en 1886, 132 candidats ; il crée une bourse à l'Ecole d'agriculture de Grignon en faveur d'un jeune Mauricien francophone ; il ouvre un

11. Dans les autres territoires d'Afrique occidentale, où sont installées de nombreuses écoles congréganistes, on note à Grand Popo (dans le golfe du Bénin) la constitution d'un Comité d'Alliance française.

Les débuts de l'expansion

« cours public de grammaire française » ; il donne des concerts et des fêtes, dont la grande « solennité musicale lyrique et dramatique » du 20 octobre 1887 offre un exemple mémorable, à la fois par le succès remporté et par le bénéfice de 1 300 roupies venu grossir la caisse du Comité.

Levant

Après les colonies africaines, c'est dans les **pays du Levant** que la propagande de l'Alliance française se montre la plus active : en Grèce, un comité est créé à Syra (pour les Cyclades) le 15 décembre 1886 et y ouvre un cours gratuit ; à Salonique, où les adhésions affluent, un comité se forme la même année ; à Constantinople, un comité est constitué d'emblée et, un peu plus tard, la Turquie en compte d'autres à Smyrne, Métélin, Aïvaly, Adalia, Konia ; en Perse, le comité de Téhéran est fondé en 1890. Mais surtout, dans tout ce Proche-Orient où prolifèrent les écoles de toutes confessions (catholiques, protestantes, orthodoxes, arméniennes, israélites) enseignant le français, le Conseil d'administration de Paris multiplie les interventions en argent et en livres, les récompenses, les prix, les médailles qui sont autant de marques de l'attention et de la sollicitude du siège central pour cette foisonnante activité.

Une mention particulière doit être décernée à l'**Egypte** qui, dès 1885, a apporté 800 souscripteurs à la cause de l'Alliance. Le comité régional d'Alexandrie, avec 15 sociétaires perpétuels et plus de 300 membres, s'inscrit en tête du palmarès. Mais ceux du Caire (20 délégués en ville, 21 en dehors des murs) et de Damiette ne méritent pas moins de figurer au tableau d'honneur. Ajoutons qu'à Mansourah, à Damiette et à Siout (150 élèves) les comités ont ouvert des écoles dont le succès témoigne de la vitalité du français sur toute l'étendue de la vallée du Nil.

Extrême-Orient, Pacifique

Dans les secteurs X et XI, regroupant l'**Asie méridionale, l'Extrême-Orient**, et les **pays du Pacifique**, l'Alliance française remporte ses meilleurs succès en Inde française et en Indochine, c'est-à-dire dans les territoires où la France est déjà implantée.

Les débuts de l'expansion

Ailleurs, elle ne fait guère que commencer timidement son action : au **Japon,** où existe une Société de Langue française, sise à Tokyo, elle n'a recueilli, en 1887, que 37 inscriptions ; en **Chine,** une vingtaine d'adhérents se sont manifestés à Canton, à Pékin, à Tien-Tsin, à Shanghai, où une école gratuite a été ouverte en 1886 et a reçu de Paris livres de prix et médailles ; à **Nouméa**, 20 personnes ont versé leur cotisation ; à **Tahiti**, les écoles protestantes du pasteur Viénot et les écoles catholiques de Mgr Verdier ont été gratifiées d'une subvention en argent en 1886 ; la même année, le Conseil d'administration a envoyé un instituteur français à Raieta (îles Sous-le-Vent). En **Australie**, le premier comité (il est surtout composé de dames) se constitue à Melbourne, en 1890.

A eux cinq, les comptoirs français de l'Inde[12] ont vite fait de recruter plus de 300 membres. Dans chacun d'eux se forme un comité : celui de Pondichéry ouvre même un cours d'adultes, qui accueille 119 personnes et un cours pour les petites Indiennes, qui est suivi par 70 d'entre elles. A tous ces élèves le Comité d'administration fait distribuer livres et médailles.

En **Indochine**, nouvellement pacifiée, l'effort de scolarisation entrepris par la France est assez considérable et l'Alliance française (elle a en la personne du résident général Paul Bert, qui est l'un de ses vice-présidents, un représentant de taille) est rapidement florissante. En Cochinchine, le comité de Saigon, fondé en 1887, compte, l'année suivante, 143 membres. Au Tonkin, le comité d'Hanoi, créé en 1888, a reçu 69 adhésions, lesquelles ont été presque aussi nombreuses à Haiphong ; la distribution des prix, organisée le 19 janvier 1890 par le comité tonkinois, a donné lieu à une très belle fête. En Annam, c'est le résident de France lui-même à Qui-Nhon qui est le délégué de l'Alliance française et Tourane voit naître, en 1890, un comité qui ouvre, peu après sa fondation, des cours de français. Enfin, l'Ecole cambodgienne (elle est sise à Paris et forme des interprètes) reçoit du Siège central un don important de livres et de fournitures classiques.

Continent américain

Les trois sections (XII, XIII et XIV) couvrant, à l'origine, les territoires américains, rassemblent des pays où la situation du français est extrêmement variable.

Au **Canada**, l'Union nationale française de l'Amérique du Nord, forte de 500 sociétés, fête son cinquantenaire le 24 juin 1884, c'est-à-dire au moment même où en France se fonde et s'organise l'Alliance. Son action, qui accorde à l'enseignement de la langue une importance prioritaire (la devise de pères dominicains de

12. Pondichéry, Karikal, Chandernagor, Mahé, Yanaon.

Les débuts de l'expansion

Leviston n'est-elle pas : « L'Ecole, encore l'Ecole, toujours l'Ecole »), facilite la tâche du Conseil d'administration qui, dès 1885, peut nommer un délégué à Montréal. Deux ans plus tard, une seconde délégation est confiée au poète canadien Fréchette, lauréat de l'Académie qui, après être venu et avoir été fêté dans notre pays, reçoit, à son retour, la mission de resserrer les liens avec l'université Laval de Québec, trop méconnue en France. Le 1er février 1890, une conférence de Pierre Salone est organisée à Paris sur le thème : Le Canada et les Français d'Amérique. Y est présent, entre autres, Mgr Lavelle, député-ministre du gouvernement canadien, à qui Pierre Foncin fait une déclaration annonciatrice du sentiment nouveau de la France à l'égard de ses cousins d'outre-Atlantique : « Quand vous retournerez au Canada, lui demande-t-il, dites bien à nos frères que désormais nous ne les oublierons plus et que nous les aimons de tout notre cœur. » Peu après, un banquet est donné en l'honneur du prélat cependant que plusieurs délégués sont désignés dans les principales villes canadiennes.

Aux **États-Unis**, où la communauté francophone est estimée à 600 000 personnes, la présence française est assurée soit par des cercles mondains (Les Précieuses Ridicules, à Washington, la Société littéraire de la Communauté israélite française à New York, l'Athénée louisianais à La Nouvelle-Orléans, le Cercle français à Milwaukee), soit par des sociétés de bienfaisance (L'Union française de Louisiane, par exemple) ou de secours mutuel qu'on trouve dans toutes les villes des U.S.A. comptant au moins 300 Canadiens, soit surtout par les nombreuses écoles ouvertes dans les Etats où ont essaimé les Franco-Canadiens (Massachusetts, Maine, New Hampshire, New York, Vermont, Connecticut, Rhode Island, New Jersey, Illinois, Wisconsin, Michigan, Minnesota, La Nouvelle-Orléans). Rapidement, l'Union française de Louisiane, dont la petite école a reçu de Paris des livres de prix dès 1885, et l'Union des Sociétés françaises de New York[13] sont affiliées à l'Alliance dont elles deviennent tout naturellement des comités d'action. En 1886, un délégué est nommé à Providence (Rhode Island), avec mission particulière d'« organiser, sous le patronage de l'Alliance, une société de professeurs de français ». A San Francisco[14], où la Ligue nationale française a constitué une bibliothèque de 12 000 volumes, est désigné, en 1889, un délégué dont l'action est suffisamment efficace pour permettre, dès l'année

13. On évalue à 160 000 le nombre de Canadiens français vivant dans les Etats de New York et du New Jersey.

14. La communauté francophone, pour l'ensemble de la région, comprend alors environ 80 000 personnes.

Les débuts de l'expansion

suivante, au Comité de la ville, après avoir recruté de nombreux adhérents, de donner avec éclat « une fête magnifique ».

En **Amérique centrale** et aux **Antilles**, les meilleurs résultats sont obtenus au Mexique (88 inscriptions dès la première année), en Guyane française (une soixantaine de membres et formation d'un comité régional à Cayenne en 1885) et à la Martinique, où, en 1889, sont enregistrées de nombreuses adhésions. Un délégué est désigné à Mexico en 1885, un autre au Costa Rica en 1886, un troisième à Cuba, où il organise un cours gratuit de français. A Panama, un comité se constitue à Gatun, tandis que les sœurs françaises qui enseignent dans l'isthme reçoivent, du Conseil d'administration, des livres de prix, des récompenses, et même une petite subvention en argent. En Haïti, le banquier Charles d'Aubigny est nommé délégué, cependant que l'Alliance française de Paris subventionne l'Ecole polymathique de Port-au-Prince, dont les élèves, lors de la distribution des prix, jouent avec succès *La Grammaire* d'Eugène Labiche...

Les débuts de l'Alliance française dans cette **Amérique du Sud,** qui deviendra plus tard le plus beau fleuron de sa couronne, sont des plus modestes. Les premières années, on compte des adhésions en Colombie, au Venezuela, en Uruguay, en Argentine, au Chili. Quelques Comités se constituent : à Caracas, à Montevideo (où on réclame la création d'un lycée français), à Lima où se produit, en 1889, une brusque montée des effectifs. L'Argentine, après avoir partagé sa délégation avec le Chili et le Paraguay, prend ensuite un vif essor et a des délégués à Azul, à Concepcion de l'Uruguay, à Concordia, à Cordoba, à Mendoza, à Rosario, à San Luis, à San Juan, à Tucuman. Au Brésil, le Comité de Rio de Janeiro (ville où, sur 150 collèges, 50 enseignent le français) tient sa première assemblée générale le 30 juin 1886 et, deux ans plus tard, le 16 avril 1888, inaugure une école française ouverte aux étrangers comme aux Français ; il réalise ainsi le vœu prémonitoire formulé dans l'*Etoile du Sud,* journal local, où l'on écrit le 20 mai 1886 :

« Le rêve de l'Alliance française doit être de **fonder, sur toute la surface du globe, des écoles,** et cela dès que les ressources le lui permettront.

Nous verrons alors de toutes parts des **établissements où, sans distinction de nationalité, d'âge, de sexe, de condition, de fortune, de couleur ou de race,** sera enseignée gratuitement la langue dans laquelle ont été écrits pour la première fois les droits de l'humanité. »

D'une exposition à une autre (1890-1900)

En participant avec éclat à l'**Exposition Universelle** de 1889, l'Alliance française a écrit une page glorieuse de son histoire[1]. Elle a commencé à obtenir, un peu partout, des résultats que personne ne songe à méconnaître ou à diminuer. Elle est devenue une institution respectable et respectée. Il lui reste, après avoir fait sa percée, à la poursuivre et à en étendre les effets : le second pas ne va pas être moins difficile que le premier.

Comme une personne dont la famille ne cesse de s'accroître et réclame un logement plus spacieux, elle changera de domicile deux fois en peu d'années : du cercle Saint-Simon, elle passe, en 1889, à la rue Saint-Guillaume, et, en 1892, de la rue Saint-Guillaume à la rue de Grenelle. De toute manière, elle reste fidèle à ce quartier du Faubourg Saint-Germain, alors habité par l'aristocratie de naissance et auquel elle apporte la noblesse du savoir et de l'esprit.

Dans le haut personnel qui la dirige, on observe également d'inévitables mutations. A la présidence, Victor Duruy, ancien ministre de l'Instruction publique et membre de l'Académie française, succède, au début de 1889, à Ferdinand de Lesseps ; à Victor Duruy succèdent, à leur tour, le comte Colonna Ceccaldi, ministre plénipotentiaire et conseiller d'État (mars 1892-décembre 1893), puis le général Parmentier (janvier 1894-mars 1899), enfin Pierre Foncin (mars 1899-1914), secrétaire général de l'Association depuis sa formation[2]. A ce poste essentiel, où il aura donné le meilleur de lui-même, Pierre Foncin est remplacé, fin 1897, par Alfred Muteau, ancien officier du Commissariat de la Marine, puis, en mars 1899, par Léon Dufourmantelle, qui assumera ses fonctions jusqu'en

---

*D'une
exposition
à une autre*

1. Elle y a obtenu un Grand Prix, ainsi que trois médailles d'or, cinq d'argent et une de bronze pour les écoles dont elle soutient l'action.
2. Il sera nommé, pendant un bref intérim, « Vice-Président fondateur ».

1909 et qui sera assisté lui-même d'Emile Salone, professeur au lycée Condorcet, nommé secrétaire général adjoint. Le trésorier général est Armand Colin, éditeur et homme d'action toujours sur la brèche, qui suit avec vigilance l'état des finances et qui rend les plus grands services à l'association. Au bureau du Conseil d'administration figurent des personnalités de premier ordre, parmi lesquelles on retiendra le vice-président Bardoux, sénateur et ancien ministre, Le Myre de Vilers, haut-commissaire à Madagascar, Franck Puaux, secrétaire de la Société Historique.

Actions et initiatives du siège central

L e premier devoir du siège central étant d'assurer la vie et la prospérité de l'Association, on voit les rapports d'assemblée générale annuelle consigner avec ponctualité le nombre des adhérents, des comités et des délégués. A cet égard, de 1890 à 1900, les progressions constatées sont réconfortantes. En dix ans, l'effectif des membres passe de 18 000 à 35 000, celui des Comités de 120 à 400, celui des délégués de 110 à 320. Les écoles subventionnées et les bibliothèques alimentées par l'Alliance font également l'objet d'un pointage méticuleux et leur chiffre, à la fin de la décennie, s'élève à au moins 250. Chaque année, elles reçoivent du siège parisien des subsides équivalant à plus de 100 000 francs-or. Les finances enfin, véritable thermomètre de la santé de l'entreprise, ne cessent de prospérer et les réserves, presque toutes en dépôt à la banque Rothschild, atteignent près de 400 000 francs.

Cependant, il ne saurait être question de s'endormir ou simplement de ralentir la propagande. En Allemagne, l'*Allgemeine Deutsche Schulverein*, en Autriche l'*Edinost*, associations dont l'existence est largement antérieure à celle de l'Alliance, en Italie la toute récente société *Dante Alighieri* (1894), dont les statuts sont calqués sur ceux de son homologue française, rappellent, comme le dit Pierre Foncin, la nécessité de « redoubler d'efforts et de vigilance ».

La flamme est donc entretenue et ravivée par les procédés les plus divers. Les uns sont d'ordre social, sinon mondain. Telles sont les conférences, considérées comme « le moyen le plus ancien et bien souvent le meilleur sous toutes les latitudes ». Tels sont encore les bals, les fêtes, les loteries, les ventes de charité, les banquets, fort nombreux : certains de ceux-ci se tiennent dans les meilleurs restaurants de Paris (*Marguery, Ledoyen, Le Grand Véfour*), notamment à l'issue de l'Assemblée générale annuelle ou

D'une exposition à une autre

à la fin des cours de vacances ; ils sont présidés par de hautes personnalités politiques (Jules Ribot, ministre des Affaires étrangères, par exemple) et donnent lieu à des élans oratoires confortés par l'excellence des mets et des vins consommés. Les autres, relatifs au recrutement direct des nouveaux adhérents et à la collecte des cotisations (« De tous les services de notre administration, le plus important et le plus pénible »), s'appuient sur « les demandes personnelles, les pressantes sollicitations à domicile » et transforment les militants d'Alliance en démarcheurs pratiquant le porte-à-porte.

A ce propos, il convient de noter, en 1894, une initiative destinée à étendre le renom de l'association et à en augmenter les ressources : celle qui consiste à intéresser les maîtres d'école et leurs élèves à la propagation de la langue par l'intermédiaire d'une œuvre, le *Sou de l'Alliance française* (chaque enfant payant une cotisation d'un sou par mois, perçue par l'instituteur), et par la création d'un journal mensuel, *L'Alliance française illustrée*, envoyé à chaque groupe de douze adhérents à cette œuvre[3]. Le programme de la nouvelle publication est alléchant, puisqu'il promet au jeune lecteur de lui parler « des autres peuples, de leurs mœurs, de leurs coutumes, de leurs progrès, des exemples bons à suivre qu'ils nous donnent, de leurs enfants et de leurs écoles » et surtout de tourner toujours son « attention vers les contrées amies de la France, vers ses dépendances, vers ses possessions directes, vers le souvenir des explorateurs intrépides qui les ont découvertes » — le but étant de servir de « trait d'union » entre tous les écoliers qui, à la surface du monde, apprennent la langue française.

Cette innovation, malheureusement, ne tarde pas à tourner court, et *L'Alliance française illustrée*, après une douzaine de numéros, est interrompue dès le mois de mai 1895, faute de résultats financiers satisfaisants. Dans le même esprit d'économie, le *Bulletin mensuel* qui, pour assurer la liaison avec les 26 000 sociétaires, est envoyé à chacun d'eux régulièrement, se voit, vu les frais de poste, amputé « de sa causerie littéraire et de sa partie bibliographique » pour être seulement « le recueil officiel des actes de l'administration » et n'est plus publié que tous les deux mois. Ces mesures, qui traduisent une extrême prudence dans la gestion des fonds, sont corroborées, dans le même temps, par un réajustement des cotisations : les sociétaires annuels paieront désormais 10 francs (au lieu de 6), les perpétuels 180, les « fondateurs » 500 et

3. Une cotisation de 12 sous (= 60 centimes), payée pendant 10 mois, représentait l'argent versé pour une cotisation annuelle (6 francs).

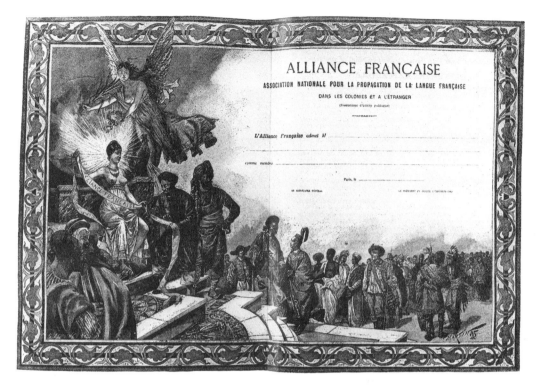

les « bienfaiteurs » au moins 1 000. Resserrement des dépenses, rallonge des recettes : l'administration de l'époque connaît les secrets d'une saine économie.

Du reste, les autres initiatives ne manquent pas : on frappe une médaille (arrêté du 29 mars 1893). On fabrique des insignes, on imprime une carte d'adhérent (p. 17 : elle est gravée par Devambez). On publie, sous la signature de Constant Roy, un *livre de propagande de l'Alliance française*. On organise un service gratuit d'information, dont la tâche est de recruter des professeurs de français de qualité (on s'assure de leur compétence et de leur morale) pour les écoles ou les familles étrangères qui cherchent à s'en procurer. On se demande si l'association, pour faciliter la propagation et l'enseignement de la langue, ne devrait pas réclamer une réforme de l'orthographe. On crée un « diplôme à l'usage des étrangers » qui, au moins pour l'histoire et pour la géographie, offre à ses détenteurs, même non-bacheliers, le droit de s'inscrire dans une faculté. On rassemble à la Sorbonne, les 22 et 23 mai 1893, un Congrès des membres de l'Alliance, où l'on débat toutes sortes de questions, notamment sur les moyens d'accroître le

D'une exposition à une autre

nombre des adhérents et d'augmenter les recettes, et qui vaut à l'association le vote d'une subvention extraordinaire de 5 000 francs accordée par le ministère des Affaires étrangères ainsi que l'attribution, par décret, d'une somme de 100 000 francs prélevée sur le legs Giffard, longuement contesté. D'autres récompenses viennent encourager ce beau zèle : le prix Audiffret décerné par l'Académie des Sciences morales et politiques en 1892 ; des diplômes d'honneur pour la participation de l'Alliance à l'Exposition du Livre, à l'Exposition du Travail, et à l'Exposition de Bordeaux (1894-1895).

Le secrétaire général a toutes raisons de publier un bulletin de victoire quand, devant le Conseil d'administration, il déclare, en janvier 1894, avec l'emphase propre à l'époque : « L'Alliance française, pourvue de tous ses organes essentiels, paraît entrée aujourd'hui dans une période de développement régulier et normal, comme un chêne vigoureux qui a dépassé le niveau des broussailles et des taillis, et qui étend désormais ses rameaux à l'air libre ».

Les cours de vacances

L'innovation la plus originale, sans doute, de cette période encore historique, c'est la création de **cours de vacances**. Destinés plus spécialement aux professeurs étrangers de français, ils sont également ouverts à tous nos amis lointains désireux de se perfectionner dans notre langue. Un comité, composé de trois académiciens, de deux membres de l'Institut et d'un député, patronne l'opération. Les disciplines initialement annoncées sont les suivantes : littérature classique, littérature moderne, institutions de la France contemporaine, grammaire de la langue française, diction et élocution.

Chaque cours comprend de dix à quinze leçons, et l'inscription est de 1 franc par leçon. L'enseignement est confié à d'éminents spécialistes : M.M. Jacquinet, professeur agrégé au lycée Condorcet, René Doumic, futur académicien et auteur d'un manuel de littérature très célèbre, Ferdinand Brunot, maître de conférences à la Sorbonne et futur auteur d'une monumentale *Histoire de la langue française*, Chailley-Bert, journaliste et Georges Berr, sociétaire de la Comédie-Française.

D'une exposition à une autre

Inaugurés le 9 juillet 1894, et terminés le 6 août, sanctionnés d'autre part par deux diplômes — un *Diplôme d'aptitude à l'ensei-*

gnement du français et un *Certificat d'assiduité*[4] — , ces cours sont suivis avec le plus vif intérêt par une cinquantaine d'auditeurs et d'auditrices.

L'année suivante, ils sont divisés en trois sections : cours élémentaires, cours supérieurs et un cours commun, traitant plus spécialement de « l'état politique et social de la France contemporaine ». Le succès (115 inscrits) est d'autant plus grand que sont organisées des visites artistiques (au Trocadéro, au Louvre, au musée du Luxembourg, à Versailles, notamment). Les cours se terminent par un banquet, à l'issue duquel prennent la parole non seulement le secrétaire général P. Foncin, mais encore sept participants étrangers heureux d'exprimer leur entière satisfaction.

A partir de 1896, les cours comprennent deux sessions : l'une en juillet, l'autre en août. Ils sont complétés par des cours de conversation, auxquels s'ajoute, entre autres, en 1899, un cours de phonétique expérimentale et de rectification des prononciations vicieuses, dont est chargé l'abbé Rousselot. Le nombre des visites artistiques s'amplifie également, des excursions sont organisées (à Saint-Germain-en-Laye, à Rouen), et des billets de théâtre (pour l'Opéra, pour la Comédie-Française) sont remis gracieusement aux étudiants. Le nombre de ceux-ci s'élève rapidement : 320 en 1896, 470 en 1898, 501 en 1899, mais retombe à 287 en 1900, à cause de la concurrence faite par l'Exposition Universelle. Au banquet du 3 août 1896, Ernest Lavisse souligne avec esprit la nouveauté de l'entreprise : « Qu'est-ce donc que vient de fonder l'Alliance française ? Elle vient, au moment où la loi érige nos facultés en Universités, de fonder une université très originale, une université qui travaille pendant que les autres se reposent, une université de vacances, une université française à l'usage des étrangers, et une université privée, une université libre. » De son côté, Ferdinand Brunot, promu rapidement directeur des cours, en souligne l'importance pédagogique en écrivant, en 1897, dans un rapport : « Notre École devient une sorte d'Ecole normale des professeurs de français à l'étranger ».

Cet exemple encourageant est bientôt suivi, en province, par l'institution de **cours pour étrangers** organisés par le comité de Nancy[5] en 1898, et par ceux de Caen en 1899 et de Grenoble[6] en 1900.

4. Ils prirent ensuite le nom de *Diplôme Supérieur* et *Diplôme élémentaire*.
5. Les cours de Nancy étaient ouverts toute l'année, vacances comprises.
6. Les cours de Caen, d'abord ouverts pendant les vacances, comportèrent ensuite une session allant du 1er avril au 1er juillet et ceux de Grenoble un cours permanent (du 1er novembre au 30 juin).

Tous les cours sont sanctionnés par des examens très sérieux, donnant droit à des diplômes : *diplôme supérieur* et *diplôme élémentaire*, pour ne citer que ceux qui sont délivrés à Paris.

Les comités de propagande

Foudroyante durant les premières années, la création de comités se ralentit ensuite en France, tandis qu'elle se poursuit régulièrement hors de nos frontières. Sur les 320 qui sont en activité en 1900, on en compte 200 pour l'étranger contre 120 pour la métropole.

Dans la région parisienne, il y en a une dizaine, dont deux de formation récente, en banlieue : Pantin-Bagnolet, fondé en 1897, Bourg-la-Reine, en 1898, auxquels il faut joindre, vers la même époque, la nomination d'un délégué pour Neuilly, Courbevoie et Boulogne. Si certains comités sont entièrement nouveaux (IIe, IXe, XIe, XIVe, XVIIe), s'il y en a deux même qui sont uniquement composés de dames (XVIe et VIIIe), d'autres sont entrés en sommeil et, avec ses 2 700 membres seulement, en 1 900, contre plus de 15 000 en province, Paris offre une regrettable impression de stagnation.

Pourtant on y fait des efforts de propagande, sous forme soit de séries de conférences destinées à mieux faire connaître les activités de l'Alliance, soit de réunions mondaines, visant à collecter des fonds. Les conférences ne s'adressent pas seulement au grand public, mais davantage encore à la jeunesse des grandes écoles et des lycées : parmi les plus prestigieuses ne citons que celle qui s'est tenue le 30 novembre 1899, dans le grand amphithéâtre de la Sorbonne, sous la présidence du général Gallieni, et où l'orateur, M. Gauthier, traita longuement de « l'œuvre scolaire de Madagascar ». Au chapitre des manifestations les plus huppées, on retiendra la vente, au profit de l'Association, organisée les 30 et 31 mars 1892, dans les salons du ministère des Affaires étrangères. Le comité des « Dames patronnesses » a à sa tête Mme Sadi Carnot, femme du président de la République, et les « Dames vendeuses » appartiennent à « l'élite de la société parisienne ». Une tombola, ayant pour lots des autographes d'écrivains et d'hommes politiques contemporains ainsi que des œuvres d'art signées d'artistes en vue, pimente l'esprit de bienfaisance de la chance de gagner un prix intéressant. Au total, l'opération rapporte la coquette somme de 24 000 francs, qui vient gonfler la caisse toujours assoiffée de l'Alliance.

D'une exposition à une autre

En province, malgré des hauts et des bas, la progression d'ensemble est constante. Il se forme chaque année une dizaine de nouveaux comités et la liste totale de ceux-ci, en 1900, dépasse largement la centaine. L'esprit de « pacifique croisade », de « guerre sainte », pour emprunter des termes employés par le vice-président Bardoux en 1891, l'ardeur affirmée par la « légion des conférenciers »[7] dont le plus âgé, mais non le moins combatif, Jules Simon, va, après 54 ans d'enseignement, prêcher la bonne parole en tous sens, la valeur stimulatrice du Congrès de 1893, dont chacun des trois cents membres « est reparti avec la ferme résolution de redoubler de zèle pour la propagande » : autant d'éléments qui expliquent qu'en 1900, sur 88 départements, dix à peine (l'Ardèche, les Ardennes, les Côtes-du-Nord, les Hautes-Pyrénées, les Pyrénées-orientales, le Rhône, la Haute-Savoie, le Tarn et Garonne, le Var) se font remarquer par leur carence en comités. Mais tous possèdent au moins un ou deux « délégués » qui battent le rappel des bonnes volontés et... font rentrer les cotisations.

Parmi les grandes cités, dont l'absence « douloureuse » est le plus souvent relevée et dénoncée, il y a Nantes et surtout Lyon, où l'on a pourtant dépêché, sans succès, l'éloquent vicomte Eugène Melchior de Vogüé. Beaucoup d'autres villes, au contraire, sont inscrites au tableau d'honneur : Amiens, dont le président fondateur n'est autre que Jules Verne en personne, qui reçoit une grande médaille d'argent en 1891 ; Marseille qui, la première en France, a créé un « Comité de dames » ; Aix-en-Provence qui, deux ans plus tard, possède à son tour le sien ; Le Mans où l'on pratique le « punch patriotique » ; Poitiers qui, en 1894, inaugure les « Vendredis de l'Alliance française » ; Béziers, Châteauroux, qualifiés de « comités modèles » ; Bordeaux qui a formé un comité de patronage des étudiants étrangers (1894) ; Troyes, dont le président d'honneur, Casimir-Périer, est devenu président du Conseil en 1893 ; Vire, Périgueux, Die, qui organisent des bals ou des kermesses[8] ; Pau, qui donne un concert, avec orchestre symphonique et concours du fameux pianiste Francis Planté, en 1894 ; Clermont-Ferrand, qui monte une fête à La Bourboule le 9 août 1895 ; Brive, qui célèbre son banquet annuel. Toutes ces manifestations mettent si bien en lumière la vitalité des comités de province que 42 Conseils généraux versent une subvention à l'Alliance française

7. « Des conférenciers, Messieurs, tout est là. » (P. Foncin, 1891).

8. « Un bal, n'est-ce pas la plus ingénieuse manière d'intéresser les égoïstes, de convertir les aimables indifférentes, d'obtenir d'elles beaucoup d'argent et, en même temps, ce qui ne gâte rien, de faire, comme on dit, aller le commerce local, tout en poursuivant l'essor extérieur du Commerce national ? » (*Bulletin de l'Alliance française*, mars 1892).

en 1900, alors que huit ans plus tôt, ils n'étaient que 17 à le faire. C'est ici le lieu de vérifier l'adage émis par Victor Hugo : « On résiste à l'invasion des armées ; on ne résiste pas à l'invasion des idées ».

L'action hors de France

A près avoir, peut-être avec trop d'ambition, partagé le monde en 14 sections, entre lesquelles il a d'abord prétendu répartir sa propagande, le Conseil d'administration réduit peu à peu à cinq ou six le nombre de ses principales zones d'influence : l'Europe, le Levant, l'Afrique et les îles de l'océan Indien, l'Extrême-Orient et les pays du Pacifique, l'Amérique du Nord et l'Amérique latine.

Europe

L'**Europe septentrionale**, un peu lente à se mettre en mouvement, rattrape, entre 1890 et 1900, le temps perdu. C'est peut-être la Hollande qui obtient les meilleurs résultats en créant, pendant cette décennie, treize comités : à celui de La Haye, fondé en 1890, s'ajoutent bientôt ceux de Groningue (1893) ; de Leeuwarden, d'Arnhem, d'Utrecht (1894) ; d'Haarlem, de Leyde, d'Amsterdam (1895) ; de Delft, de Breda, d'Amersfoort, de Nimègue (1896) ; d'Assen (1900). En Suède, outre Stockholm, où le nombre des adhérents passe de 300 (en 1890) à 900 (en 1895) et qui fête son dixième anniversaire, en 1900, en organisant une brillante soirée, des villes comme Göteborg, Lund, Upsal, Malmö, viennent grossir le nombre des comités florissants. A Copenhague, l'Alliance française (dont le président, à partir de 1898, sera le fameux grammairien Nyrop) se charge de recevoir notre division cuirassée du Nord, quand celle-ci vient mouiller dans les eaux de la Baltique, et donne, en son honneur, une fête à Klampenborg, le « Trouville danois ». En Norvège, le comité de Christiania, formé en 1896, compte 1 500 membres deux ans après et peut ouvrir des cours gratuits de français. D'autres alliances norvégiennes voient le jour à Bergen (300 adhérents en 1899), à Trondheim, à Kristiansand. En Finlande, le comité d'Helsingfors (1890) se fait remarquer par son activité puisque, dans la seule année de 1892, ses 360 membres organisent « trois soirées dramatiques », « trois soirées littéraires », « trois soirées de conversation » et montent une bibliothèque de 880 volumes qu'on peut consulter sur place, dans une « salle de lecture » aménagée à cet effet. Cet exemple est suivi à Vaasa, où Mme Krook fonde un comité le 21 novembre 1892.

D'une exposition à une autre

En **Europe centrale**, l'Alliance française de Zurich se signale à l'attention par son ardeur à donner fêtes et bals. Le club français de Nisch, en Serbie, qui tient lieu de comité, est très fréquenté. A Bucarest, on note la création d'une école franco-roumaine, qui ouvre en septembre 1892. En Allemagne, le cercle de conversation, à Nuremberg, s'affilie à l'Alliance et il se constitue à Berlin un comité qui organise, en mars 1900, une soirée comportant banquet, concert, tombola et bal terminé à cinq heures du matin ! En Europe du Sud, moins effervescente, on constate cependant la création d'un comité au Portugal en 1891, tandis qu'en Espagne apparaissent deux nouveaux centres, l'un à Valladolid en 1896, l'autre à Saint-Sébastien en 1899, et que se crée l'École française de Port-Bou (1894).

Proche-Orient

Au **Proche-Orient**, où des sommes énormes sont envoyées par nos rivaux anglais, américains, allemands, italiens, la plus grande chance de la France réside dans le zèle de ses missionnaires : c'est grâce à eux, écrit en 1890 le secrétaire général, que « le Levant devient une de nos colonies morales ». Aussi ne faut-il pas s'étonner si, quelques années plus tard, le mot d'ordre de l'Alliance en Grèce, en Asie Mineure, en Égypte, est de venir en aide à tous les établissements, de quelque religion qu'ils soient, « pourvu qu'ils enseignent le français et soient signalés par les représentants du gouvernement français comme dignes d'intérêt et travaillant efficacement ».

Des résultats importants ne tardent d'ailleurs pas à être obtenus. À Salonique, l'Alliance compte 400 adhérents, organise sept cours gratuits de français et ouvre une bibliothèque. Rhodes et la Crète fondent, chacune, un comité en 1891. A Constantinople, le comité, avec son millier de membres, est représenté comme « l'un des plus florissants de l'étranger » ; son activité et son influence sont, de plus, soutenues par Paul Cambon, devenu ambassadeur en Turquie et qui multiplie réceptions, matinées et bals à l'ambassade de France même. Un comité est fondé aux Dardanelles en 1894, un autre à Samsouna en 1896. Le comité de Smyrne, riche de 450 sociétaires, a fondé un cabinet de lecture et une bibliothèque. En Perse, c'est le chah en personne qui a pris l'Alliance de Téhéran sous son « haut patronage ». En Égypte, le comité du Caire a plus de 500 adhérents, celui d'Alexandrie fonctionne bien et un autre cercle s'ouvre à Port-Saïd en 1896. A Beyrouth, enfin, la situation du comité est également excellente.

D'une exposition à une autre

Afrique

En **Afrique**, les visées ont, il faut le reconnaître, un caractère nettement colonialiste et mercantile. En témoigne mieux que tout cette déclaration de Pierre Foncin : « Là, il s'agit de constituer un empire français, allant de la Méditerranée au Congo, de l'océan Atlantique au cœur du Soudan, accessible à notre influence commerciale... Les mots sont le véhicule des idées et des sentiments, ils traînent à leur suite les ballots de marchandises et ils marchent plus vite que les soldats. » L'idée de faire de l'Alliance un instrument au service de l'industrie et de l'exportation françaises ne date pas d'hier, on le voit.

Heureusement, la mission proprement civilisatrice et humaine n'est pas oubliée. Parlant de l'Algérie, le même Pierre Foncin s'écrie : « Depuis plus de trente ans, nous avons achevé la conquête matérielle de ce beau pays ; sa conquête morale reste à faire. » Le meilleur de l'action dans le Maghreb, c'est la Tunisie qui en est l'objet. Car, en Algérie, le premier enthousiasme passé, la propagande piétine un peu et l'Alliance, en 1896, n'y compte que 8 comités, 7 délégués et 1 500 adhérents, tandis qu'au Maroc l'ouverture de quelques cours d'adultes est plus méritoire qu'efficace. Dans la Régence, au contraire, outre la formation de nouveaux comités (à Bizerte en 1894, à Sfax en 1895), on observe qu'à Tunis s'organisent conférences, fêtes de charité, distributions de prix, bibliothèques populaires, aide aux cantines scolaires, réunions d'élèves à l'occasion de la Saint-Charlemagne, toutes initiatives qui valent, en 1894, au comité local une grande médaille d'argent décernée par le siège parisien.

Sur le reste du continent africain, les résultats sont maigres : au Congo français, par exemple, il n'a été recruté, en 1895, que 18 adhérents. Mais, dans les grandes îles de l'océan Indien, d'importants succès sont enregistrés : l'Alliance de la Réunion compte 170 membres en 1897 ; la même année, à Madagascar, se fonde, à Tananarive, un comité dont le Président d'honneur est le résident général Gallieni, et, deux ans plus tard, il s'en forme trois autres : à Tamatave, à Fianarantsoa, et à Majunga.

Extrême-Orient

D'une exposition à une autre En **Extrême-Orient**, les efforts les plus marquants sont accomplis en Indochine, dont la pacification vient tout juste d'être achevée. A Hanoi, notamment, les cours de l'Alliance, confiés à des professeurs annamites placés eux-mêmes sous la direction d'un instituteur métropolitain, sont suivis par près de 400 personnes. Et un comité se forme à Haiphong en 1895, un autre à Haï-Duong en 1896. Ailleurs, il ne s'agit guère que d'actions ponctuelles : à Tokyo, à l'école de l'Étoile du Matin, des prix spéciaux sont remis aux élèves le 10 juillet 1894, de la part du siège parisien ; à Batavia, une caisse de livres est envoyée à la supérieure du couvent des Ursulines ; à Karikal, un comité se forme en 1890, et Singapour a le sien en 1900.

Amérique du Nord et du Sud

En **Amérique du Nord**, la progression est lente, mais réelle. Au Canada, tandis que le délégué général à Québec entreprend, à partir de 1890, un « glossaire destiné à corriger les anglicismes et les locutions vicieuses qui menacent de corrompre la pureté de la langue » telle qu'elle est parlée sur place, un comité provisoire se forme à Montréal, en 1899 et une seconde délégation est ouverte à Vancouver en 1890. De son côté, le Conseil d'administration de Paris, à la fin de 1899, envoie en mission, sur le continent nord-américain, trois de ses membres (dont le conseiller d'État Louis Herbette) et ceux-ci en rapportent l'impression que, si la province de Québec, est « déjà toute française », la Nouvelle-Angleterre « le devient ».

Aux États-Unis, des comités voient le jour : en 1890, à San Francisco ; en 1894, à Boston, où des adhérents se proposent « d'établir des réunions hebdomadaires, de fonder des cercles de lecture, de s'assurer le concours des professeurs de français les plus distingués et d'organiser pour eux des conférences littéraires[9] » ; en 1895, à Los Angeles ; en 1896, à Galveston (Texas) ; en 1899, à Chicago, à Denver, à Brooklyn, à New York, où sera tenue, le 31 janvier 1900, la première assemblée générale annuelle. Et, dans plusieurs villes, sont ouverts des cours de français : à San Francisco, où quatorze écoles enseignent notre langue, à Kansas City et à Dallas (1897), notamment.

A Mexico, l'action la plus glorieuse est l'implantation d'un lycée français, qui est inauguré le 11 janvier 1897, et où cinq professeurs, envoyés de Paris, reçoivent, dès la première année, 165 élèves. Autre fait remarquable : à Saint-Thomas, dans les Antilles danoises, l'Alliance française, en donnant son patronage à l'École Zevort, prouve son influence et sa notoriété.

9. A partir de 1900, le Président du comité de Boston est un professeur de Harvard.

D'une exposition à une autre

En **Amérique centrale**, rattachée à la section de l'Amérique latine à partir de 1890, des succès sont enregistrés au Venezuela, où le comité de Caracas n'a pas moins de 250 adhérents et en Guyane hollandaise où, en 1891, se constitue le comité de Paramaribo. Aux Antilles, la situation est également favorable : les adhésions augmentent à Cuba, tandis qu'en Haïti se crée le comité de Port-au-Prince, en 1893 et que cet exemple est suivi à la Martinique un an plus tard.

Sur le **continent sud-américain**, les résultats les plus spectaculaires sans doute s'observent au Chili qui, après avoir fondé, en 1890, quatre comités (Valparaiso, Santiago, Traiguen, Encilla), en compte bientôt trois de plus : à Victoria, à Lautaro et à Iquique. Au Brésil, le comité de Rio de Janeiro exerce son influence dans plusieurs écoles françaises (dont l'une sera patronnée, à partir de 1896, par le comité de Reims) et il se fonde à Saint-Paul, en 1894, un cercle qui, quatre ans plus tard, réunit 250 adhérents. En Argentine, grâce à l'organisation de fêtes et de distributions de prix dans les établissements scolaires, l'Alliance prend un nouvel essor à partir de 1895 : à Buenos Aires, treize étudiants obtiennent le diplôme de capacité en 1896 ; à Cordoba, un comité voit le jour en 1898 et un délégué est nommé à Mendoza en 1900. L'introduction, à partir de 1897, de l'enseignement *obligatoire* du français dans les programmes officiels de l'Instruction publique en Argentine peut être considérée comme le résultat de l'action menée par l'Alliance dans ce vaste pays.

L'Alliance française à l'Exposition Universelle de 1900

L a participation de l'Alliance française à l'**Exposition Universelle de 1900** est décidée le 6 février 1897. Dès cette année-là, un crédit de 12 000 francs est inscrit au budget et, pour en rendre la charge moins pesante, on a l'idée de le faire porter sur quatre exercices successifs.

La mission d'organisation est confiée à Léon Dufourmantelle, alors délégué à la propagande dans un arrondissement de Paris, et qui est nommé commissaire de l'Exposition de l'Alliance française de 1900[10].

10. Désigné comme secrétaire général de l'association en mars 1899, il n'en conserve pas moins son titre de Commissaire de l'Exposition. Il est aidé dans sa tâche par Émile Salone, nommé, lui, conférencier à l'École internationale de l'Exposition.

Le Commissaire, assisté d'une commission de six membres qu'il préside, aura deux tâches principales à accomplir :

1. Exposer tous les documents (cartes, historiques des comités, travaux des meilleurs élèves de nos écoles à l'étranger) aptes à témoigner du développement de l'Association et à faire mieux connaître celle-ci des Français qui visiteront l'Exposition.

2. Ouvrir une école fréquentée par de jeunes indigènes et fonctionnant sous les yeux du public.

Un pavillon, destiné à abriter les documents et l'école en question, sera édifié aux frais de l'administration coloniale.

Le pavillon est divisé en deux grandes salles : une pour l'exposition des documents, l'autre pour faire la classe.

Sur les parois de la salle d'exposition sont placardées sept grandes cartes indiquant l'emplacement des Alliances à travers le monde. Des panoplies persanes, des aquarelles, des étoffes annamites, une peinture représentant un caravansérail algérien sont accrochées à des panneaux tandis que des devoirs d'élèves, envoyés par des écoles lointaines, des notices et des photographies réunies par différents comités sont placés dans des vitrines.

Exposition Universelle de 1900, le palais des produits alimentaires.

*Exposition universelle
de 1900 : la leçon de
français.*

La salle de classe est équipée par des éditeurs (Delagrave et Colin notamment) qui font, en outre, d'importants envois de livres : parmi les donateurs, on remarque Alcan, Belin, Calman-Levy, Delalain, Firmin-Didot, Flammarion, Gauthier-Villars, Hachette, Larousse, Lemerre, Nathan, Perrin, Tallandier, tous friands d'élargir la diffusion de leurs ouvrages. Et, s'il n'est pas possible aux différents gouvernements coloniaux de faire venir à Paris les groupes scolaires qui leur ont été demandés, du moins leurs commissaires à l'Exposition réussissent-ils à réunir des élèves qui reçoivent l'enseignement des professeurs de l'Institut Berlitz mis gracieusement à la disposition de l'Alliance française.

L'ouverture officielle de l'Exposition a lieu le 15 avril. Le pavillon de l'Alliance est inauguré, lui, le 19 au matin. Un déjeuner amical est ensuite servi aux personnes conviées à cette cérémonie dans le restaurant du Palais du Costume.

Beaucoup de visiteurs sont venus de loin. Par exemple : G. Lemay, consul de France à Lyon et président d'honneur du comité des Cyclades ; Ferrier, ancien président du comité de Pondichéry ; le docteur Schneider, président du comité de Téhéran ; Jacobsen, président d'honneur du comité de Christiania.

*D'une
exposition
à une autre*

Pour les recevoir dignement et répondre aux questions qui ne manqueront pas d'être posées, il est décidé que, chaque jour, un membre du conseil, désigné par roulement, sera président du pavillon.

Le pavillon a, le 31 mai, la visite du président de la République, qui examine cartes, objets, documents et assiste à une leçon de français faite à des miliciens malgaches dans la salle de classe. Le 20 juin, Émile Salone y prononce une conférence dont le thème est évidemment consacré à l'Alliance. Le 28 juin, des musiciens annamites y donnent un concert. Le 12 juillet, le ministre de l'Agriculture de la Province du Québec et un sénateur de Montréal y sont reçus à leur tour, suivis, le 23 août, par les 60 membres du Congrès national de géographie. Des *five o'clock teas* quotidiens, un dîner organisé le 23 août en l'honneur de la toute nouvelle Société franco-japonaise, des banquets mensuels soulignent l'empressement et la chaleur de l'accueil.

Le « clou » est constitué par les Cours, inaugurés le 11 mai, et où le public se presse pour découvrir comment on s'y prend pour enseigner notre langue à des Malgaches, à des Indochinois, à des Dahoméens, à des Sénégalais, à des Persans, voire à des Norvégiennes, hardiment venues du grand Nord dans le Paris de la perdition...

Ajoutons que, conformément à un vœu, émis par Franck Puaux, le Conseil profite de cet immense rassemblement pour faire dresser un état de la langue française dans le Monde. Une cinquantaine de monographies, demandées à des spécialistes, sont ainsi recueillies et donnent lieu à une publication collective sous le titre : *La Langue française dans le Monde,* préfacée et annotée par Pierre Foncin (300 pages, in-8°, en vente au prix de 5 francs). L'ouvrage est accueilli plus que favorablement par la *Revue Bleue*, la *Grande Revue*, le *Journal des Débats*.

L'Alliance, qui reçoit un grand prix et qui voit son secrétaire général récompensé d'une médaille d'or, peut s'estimer satisfaite de sa participation à l'Exposition Universelle. Les dernières lignes du Bulletin de 1900 expriment sans ambages la qualité des résultats obtenus :

« Notre Siège central a pu consolider les liens d'amitié et de confiance noués avec nos comités et leurs adhérents ; de nouveaux et précieux concours se sont spontanément offerts à nous ; des relations sympathiques ont été créées avec des groupes étrangers amis de la France (...). Nous pouvons envisager l'avenir avec la certitude d'avoir fait œuvre utile en participant à l'importante manifestation de la fin de ce siècle ».

*Notre petit clairon, qui
à certaines heures, devient,
on ne sait comment,
la trompette de Jéricho.*
ERNEST RENAN

La « belle époque » (1900-1914)

Œuvre collective, jaillie du patriotisme blessé par la défaite de 1870 et de l'ardent désir d'en atténuer le désastreux retentissement, l'Alliance française n'en est pas moins partiellement redevable de sa croissance et de sa prospérité à quelques individualités d'élite. Au premier rang de celles-ci il faut placer Pierre Foncin qui, secrétaire général de 1884 à 1897, aura mis en place les structures de base de l'entreprise et, président de 1899 à 1914, en aura assis définitivement le succès et le prestige. C'est bien lui, en effet — Léon Dufourmantelle a raison d'en rendre hommage à ses vertus et à son infatigable labeur — qui aura imprimé à l'association «.l'unité de vue qui fait sa force et la hauteur de pensée qui fait sa grandeur ».

La présidence de Pierre Foncin

Sa longue présidence a coïncidé avec ce qu'on pourrait appeler *La Belle Époque* de l'Alliance française. Plus de 50 000 adhérents à partir de 1906 ; 450 comités et plus de 200 délégués, tant en France qu'à l'étranger, en 1908 ; distribution d'environ 500 000 francs de subsides annuels aux écoles et aux bibliothèques subventionnées ; dès 1910, constitution de deux fédérations, l'une aux États-Unis et au Canada (1904), l'autre dans les îles Britanniques (1910) ; développement de Cours pour étrangers, ouverts d'abord pendant les vacances, puis, souvent toute l'année, dans un grand nombre de villes françaises ; célébration, en 1904, du XXIᵉ anniversaire de l'association en lui assurant des locaux plus spacieux et, en 1909, du XXVᵉ en organisant, dans le grand amphithéâtre de la Sorbonne, une cérémonie solennelle, présidée par Émile Loubet, ancien président de la République ; enfin, et c'est l'apothéose, achat d'un terrain et mise en chantier d'un immeuble

*La « belle
époque »*

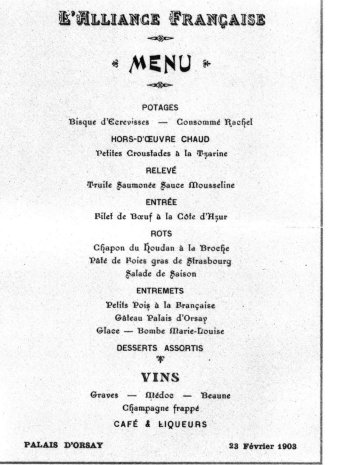

L'ALLIANCE FRANÇAISE

❖ **MENU** ❖

POTAGES
Bisque d'Écrevisses — Consommé Rachel

HORS-D'ŒUVRE CHAUD
Petites Croustades à la Tzarine

RELEVÉ
Truite Saumonée Sauce Mousseline

ENTRÉE
Filet de Bœuf à la Côte d'Azur

ROTS
Chapon du Houdan à la Broche
Pâté de Foies gras de Strasbourg
Salade de Saison

ENTREMETS
Petits Pois à la Française
Gâteau Palais d'Orsay
Glace — Bombe Marie-Louise

DESSERTS ASSORTIS
❦

VINS

Graves — Médoc — Beaune
Champagne frappé
CAFÉ & LIQUEURS

PALAIS D'ORSAY   23 Février 1903

*Un dîner
à la « belle
époque »*

destiné à mettre l'Alliance dans ses murs pour sa trentième année (1913) : voilà un itinéraire dont il suffit d'énumérer les principales étapes pour en souligner la progression, à tous égards exemplaire. Dans le style volontiers métaphorique de l'époque, mais où l'hyperbole ne fausse pas la vérité, Louis Delamare, secrétaire général de la fédération américaine, pouvait, en 1911, saluer en ces termes les résultats d'ensemble de l'association : « Pendant que je contemplais, il y a quelques semaines, les cuirassés français qui mouillaient dans les eaux de l'Hudson, une comparaison s'est imposée à mon esprit. L'Alliance française m'est apparue comme une immense flotte pacifique dont les escadres portent dans toutes les parties du monde la culture et la civilisation françaises. »

Quand Pierre Foncin, peu de temps avant la guerre, cédant au poids de l'âge et de la maladie, renonce à la présidence pour la laisser à Jules Gautier, Directeur de l'enseignement secondaire, qui

*La « belle
époque »*

l'occupe pendant cinq ans (1914-1919), c'est toute une époque qui s'achève. Elle a mis en lumière d'autres hommes qui, chacun en son genre, ont vigoureusement contribué au développement de l'Alliance. Il faut d'abord citer les secrétaires généraux : Léon Dufourmantelle (1899-1909) et Émile Salone (1909-1914), dont il suffit de lire les rapports annuels d'assemblée générale pour comprendre avec quel esprit de méthode et quel sérieux dans le travail ils ont exercé leur fonction, sans oublier leur successeur, Albert Malet, qui occupe le poste pendant quelque mois en 1914, après avoir été chargé de celui de délégué général à la propagande à partir de 1909. Il faut mentionner ensuite les trésoriers généraux : *Armand Robin*, industriel (1900-1908) et *E. Ricois*, directeur de la maison du *Bon Marché* (1909-1914), qui sont les dignes successeurs d'Armand Colin en tenant, au centime près, l'état des finances ; *Louis Herbette*, conseiller d'État, président de la commission de propagande et des conférences, qui sait dénicher le local du boulevard Saint-Germain en 1904 et organise, avec une ardeur sans relâche, les fameux « lundis » de l'Alliance française ; les vice-présidents Le Myre de Vilers, ambassadeur de France, qui a même droit, en 1906, au titre de « président honoraire », *Maillet*, Conseiller à la Cour de Cassation, *Franck Puaux*, membre du Conseil Supérieur des colonies ; les professeurs Ferdinand Brunot, Directeur des Cours de vacances jusqu'en 1904, puis membre de droit du Bureau comme « Président de la commission des cours permanents », et Edmond Huguet, maître de conférences à la Sorbonne, qui lui succède à la direction des cours d'été et est élu, en octobre 1912, au Conseil d'administration à la place d'Anatole Leroy-Beaulieu, économiste de l'école libérale, autre célébrité de la maison.

Le Conseil d'administration

A ce tableau d'honneur, beaucoup d'autres noms mériteraient d'être ajoutés. Mais il importe moins de les exhumer pour leur rendre un éclat fugitif que d'insister sur le travail anonyme, mais si patient, si tenace du Conseil d'administration et du bureau, qui en est à la fois l'agent recruteur et l'émanation.

Le Conseil se réunit très régulièrement, selon les statuts adoptés en 1914, au moins six fois par an, en réalité au moins une fois par mois en moyenne et, à certains moments où ont lieu des délibérations cruciales, plusieurs fois de suite si c'est nécessaire. Ainsi le *Bulletin* n° 124 relate-t-il quatre réunions tenues consécutivement les 16, 20, 25 février et 6 mars 1911, à l'époque où se pose la question brûlante des « cours permanents » et de l'acquisition des locaux nécessaires à leur installation. Les discussions du Conseil sont longues et animées, si l'on en croit les procès-verbaux qui en résument les phases essentielles. Toutes les affaires sont soumises à son jugement et à son approbation, les plus importantes (celles qui touchent les immeubles, les emprunts, les fonds de réserve) requérant la présence d'au moins la moitié de ses membres, les autres seulement l'assistance du quart de ceux-ci. A l'occasion, il tient à honneur de recevoir les visiteurs de marque : tels James Hyde et Gofflot, les initiateurs de la fédération américaine, conviés à assister à la séance du 22 avril 1904 ; tel encore le général Lyautey, « haut-commissaire français à la frontière algéro-marocaine », invité à celle du 5 juin 1909. De plus, soucieux de faire place à tous les dévouements et à toutes les compétences, il ne craint pas d'ouvrir ses rangs à des personnalités éminentes des Comités de l'étranger : par exemple, au Norvégien Jacobsen, ancien président du comité de Christiania en 1906, à l'Américain James Hyde, quand celui-ci est venu s'établir en France en 1909. Dans le même esprit, lorsque le nombre de ses membres passe de 50 à 55 ou 60, il fait appel à quatre notabilités de province : Henri Hauser, professeur à la faculté des lettres de Dijon ; Jacques Léotard, secrétaire général du comité de Marseille ; Louis Lespine, avocat et délégué régional à Nancy ; Henri Playoust, industriel à Tourcoing. Devenu ainsi encore plus représentatif, le Conseil pense être mieux à même d'interpréter la volonté générale des sociétaires.

D'ailleurs, le recrutement en a toujours été assuré avec un souci d'équité tel que toutes les tendances, toutes les philosophies, toutes les spécificités confessionnelles ou religieuses y fussent représentées à parts égales : à la mort, en 1907, de l'inspecteur général Jost, d'obédience réformée, c'est le pasteur Bonet-Maury, professeur à la Faculté libre de théologie protestante de Paris, qui est appelé à lui succéder ; au décès du Grand Rabbin Zadoc Khan, en 1905, c'est le rabbin Israël Levi qui le remplace ; quand l'abbé Hemmer, qui remplit en outre les fonctions d'archiviste, donne sa démission en 1913, il a pour successeur un autre prêtre catholique, l'abbé Séjourné. De même, si les hommes politiques (Paul Deschanel, président de la Chambre des députés, Paul Delombre ancien ministre) sont accueillis avec faveur, en partie, peut-on supposer, à cause du soutien qu'ils peuvent apporter en cas de recours aux pouvoirs publics, l'élection de trois ressortissants de l'Alliance à l'Académie française (René Doumic, Denys Cochin, Paul Deschanel) est saluée comme un hommage rendu à l'association tout entière. En réalité, une admirable tolérance règne au sein de cette administration, qui ne manque pas de s'appliquer à elle-même la devise figurant à l'article premier de ses propres statuts : « Elle est

La « belle époque »

étrangère à toute discussion politique ou religieuse. » Est-il super-flu de préciser que toutes les fonctions, tant celles du bureau que du Conseil, sont *strictement bénévoles* ?

Une politique d'omniprésence

U n des objectifs essentiels du personnel dirigeant, pendant cette brillante période, c'est de **multiplier les contacts** avec le monde extérieur et de nouer, avec tous les membres de l'association, des liens « plus intimes », des relations « plus frater-nelles ». D'où une fiévreuse activité qui se traduit par la participa-tion à de nombreux congrès et expositions, par l'organisation de banquets, de fêtes, de réunions de toutes sortes, par la publication d'une plaquette[1], et la frappe d'une nouvelle médaille[2].

A l'Exposition universelle de Saint-Louis, aux États-Unis, en 1904, où elle délègue Émile Salone, comme à l'Exposition du nord de la France, organisée à Arras la même année, à l'Exposition coloniale de Marseille, en 1906, où elle est représentée par son comité local, comme à l'Exposition Internationale de Gand, en 1913, où F. Brunot fait une conférence sur « les débuts du français dans la diplomatie », l'Alliance est honorée de « grands prix », qui ne récompensent pas seulement ses efforts, mais qui prouvent aussi son aptitude à manifester partout son existence. Cette remar-que peut également s'appliquer aux différents congrès internatio-naux, dans lesquels on débat — déjà ! — de la place et du rôle de la langue française dans le monde et où elle ne manque jamais d'en-voyer des délégués du premier rang : au congrès de Liège, en 1905, elle choisit pour représentants E. Salone et L. Herbette et reçoit des félicitations publiques pour son action ; au congrès d'Arlon[3] (septembre 1908), organisé par la fédération internationale pour l'expansion et la culture de la langue française, elle est également honorée et fêtée, l'une des quatre journées de travail lui ayant été spécialement consacrée ; au congrès du commerce extérieur, tenu à Paris en juin 1912, où elle a pour délégués Jules Gautier et Albert Malet, elle émet le vœu que, pour mieux propager la langue fran-çaise dans les pays où nos « rivaux économiques » diffusent la leur,

1. Elle est due à un sculpteur de talent, M. M. de Tarnowski. Le nom de celui qui se la procure peut, s'il le désire, être gravé sur la plaquette.
2. L'exécution en est confiée, en 1911, au sculpteur J. Carl. Elle présente, à l'envers, trois profils superposés (race blanche, race jaune, race noire), enlacés de lierre. Au revers, il y a une couronne de lauriers et l'indication « médaille de maître » ou « médaille d'élève ».
3. En Belgique.

« des crédits supérieurs aux crédits actuels soient désormais inscrits au budget du ministère des Affaires étrangères » ; au congrès de Saint-Andrews (1913), en Écosse, son porte-parole reprend le même thème en rappelant que l'Alliance est « l'alliée naturelle des Chambres de Commerce » et que « la propagation du français comporte des répercussions économiques que l'Alliance a à cœur de défendre et de favoriser » ; au Congrès de langue et de littérature françaises, réuni à New York en 1913, le délégué officiel du ministère de l'Instruction publique, Joseph Bédier, remercie les membres de la fédération américaine de prendre « tant de nobles initiatives » et d'entretenir « le plus chaud foyer d'amitiés françaises qui soit en ce pays ».

La vie associative

Omniprésente dans les **manifestations de caractère international,** l'Alliance tient également beaucoup à resserrer les liens avec ceux qui, plus souvent dans l'ombre qu'à l'honneur, travaillent pour sa cause. Aussi les assemblées générales annuelles, qui font venir à Paris beaucoup de ses membres de province, voire de l'étranger, sont-elles suivies de banquets, qui offrent aux convives l'occasion de se mieux connaître et qui, toujours présidés par une haute personnalité politique, leur donnent le sentiment d'appartenir à une association appréciée et soutenue par les pouvoirs publics. Parmi ces présidents d'un soir citons, en 1903, Gaston Doumergue, alors ministre des Colonies ; en 1906, Bienvenu-Martin, ministre de l'Instruction publique ; en 1913, Célestin Jonnart, ministre des Affaires étrangères, discrètement accompagné de Raymond Poincaré, qui vient d'être élu à la plus haute magistrature de l'État. Des fêtes sont également organisées : une des plus brillantes est donnée, le 19 décembre 1910, « en l'honneur des poètes étrangers de langue française[4] : belges, suisses, haïtiens, canadiens, louisianais » — sous la présidence de Jean Richepin. Les grands anniversaires, le vingt et unième en 1904, le vingt-cinquième en 1909, célébrés avec solennité, et force discours à l'appui, rameutent les énergies et permettent de mieux mesurer le chemin parcouru : « L'Alliance française entre dans sa vingt et unième année accomplie, constate P. Foncin en 1904 ; c'est l'âge de la raison, de la fécondité, de la sagesse. » Et, quatre ans plus tard, le 1er juin 1909, il s'écrie, non sans emphase : « L'Alliance française célèbre aujourd'hui ses noces d'argent. Avec qui ? Avec le génie de la France, génie qu'elle honore, qu'elle aime, en qui elle a foi. »

4. On ne disait pas encore : francophones.

Stances de M. Jean Aicard, de l'Académie française, mises en musique par M. Bourgault-Ducoudray, professeur au Conservatoire national de musique, chantées par M. Berton, de l'Opéra, avec accompagnement de l'auteur.

LA CHANSON DU PARLER DE FRANCE

Quel est cet acier souple et pur
Qui lance dans la nuit profonde
Des éclairs de flamme et d'azur ?
— « Je défends l'avenir du monde.
« L'amour, la justice féconde ;
« Je fus pour Jeanne d'Arc le vrai verbe de Dieu.
« Je suis ton langage superbe,
« France. Je suis le Verbe
« De Corneille et de Montesquieu,
« Épée étincelante où luit l'idée en feu. »

Quel est ce fleuve large et pur
Charriant dans son eau profonde
Tout un ciel de flamme et d'azur ?
— « France, je vais porter au monde
« Le droit, la justice féconde,
« Fleuve immortel d'amour, de rêve et de beauté,
« Je suis ton langage superbe,
« France. Je suis le Verbe
« Où ton génie est reflété.
« J'abreuve d'idéal toute l'humanité. »

Langage français, Verbe pur
De la raison claire et profonde
De l'idéal baigné d'azur,
Tu fais rayonner sur le monde
Le droit, la justice féconde.
Souple et brillante épée ou fleuve aux reflets clairs.
Gloire à toi, langage superbe,
Car c'est toi le seul Verbe,
Écrit ou parlé, prose ou vers
Qui fera l'unité des cœurs dans l'Univers.

Parmi tous les efforts pour animer la vie quasi quotidienne de l'association et en rapprocher les membres, il faut faire une mention spéciale aux **Lundis de l'Alliance française** » créés en 1904 sur l'initiative de l'infatigable Louis Herbette, qui se charge en outre d'en programmer les activités. Tenus à 20 heures 30, au siège social, le premier jour de la semaine (à partir de 1909, le rythme n'en est plus que bimensuel), ils offrent une grande variété de conférences, de causeries, de discussions dont on pourra juger en lisant celles qui sont proposées aux habitués pendant le seul mois de décembre 1904 :

La « belle époque »

5 décembre : *Les facilités nouvelles de voyage. En Norvège*, causeries, avec projections, par M. L. Olivier, directeur de la *Revue Générale des Sciences*, et M. le baron Jules de Guern.

12 décembre : *La langue et les œuvres françaises au Canada*, causerie par M. A.J. der Halden.

19 décembre : *En Alsace*, causerie, avec projections, par M. Masson-Forestier.

26 décembre : *Vers la Chine par le Transsibérien. La descente du Yang-Tsé Kiang*, causerie avec projections par Mme Bous d'Anty.

L'intérêt de ces « lundis » est parfois rehaussé par la présence d'un visiteur de marque : c'est ainsi que, le 10 avril 1911, est reçu le professeur Hantich, Secrétaire général du comité de Prague, qui prononce une conférence sur *Les relations et les amitiés franco-tchèques*. Le premier vendredi du mois, à 17 heures, un thé mensuel permet aux dames de se réunir et fait un gracieux prolongement aux séances du lundi, dont l'élément féminin est d'ailleurs loin d'être exclu et où les conférencières ont souvent la parole. Dans le même esprit de compréhension générale, le *comité Paul-Bert*, créé en 1908, rassemble une fois par mois un certain nombre d'étudiants et d'élèves indochinois, qui, un peu esseulés à Paris, trouvent là chaleur et réconfort.

L'Alliance dans ses murs : du Faubourg Saint-Germain...

L e succès des **cours de vacances** (le nombre des auditeurs est passé de 516, en 1901, à un millier dix ans plus tard) a une double incidence sur les destinées de l'Alliance française.

La première, c'est le prestige qu'ils apportent à l'association tout entière et que, dans son rapport d'assemblée générale en 1903, Léon Dufourmantelle salue en ces termes : « Les cours ont leur réputation solidement établie en France et à l'étranger ; ils sont une force de notre propagande et en même temps un puissant moyen d'action, car ils créent entre nous et nos auditeurs des liens fructueux pour notre œuvre. Par-dessus tout, ils donnent un éclat tout particulier à l'Alliance française en s'adressant à des auditeurs et à des auditrices de tous les pays avides d'apprendre et de s'instruire de la littérature et des choses de France. »

Oui, ces modestes cours d'été tracent la voie à ce qui va, plus tard, être une des vocations essentielles de l'Alliance : l'enseignement du français. Ajoutons, et la remarque n'est pas négligeable,

La « belle époque »

que ces cours, dont l'ouverture et la clôture donnent toujours lieu à des cérémonies, des discours, des remises de diplômes et de récompenses, des dîners, rapportent un bénéfice net de plus en plus appréciable et peuvent laisser espérer, pour l'association, une source de gains qui n'avait pas été prévue initialement.

La seconde conséquence de leur succès toujours accru, c'est que les salles où ils ont lieu se révélent peu à peu si exiguës et si inconfortables que le directeur, Edmond Huguet, dénonce énergiquement ces insuffisances, qui sont bien volontiers reconnues par le secrétaire général (« Cette affluence flatteuse nous crée des devoirs envers nos hôtes. ») et par le Conseil d'administration bientôt appelé à réexaminer sérieusement « la question des locaux ». Louis Herbette, toujours à la pointe du combat, déclare tout net, lors de la séance du 22 octobre 1909, qu'il faut « envisager le problème des cours permanents ouverts aussi bien aux Français qu'aux étrangers » et « établir une installation répondant à ces besoins généraux », installation qui pourrait aller jusqu'à *un projet de construction réunissant ultérieurement tous les services* ».

Ce n'est pas la première fois que se pose l'épineuse « question des locaux » et les nombreux déménagements de l'Alliance, durant ses vingt premières années d'existence, prouvent le souci constant, chez ceux qui l'administrent, de la loger conformément à ses besoins. « L'importance grandissante de l'œuvre, est-il reconnu dès 1904, le désir de la présenter à ses visiteurs dans un cadre plus digne d'elle-même et plus favorable à nos réunions régulières nous ont fait plus d'une fois déplorer les dispositions et l'état de vétusté de nos locaux. » Aussi, après avoir passé un bail avec l'Assistance publique et l'avoir signé le 31 décembre 1903, est-ce avec satisfaction qu'est opéré le transfert du siège social au 186 du boulevard Saint-Germain, dans les locaux de l'ancienne Académie de médecine entièrement remis à neuf. Outre une très grande salle, où se tient l'assemblée générale de 1904, l'association dispose « des pièces et des cabinets nécessaires pour les bureaux, les archives et la propagande » et d'une autre salle, très vaste elle aussi, contiguë à la première « où nos adhérents trouveront les documents pouvant les intéresser, une bibliothèque qui leur est ouverte, les journaux spéciaux, les publications en français parues à l'étranger, et généralement tous les renseignements que nous recevons du dehors et serons heureux de leur communiquer ».

Assurément, il s'agit là, pour l'Alliance, « d'un nouveau pas en avant », comme dit P. Foncin. Et si l'opération a risqué de « grever quelque peu le budget de l'exercice 1904 », une « souscription spéciale » qui, au 1er janvier 1905, a déjà rapporté plus de 5 000 francs, a rapidement couvert le léger déficit consenti l'année précédente.

... au boulevard Raspail

Jugés satisfaisants en 1904, les locaux du 186 boulevard Saint-Germain se sont, on l'a vu, révélés insuffisants quelques années plus tard en raison de la prospérité croissante des cours de vacances. Certes, ceux-ci pourraient être organisés ailleurs comme cela s'est déjà passé en 1901 et 1902, où ils se sont tenus dans des salles gracieusement prêtées à l'Alliance française par l'Ecole Coloniale. En effet, la situation n'est difficile que pendant les deux mois, juillet et août, où ils ont lieu. Mais, on l'a noté également, plusieurs des membres du Bureau ont conçu l'idée d'ouvrir des **cours permanents**, qui augmenteraient le prestige de l'Association et lui fourniraient un important surcroît de ressources. Ferdinand Brunot, spécialement chargé d'étudier la question, insiste sur la nécessité d'offrir aux auditeurs étrangers un équipement moderne, comportant au moins « une bibliothèque et un laboratoire de phonétique expérimentale pratique ». Franck Puaux, Bonet-Maury, Jules Siegfried sont d'avis d'envisager l'achat d'un terrain et l'édification des bâtiments reconnus nécessaires : « A nouveaux besoins, dit l'un d'eux, il faut une nouvelle organisation ». Finalement, à l'issue de la séance du conseil du 22 octobre 1909, est déposée une résolution prévoyant :

1. « Une construction spéciale en vue de l'organisation des services de l'Alliance française et l'établissement des cours de vacances soit sur le terrain actuel, soit sur un autre emplacement ;

2. un emprunt en obligations 3 % pour faire face aux frais de cette construction. »

De son côté, le 16 février 1911, Ferdinand Brunot présente au Conseil le résultat de ses recherches concernant la question des cours permanents. Renonçant à un projet qui consisterait « simplement à préparer les étudiants étrangers à suivre les cours des facultés », il propose d'ouvrir des cours à toute personne, même française qui voudrait « se consacrer à l'enseignement de notre langue au dehors » et de placer ces cours sous le titre d'**Ecole supérieure de langue française** afin de bien marquer « la place que l'Alliance française, grâce à eux, occupera dans l'enseignement à Paris. » Sa proposition est adoptée à l'unanimité.

La « belle époque »

Il ne reste plus qu'à passer à l'action, c'est-à-dire à trouver d'abord un emplacement. Après quelques tâtonnements et même certaines résistances (le vice-président Maillet craint de voir « dénaturer le but de l'Association » si celle-ci donne « une extension excessive à l'enseignement dans les locaux mêmes de l'Alliance »), le choix s'arrête sur un terrain, situé boulevard Raspail, qui est offert, aux meilleures conditions, par l'Université de Paris elle-même. Le 19 décembre 1911, le Conseil vote la décision de l'acquérir par 20 voix et 7 abstentions.

Dans le *Bulletin* du 19 juillet 1912, le président Foncin claironne la nouvelle :

« Une décision capitale pour l'avenir de l'Alliance française vient d'être prise ; l'Alliance française doit avoir sa maison à Paris. »

Mais il en révèle aussitôt les conséquences :

« Pour réaliser ce projet d'importance vitale, une *Société civile des amis de l'Alliance française* est non seulement en formation mais à l'œuvre.

Nous demandons aux membres de l'Alliance de considérer comme un devoir d'en faire partie. »

L'achat du terrain et les constructions étant estimés à 600 000 francs, c'est-à-dire entraînant une dépense supérieure aux réserves de l'association, il a fallu, en effet, fonder une *Société civile des amis de l'Alliance française* « ayant pour objet la constitution d'un capital de 600 000 francs destiné à être prêté à l'Alliance ». Ce capital est « divisé en 6 000 actions de 100 francs, payables un quart à la fondation, et les trois autres quarts, sur appel du Conseil d'administration, en trois versements, séparés chacun par un intervalle de six mois au moins. »

Les actions sont remboursables en trente ans par tirage au sort, le remboursement commençant quatre ans après l'achèvement des travaux. Enfin, le prêt est fait à 3,5 %, mais le dividende ne pourra excéder 3 %. On voit que toutes les précautions ont été prises pour ne jamais placer l'Association en difficulté financière.

Du reste, dès le 19 juillet 1912, 3 600 actions (360 000 francs) sont déjà souscrites, dont 1 050 (105 000 francs) par les membres du Conseil. A la fin de l'année, le total des souscriptions s'élève à 500 000 francs.

La « belle époque » Parmi les donateurs, on relève la banque Rothschild, la Chambre de Commerce de Paris, le Crédit Lyonnais, le Comptoir natio-

Le premier état de l'immeuble du siège central.

nal d'escompte, la Société Générale, les Grands Magasins du Louvre, la Compagnie Solvay, le Roy White, président de la fédération américaine. Parmi les souscripteurs, les éditeurs se placent au premier rang : Plon et Nourrit pour 50 000 francs, Hachette, Masson, Larousse, chacun pour 10 000, Alcan, Delagrave, Calmann-Levy pour 5 000 ; Michelin verse 35 000 francs, les Champagnes Pommery 10 000, le grand collectionneur David Weill 10 000. Mais les membres du Conseil eux-mêmes donnent l'exemple en faisant preuve d'une générosité exceptionnelle : Albert Malet, Salomon Reinach, David-Mennet s'inscrivent chacun pour 10 000 francs, Victor Bérard pour 6 000, Jules Siegfried pour 5 000, James Hyde pour 5 000, Edmond Huguet pour 3 000. Moins fortunés, Pierre Foncin et Ferdinand Brunot souscrivent pour 500 francs chacun, somme déjà lourde pour les simples universitaires qu'ils sont.

Deux *assemblées générales extraordinaires* ont lieu le 23 décembre 1912 et le 20 mars 1913 : elles sont motivées par la

La « belle époque »

nécessité de modifier sur quelques points les statuts de l'Association en raison de l'affectation d'une partie du capital social de l'Alliance à l'achat d'actions de la Société civile nouvellement créée. L'ensemble des modifications est approuvé à l'unanimité.

La pose de la première pierre des nouveaux bâtiments a lieu le 12 juillet 1913. Elle est l'œuvre de Louis Barthou, président du Conseil et ministre de l'Instruction publique, par ailleurs membre du Conseil d'administration de l'Alliance. Elle est l'occasion d'une émouvante cérémonie, au cours de laquelle on a entendu, après l'exécution de la *Marseillaise* par la musique du 28e régiment d'infanterie, maints discours et qui s'achève « sur une coupe de champagne, tandis que les étudiants des Cours de vacances se pressent autour d'un buffet que l'Alliance a fait dresser à leur intention. »

Heureusement, la contribution des pouvoirs publics ne se limite pas à un geste symbolique et à une participation verbale. Par arrêté du ministre de l'Intérieur, en date du 28 janvier 1914, « une subvention de 150 000 francs va être accordée à l'Alliance. Prélevée sur le produit des jeux, elle est destinée à faciliter la construction de l'immeuble du boulevard Raspail. »

Le communiqué annonçant cette grande nouvelle précise que les travaux sont « poussés très activement », que « le bâtiment du grand amphithéâtre est en partie couvert, et que celui prenant façade sur le boulevard Raspail en est au dernier étage » et la partie centrale donnant sur la voie privée au deuxième.

Un rêve ancien, un grand rêve est en train de s'accomplir : **l'Alliance française allait enfin ! - être dans ses murs.** Elle devient une *institution nationale,* ainsi que le souligne Raymond Poincaré lui-même, président de la République, quand, recevant le samedi 4 avril 1914, à l'Elysée, le bureau du Conseil d'administration, il déclare : « Tout Français doit considérer comme un devoir d'apporter son concours à l'œuvre poursuivie par l'Alliance française. »

L'action à Paris et en province

Autant le siège social, pendant la quinzaine d'années qui précèdent la guerre, est le théâtre d'une intense activité, autant les comités parisiens demeurent dans un regrettable état de stagnation. Dans son rapport d'assemblée générale de 1901, Léon Dufourmantelle signale déjà une « tendance fâcheuse à un ralentissement » qu'il veut croire « momentané » et qu'il attribue à la

La « belle époque »

concurrence faite, auprès des habitants de la capitale, par l'Exposition Universelle. Mais Emile Salone, en 1914, est bien obligé de constater que la situation ne s'est nullement améliorée : « Je n'ose donner ici, dit-il, le chiffre des adhérents que nous avons à Paris. J'ai honte pour Paris quand je le compare à Tourcoing et au Quesnoy. » Sans doute ajoute-t-il, en guise de consolation : « Cela va beaucoup mieux dans la banlieue. Il faut citer avec félicitations Versailles, Saint-Cloud, Meudon, Montreuil. » Mais le bilan d'ensemble est maigre. Ne fonctionnent que cinq comités d'arrondissement (dans le IIe, le Ve, le VIIIe, le IXe et le XVIe) et le comité régional de la région est (IIIe, IVe, Xe, XIe, XIIe, XIXe, XXe) qui, lui, organise régulièrement des banquets, des fêtes, des bals, des concerts, des sauteries. Mais huit arrondissements sur vingt, même s'ils comptent quelques cotisants, ne sont pas représentés, et dans les communes limitrophes, les comités de Neuilly, de Bois-Colombes et de Levallois ont cessé d'exister. Après avoir, dans les années héroïques, donné le signal du mouvement, la région parisienne, vingt ans plus tard, est en net déclin.

Tournant ses regards vers le reste du territoire, Léon Dufourmantelle, à l'assemblée générale de 1906, s'écrie, avec une pointe de triomphalisme : « Il n'y a pas un seul département où nous ne possédions des correspondants et des sociétaires. » Il n'empêche que, l'année d'avant, il reconnaît que la situation en province n'est guère meilleure qu'à Paris, puisqu'il la déclare « stationnaire ». Et c'est, en effet, l'impression qu'on éprouve quand on relit les comptes rendus annuels, contrée par contrée, de l'activité des différents comités.

Ce sont presque toujours les mêmes régions, le Nord et l'Est, la Bourgogne et la Normandie, les pays de Loire et le Plateau central, la Provence qui sont mentionnées au tableau d'honneur. Ce sont aussi presque toujours les mêmes villes qui sont citées en modèle : Le Quesnoy, Tourcoing, Calais, Douai, Arras, Reims, Sedan, Bar-le-Duc, Lons-le-Saunier, Dijon, Beaune, Provins, Dieppe, Le Havre, Cherbourg, Saint-Amand, Tours, Châteauroux, Saint-Etienne, Clermont-Ferrand, Tulle, Brive, Marseille, Toulon, Nice, Toulouse, Bordeaux notamment. Mais l'Ouest, le Sud-Ouest, le Languedoc demeurent réticents ; à Lyon, cité de 600 000 habitants, on ne compte que 150 sociétaires ; à Nantes, il apparaît comme impossible de faire vivre durablement un comité.

Des avertissements discrets sont parfois lancés : « Il est dans mes attributions, dit le secrétaire général en 1907, de rappeler à quelques-uns la nécessité de tenir avec soin la liste des inscriptions, de procéder régulièrement aux recouvrements, de suivre fidèlement les règlements financiers. » Oui, des négligences apparaissent ici et là ; des bonnes volontés s'usent ou s'effritent, les fonds sont parfois en baisse. C'est que, explique avec une mélancolie teintée d'indulgence, Pierre Foncin : « Il est plus difficile de recueillir de l'argent que d'en dépenser... ».

Cependant de vaillants efforts ont été faits pour faire participer davantage les comités au travail d'ensemble de l'association. Pour éviter de leur donner le sentiment que leur tâche de propagande consiste surtout à collecter de l'argent, on a essayé de leur confier des responsabilités précises dès 1905. « Un système de décentralisation a été inauguré, écrit alors Léon Dufourmantelle, grâce auquel nos comités, disposant d'une partie de leurs ressources, peuvent s'intéresser directement à des écoles de leur choix et prendre une part immédiate à l'œuvre commune. Les recettes du siège central paraîtront, de ce chef, peut-être diminuer, mais l'œuvre n'y perdra rien et nos Comités trouveront dans cette organisation des éléments d'intérêt et d'activité. » De fait, à partir de cette époque, nombreux sont les Comités qui choisissent de patronner tel ou tel établissement lointain, de lui faire parvenir des subsides, des livres, du matériel scolaire. Ainsi, en 1912, le comité de la région est de Paris envoie 300 francs aux écoles du comité d'Alger, 300 francs aux écoles de Mgr Augouard au Congo, 200 francs à l'école du comité de Sfax, 200 francs à l'école du pasteur Groult à Mazoharivo [5] ; le comité de Tulle, 125 francs à l'école d'Ambositra ; le comité de Saint-Etienne, 50 francs aux cantines scolaires de Tunisie, 50 francs à la Bibliothèque populaire de Medjiz-el-Bab, 200 francs aux écoles de Syrie, 300 francs aux Dames de Saint-Joseph d'Adana, 300 francs au comité de Tanger ; le comité de Constantinople, lui, donne son appui à 45 écoles et celui de Salonique est « débordé par les demandes d'aide très justifiées qui lui sont présentées. » La liste de ces prises en charge est interminable, et montre que les comités ont apprécié et utilisé la possibilité qui leur est offerte de se servir à leur gré de leurs propres finances.

Dans le même esprit de soutien ou de coopération ont été créés des « délégués régionaux » (à raison d'un par circonscription académique), dont le but est de relier des comités un peu isolés pour leur permettre d'organiser, en se concertant, donc à moindres frais, les tournées des conférenciers. On constate que le siège central, loin d'abuser de son autorité, veille sur le sort des comités et leur laisse la plus grande autonomie possible.

5. Madagascar.

Du reste, la situation est loin d'être dramatique. Si le président et le secrétaire général s'impatientent un peu de ne pas voir leur œuvre se développer davantage encore, c'est qu'ils voudraient que leur enthousiasme patriotique soit soutenu et partagé par tous les Français : « L'Alliance, dit Léon Dufourmantelle le 11 février 1907, possède en France 150 Comités de propagande. Ce nombre pourrait être doublé, triplé ; quelle force obtiendrait l'association par le faisceau de tels groupements ! » C'est sans doute parce qu'il rêve un peu qu'il manifeste parfois son désenchantement. Mais si l'on entreprend de lire d'un peu près ce que fait chacun de ces comités, dont on voudrait encore aviver la flamme, on observe que la plupart d'entre eux sont bien vivants, qu'ils travaillent avec conviction et efficacité. A Nice, en 1911, on enregistre plus de 40 adhésions nouvelles ; les étrangers qui viennent visiter la bibliothèque et la salle de conversation sont légion ; les cours de français sont suivis avec assiduité ; des « lectures-causeries » ont lieu régulièrement ; des conférences sont organisées chaque semaine. A Guéret, le 17 décembre de la même année, un conférencier venu parler de Napoléon remplit la salle jusqu'aux bords et est « chaleureusement applaudi ». A Châteauroux, le 29 octobre, une soirée « musicale et littéraire » remporte « un éclatant succès », etc.

La preuve que ces comités travaillent avec une énergie méritoire et le plus souvent profitable, c'est qu'ils n'hésitent pas — décentralisation oblige — à réunir eux-mêmes des congrès régionaux où ils débattent de leurs problèmes particuliers. A Arras en 1904, à Marseille en 1906, à Tourcoing et à Bordeaux en 1912, à Lille en 1914, responsables et adhérents se rassemblent pour faire le bilan de leurs efforts et en comparer les résultats. C'est ainsi qu'à la *réunion générale des comités du Nord et du Pas-de-Calais*, tenue le 13 janvier 1914, on préconise, parmi les meilleurs moyens d'aboutir :

« 1. l'action individuelle par visites et par lettres ;

2. la propagande dans les milieux universitaires et scolaires ;

3. l'élargissement du cercle des personnes que l'on sollicite, en l'étendant, notamment, aux milieux des petits commerçants et des employés. »

Il faut préciser que ces comités nordistes peuvent revendiquer des succès à peine croyables : 660 adhérents à Tourcoing et 254 au Quesnoy, par exemple.

Un autre signe de la vitalité de l'Alliance sur l'ensemble du territoire, ce sont les **Cours pour étrangers** qui s'ouvrent un peu partout sous son patronage. On connaît ceux de Paris, leur ascension continue et irrésistible, leur influence sur les destinées mêmes de l'association. Mais ils ne tardent pas à susciter de nombreux émules : à Nancy, dès 1896 ; à Caen en 1899 ; à Lyon, à Grenoble, à Bordeaux, à Luc-sur-mer en 1901 ; à Besançon, à Boulogne, à Bayeux, à Villerville en 1902 ; à Dijon en 1903 ; à Poitiers, à Saint-Malo, à Lisieux, à Saint-Valéry-en-Caux en 1904 et 1905 ; à Cherbourg et à Grandville, en 1906 ; à Rouen en 1907 ; à Montpellier, en 1909 ; à Tours et à Nice, en 1910 ; à Lille et à Tunis même en 1911. A cet égard, il faut sans doute accorder une mention particulière aux cours de Nancy, qui ont lieu toute l'année et sont répartis sur trois sessions : une d'hiver (novembre-mars), une de printemps (avril-juin) et une de vacances (juillet-octobre). Ils comportent des exercices pratiques de langue écrite et parlée, des cours de phonétique, de grammaire, de littérature, d'histoire et de géographie de la France, des conférences complétant l'enseignement donné par les exercices et les cours, des travaux écrits (rédaction, dissertation) enfin. A l'issue de chaque session, sont passés des examens, donnant lieu à la délivrance, soit du certificat d'études françaises de l'université de Nancy, soit des deux diplômes (élémentaire et supérieur) de l'Alliance française. Ces cours, dont la multiplication implique assez le succès, sont souvent implantés dans les chefs-lieux d'académie et prouvent le souci réciproque, de la part des universités comme de l'Alliance, de conduire, d'une façon harmonieuse et concertée, l'enseignement du français aux étrangers.

L'action dans les territoires d'outre-mer

Dans les territoires d'outre-mer, présentés depuis 1894 dans les rapports d'assemblée générale sous le titre global de **Colonies et Protectorats**, l'action de l'Alliance, entre 1900 et 1914, ira plutôt en diminuant. La raison en est simple : l'Alliance, au début de la colonisation, avait tenté de suppléer à la carence des services officiels de l'Instruction publique dans les territoires nouvellement conquis ; mais à mesure que ces services (en Tunisie, au Maroc, à Madagascar notamment) vont prendre la relève, l'Alliance aura tendance à s'effacer et à ne plus jouer qu'un « rôle d'auxiliaire ».

En Algérie, les comités les plus prospères sont ceux d'Alger, d'Oran, de Tlemcen ; mais on observe la disparition de ceux de Blidah, de Mostaganem, de Constantine, où les cours de l'Alliance

La « belle époque »

sont repris par ceux de la Ligue de l'enseignement. En Tunisie, si les comités de Tunis et de Bizerte continuent sur leur lancée, ceux du Kef et de Sfax perdent certains de leurs membres et celui de Souk el Arba disparaît en 1910. L'action de l'Alliance, dans ces deux territoires, est à peu près la même : elle porte essentiellement sur les écoles primaires, les cours d'adultes, les bibliothèques populaires, l'enseignement du français dispensé aux troupes indigènes du XIXe corps d'armée et aux régiments étrangers. Dans la Régence, elle s'intéresse aussi au fonctionnement d'une œuvre créée à Tunis en 1907, la *Khaldonnia,* qui présente « un caractère intéressant de mutualité ».

Au Maroc, à partir de 1905, il est décidé « en raison des arrangements diplomatiques récents », de centraliser l'activité de l'Alliance à Tanger, où le comité local est promu au rang de comité régional ayant autorité sur tout le territoire marocain. Mais en 1912, la situation se modifie encore ; l'Alliance ne s'occupera plus que de la zone espagnole [6] et du district international de Tanger, le reste du pays dépendant désormais du service de l'Instruction publique du Maroc.

En Afrique noire (Sénégal, Congo, Guinée, Dahomey), il n'y a guère qu'un comité, solide et stable : celui de Saint-Louis, de formation ancienne. Celui de Konakry, constitué en 1906, disparaîtra trois ans plus tard. Il faut dire, en effet, que les fonctionnaires et les officiers sont trop souvent mutés pour pouvoir assurer durablement le fonctionnement des groupes dont ils s'occupent. L'action de l'Alliance se borne donc le plus souvent à envoyer des subventions aux écoles indigènes, généralement prises en charge par les missions catholiques ou protestantes.

On ne citera que pour mémoire le comité fondé à Djibouti en 1906 ; il a tôt fait de réunir une centaine d'adhérents et a pour tâche principale de soutenir deux écoles, l'une pour Européens, l'autre pour indigènes.

A Madagascar, grâce à l'appui du général Gallieni, premier gouverneur de l'île, l'Alliance implante des comités à Tananarive, à Tamatave, à Fianarantsoa, à Morondova et fait de l'enseignement du français sa préoccupation principale. Mais à partir de 1908, on constate une certaine baisse de son activité, du fait que c'est le gouvernement général lui-même qui prend en main l'organisation scolaire du territoire.

6. Un Comité est ouvert à Tetuan en 1914

De la Réunion, les nouvelles qui parviennent au siège central de Paris sont rares. Cependant, en 1912, les comités de Saint-Denis et de Saint-Pierre prouvent que l'Alliance y existe toujours.

Dans les anciens comptoirs de l'Inde, restés fidèles, la situation est assez bonne pour que le comité de Pondichéry soit promu au rang de comité régional en 1910 et que l'enseignement du français soit assuré dans dix écoles privées, qui reçoivent à peu près 300 élèves.

En Indochine, les comités de Saigon, d'Hanoi, de Tourane, Quin-hon (en Annam) sont des plus actifs. Des cours d'adultes sont ouverts dans de nombreux centres, notamment à Saigon et dans la région avoisinante (Baria, Bienhoa, Giadiah, Cholon, Thadanmot), où l'on ne compte pas moins de 600 auditeurs. De plus, trois sociétés d'enseignement mutuel s'ouvrent respectivement à Hué, à Pnom-Penh, à Hanoi et reçoivent le patronage de l'Alliance.

Ailleurs, on signalera, en Nouvelle-Calédonie, la formation d'un comité à Nouméa et d'un sous-comité aux Nouvelles-Hébrides. Et, à Tahiti, la création du comité de Papeete en 1910.

Dans les Antilles, la présence de l'Alliance est sporadique : un comité est reconstitué à Basse-Terre, un autre se constitue à Pointe-à-Pitre. Celui de Saint-Pierre à la Martinique est englouti dans la catastrophe déclenchée par le tremblement de terre de 1906. Et la Guyane, malgré l'ouverture d'une délégation à Cayenne en 1907, semble rester muette à l'appel.

L'action à l'étranger

S'il y a quelque ralentissement de l'action en métropole, l'Alliance continue de connaître, hors des frontières nationales, **une expansion croissante :** « Notre influence morale, affirme le secrétaire général en 1905, est en immenses progrès ; nos allocations et nos encouragements ont produit des miracles, et nos comités de l'étranger travaillent avec une ardeur qui doit nous servir d'exemple. »

La répartition des subventions entre les différentes parties du monde varie peu d'une année sur l'autre. Elle obéit presque toujours au schéma suivant : 40 % pour l'Europe, 20 % pour l'Afrique, 20 % pour l'Asie (dont 15 % pour le Proche-Orient) et l'Océanie, 10 % pour l'Amérique du Nord et 10 % pour l'Amérique latine. Ces pourcentages sont à peu près proportionnels à la part d'influence exercée dans chacun des cinq continents.

La « belle époque »

En **Europe**, qui se taille la part du lion, l'action est considérable et, d'une façon ou d'une autre, s'étend à la plupart des pays. Elle est particulièrement intense dans le Royaume-Uni, où, depuis 1907, se trouve réalisée la Fédération des comités de l'Alliance française dans les îles Britanniques et où, en 1912, on compte une bonne vingtaine de comités, dont trois en Ecosse (Edimbourg, Dundee et Saint-Andrew) et un en Irlande (Dublin). D'autre part, en 1905, sur l'initiative d'Irma Dreyfus, est créée *l'Alliance littéraire, scientifique et artistique franco-anglaise* qui a « pour objet de faire entendre en Angleterre nos littérateurs, savants et artistes, et d'organiser à Paris des réunions dans lesquelles, à leur tour, écrivains, savants et artistes anglais viendront nous parler de leurs travaux ». Exemple de cette réciprocité : tandis que le célèbre géologue Sir Archibald Geickie vient entretenir les Parisiens de sa science, les Londoniens applaudissent Henry Bordeaux qui leur fait une conférence sur « L'honnête femme dans le roman français ». Mais les rapports bientôt ne se bornent pas à échanger des conférenciers : on fonde aussi des bourses pour les étudiants des deux pays, on facilite les voyages d'employés et d'ouvriers anglais en France, français en Angleterre, on se visite, on se reçoit. Il ne s'agit rien de moins que de donner une sorte de prolongement culturel à la politique de l'Entente cordiale, inaugurée entre les deux nations en 1904 et dont l'un des militants les plus actifs, Paul Cambon, alors ambassadeur à Londres, avait été, vingt ans plus tôt, l'un des principaux initiateurs de l'Alliance française.

En Belgique, l'Alliance évite d'intervenir en raison de la querelle linguistique qui oppose flamingants et Wallons. Mais elle suit avec sympathie les efforts de l'Association flamande pour la vulgarisation de la langue française et elle participe activement aux congrès de Liège et de Gand tenus par la Fédération Internationale pour l'extension et la culture de la langue française, dont le président est le célèbre professeur liégeois Maurice Wilmotte.

La Hollande, qui « redevient pour nous une terre de prédilection », ne compte pas moins de 13 comités en 1909 (La Haye, Amsterdam, Amersfoort, Assen, Breda, Deventer, Dordrecht, Groningue, Leeuwarden, Leyde, Rotterdam, Utrecht, Zutphen), en fonde deux autres en 1911 (Hengelo) et 1912 (Wintersyck) et réorganise celui de Nimègue à la même époque. Quant au Grand-Duché voisin, « nulle part l'Alliance française n'a plus d'amis, et d'amis plus fidèles », déclare un rapport daté de 1914, et elle y a ouvert quatre comités : à Luxembourg, à Diekirch, à Esch et à Echternach.

En Scandinavie, où elle est solidement implantée, l'Association poursuit une progression régulière. La fondation d'un comité à Reykjavik, en 1911, permet même au bulletin trimestriel de crier victoire : « L'empire de l'Alliance s'étend jusqu'en Islande, l'ultime Thulé, qui était pour les anciens le bout du monde. »

Au Danemark, des comités sont créés en province[7], à Randers, à Odense, à Aalborg en 1904, à Aarhus en 1910. Et celui de Copenhague, le 10 janvier 1910, fête son vingt-cinquième anniversaire : une troupe venue de l'Odéon joue *L'Avare,* en matinée, devant 600 écoliers, et, le soir, *Les Fourberies de Scapin* et *L'Anglais tel qu'on le parle*[8], devant 1 100 spectateurs enthousiastes ; un souper réunit ensuite 200 personnes à l'hôtel d'Angleterre, sous la présidence de l'amiral danois Scheler et du ministre de France, le comte de Beaucaire. L'année suivante, le roi en personne assiste à une grande cérémonie au cours de laquelle le même M. de Beaucaire fait « une conférence très applaudie sur le cardinal de Richelieu et la fondation de l'Académie française ».

En Suède, les comités les plus efficaces sont ceux de Stockholm (500 adhérents en 1914), de Göteborg (350), d'Upsal et de Malmö. Tous organisent régulièrement des réunions, des conférences, des représentations théâtrales. Dans la capitale on ouvre même un cours de français. Le 16 février 1911, le roi Gustave V va entendre une conférence donnée par l'historien Funck-Brentano à l'Alliance de Stockholm, qui fête avec éclat son vingt-cinquième anniversaire le 15 mai 1914.

En Norvège, il y a des comités florissants à Christiania (300 membres), à Bergen, à Trondheim, qui, comme ceux de Suède, offrent des programmes divertissants, faits de causeries, de dîners, de soirées littéraires et musicales. A la fin de 1910, il se crée même un comité central norvégien ayant pour objet « la formation d'un fonds spécial » pour l'organisation de conférences. La fondation de nouveaux comités à Tromsoe en 1910 et à Drammen en 1911 prouve éloquemment la vitalité des Alliances norvégiennes.

Les pays germaniques

En Suisse, s'il y a depuis longtemps, à Zurich, un comité dont l'existence est florissante (133 membres en 1910 et banquet de 300 couverts le 27 janvier 1912) et si l'école française de Bâle entretient

7. Il y en avait déjà un à Viborg.
8. Comédie de Tristan Bernard.

des rapports suivis avec le siège central de Paris, l'Alliance, comme en Belgique, a mené pendant longtemps une politique de prudente sympathie. C'est que les progrès de la langue française, dans le canton de Fribourg par exemple, sont regardés avec suspicion par les tenants d'un certain « pangermanisme », comme l'explique fort bien Paul Mesplée dans un article du Bulletin du 15 juillet 1908. C'est seulement à partir de l'année suivante que la situation se dégèle, par l'instauration de délégations à Genève, à Territet[9], à Lausanne. La section genevoise, fondée le 15 décembre 1909, est particulièrement active : dès ses débuts, elle groupe 70 adhérents et organise, outre de grandes conférences littéraires (Gustave Michaut, en 1912, parlera de l'Œuvre de Pascal), un programme de deux causeries mensuelles, qui rassemblent de nombreux auditeurs, et met sur pied un cours pour étrangers. Un nouveau comité est même fondé en 1912, à Saint-Gall, en plein territoire alémanique.

En Allemagne, où sa pénétration avait été jusqu'alors des plus modestes (un comité à Berlin, et deux « Cercles de conversation française » à Nuremberg et à Stuttgart), l'Alliance connaît, entre 1900 et 1914, une expansion extraordinaire. Les délégations s'y multiplient un peu partout : à Elberfeld, à Cologne, à Francfort, à Haubinda, à Liegnitz, dès 1902 ; à Coblence et à Mayence, en 1903 ; à Dortmund, à Rostock, en 1905 ; à Cologne, en 1907 ; à Marburg, en 1908 ; à Iéna, à Königsberg, à Breslau, à Hanovre, à Greifswald, en 1909 ; à Düsseldorf, à Posen, à Halle, en 1911 et 1912 ; à Kassel, en 1914. Il y a plus : nombre de ces délégations aboutissent à la formation de nouveaux comités : à Francfort, en 1903 ; à Haubinda, en 1904 ; à Kattowicz et à Görlitz, en 1905 ; à Hambourg, en 1906 ; à Cologne, en 1908 ; à Sarrebrück et à Iéna, en 1909 ; à Breslau, à Darmstadt, à Hanovre, à Posen en 1910. Et la plupart de ces comités manifestent une remarquable activité. Berlin qui, dès 1900, compte une centaine d'adhérents, leur offre, pendant la saison 1910-1911, un programme de dix conférences, et crée un « service de placement gratuit des institutrices françaises dans les familles allemandes ». A Francfort, en octobre 1906, une « soirée de gala » voit un diseur et une chanteuse venus de France, M. et Mme Depas, remporter « un véritable triomphe ». A l'inauguration du comité de Hambourg, le 28 janvier 1907, c'est avec peine que la salle pouvait contenir les auditeurs « accourus de tous les coins de la ville et même d'Altona et de Wandsbeck ». A Cologne, on se

9. A l'autre bout du lac. Il s'y trouve une institution pour jeunes filles étrangères, où l'on apprend assez bien le français pour y jouer, comme à Saint-Cyr, du temps de Madame de Maintenon, l'*Athalie* de Racine. La nièce du Président américain Taft y était alors élève.

réunit tous les mercredis, de 9 à 11 heures, et 31 conférences ont lieu lors de la saison 1908-1909 ! A Nuremberg, on profite de la forêt voisine, en mai et juin, pour faire des « excursions », et en 1912 on inaugure de nouveaux locaux, les anciens étant devenus trop étroits pour les réunions qui ont lieu chaque vendredi. Un autre signe de l'intérêt des Allemands pour l'Alliance française durant ces années du premier avant-guerre est fourni par la fréquentation des « cours de vacances » de Paris, où ils sont, de loin, la nationalité la plus nombreuse et où, aux examens, ils multiplient les prouesses...

En Autriche-Hongrie, les résultats sont plus que satisfaisants puisque, dans son rapport de 1910, le secrétaire général s'écrie : « Peu à peu nous envahissons l'Empire ». En réalité, les succès de l'Alliance sont, mis à part Vienne, peu probants dans les régions germanophones et patents surtout à Budapest et en Bohême-Moravie.

A Vienne, le comité, fondé en 1904, connaît une rapide extension. Il donne de très brillantes soirées, organise des conférences suivies de réunions amicales à l'hôtel *Archiduc Charles* et, surtout, grâce à une subvention de 10 000 couronnes due à la générosité de Robert Lebaudy, ouvre, en 1907, des cours de trois degrés différents (élémentaire, moyen, supérieur) qui suscitent une telle affluence que, dès 1910, il faut limiter à 300 le nombre des auditeurs. Quant aux adhérents, ils ne sont pas moins de 293 à la fin de 1912.

Europe orientale

A Budapest se fonde, en 1907, une « Société littéraire française », qui compte dans ses rangs « toutes les notabilités politiques et aristocratiques » de la ville. Rapidement affiliée à l'Alliance, elle ouvre des cours gratuits, de trois niveaux, comme à Vienne, cours qui, en 1908-1909, suscitent 1 000 inscriptions ! Cinq bourses annuelles sont créées pour permettre à cinq étudiants d'aller suivre à Paris les cours de vacances de la maison mère. D'autre part, des « cercles de conversation », rattachés au siège central, sont formés à Nagyvarad et à Szeged.

A Prague, le comité fête son vingtième anniversaire, le 29 janvier 1907, par une « soirée solennelle », à laquelle assistent 300 personnes. Le 5 avril, Anatole Leroy-Beaulieu fait une conférence sur « La France et les Slaves » et la municipalité offre un banquet en son honneur. Ce succès en pays tchèque est corroboré par la création de comités à Hradec-Kralové en 1901, à Jiczin en 1907, à Chrudim en 1910, à Pilsen, à Brün (Brno) en 1913.

Dans le reste de l'Empire austro-hongrois, citons encore, en 1909, la fondation d'un « groupe » d'Alliance à Agram (Zagreb) et d'un « cercle franco-illyrien » à Ljubliana, l'ouverture de délégations à Cracovie et à Czernowicz en 1910, à Graz en 1914.

Dans les pays danubiens, jusqu'à 1900, la présence de l'Alliance est plus que discrète. Mais ensuite elle y fera de sensibles progrès. En Serbie, par exemple, où existait déjà le cercle de Nish, il se fonde à Belgrade, en 1903, un « club français pour l'étude de la langue et de la littérature françaises », qui, en 1907, se transforme en comité et compte bientôt 225 adhérents. En 1910, cinq sections de province se rassemblent et forment un groupe d'Alliance assez fort pour ouvrir deux cours gratuits suivis par plus de cent auditeurs. Et, en Roumanie, au comité de Iasi, fondé depuis longtemps et qui organise des cours, des soirées, s'ajoute, en 1905, le « Cercle Voltaire » de Braïla qui, lui aussi, ouvre des cours et distribue, en 1913, des prix envoyés par le siège central de Paris.

Mais c'est en Bulgarie que sont enregistrés les résultats les plus spectaculaires. A Sofia, le comité, fondé en 1905, a 250 adhérents et, outre une salle de lecture et une bibliothèque, offre des leçons de français à ses membres. Il invite également des conférenciers connus, tel Anatole Leroy-Beaulieu qui, en 1905, est écouté par un public enthousiaste. Le journal local, *le Courrier,* est d'ailleurs instructif à ce sujet, puisqu'il assure qu'« une conférence de l'Alliance française est toujours une bonne aubaine pour la société de Sofia ». D'autres comités sont bientôt formés : à Philippopoli (155 membres) en 1907, à Varna en 1908, à Yamboly en 1909, à Trinovo en 1910, à Kastendil en 1911. Il faudra les deux guerres turco-balkaniques (1911-1913) pour interrompre, malheureusement, ce bel élan, car elles ne toucheront pas seulement la Bulgarie, mais seront ressenties durement aussi par la Grèce et par la Serbie.

Après avoir longuement piétiné au seuil de l'Empire des tsars et s'y être contentée des trois comités d'Helsingfors, de Varsovie et d'Odessa, dont l'un est finlandais, l'autre polonais et le troisième loin des centres les plus importants, l'Alliance y a pris un soudain essor après 1900 : « Nous doublons les étapes en Russie », dit le rapport de 1911. En effet, les délégations s'y multiplient à partir de 1901 : à Moscou, à Saint-Pétersbourg, à Kiev, à Polotsk, à Vilna, à

ALLIANCE FRANÇAISE DE MOSCOU

GRANDE SALLE DU MUSÉE HISTORIQUE
(Entrée par le péréoulok, côté du Kremlin)

Mardi 23 Janvier 1907 à 8 h. du soir

CONFÉRENCE
sur

JEAN-JACQUES ROUSSEAU

par

M. A. MALNORY

Docteur ès-lettres de l'Université de Paris
Professeur de langue française
Membre de l'Alliance Française de Moscou

SOMMAIRE

Jean-Jacques Rousseau, ses doctrines, ses vues sociales et ses utopies.—Sa vie, son éducation, son caractère et son humeur. — Rapprochement entre J. J. Rousseau et Voltaire.

Analyse des principales œuvres de J. J. Rousseau: **Le Discours, la Lettre à d'Alembert, l'Emile, la Nouvelle Héloïse, le Contrat social,** etc...

Prix unique: 75 kopecks

Entrée gratuite pour les membres de **l'Alliance Française** sur présentation de la carte de sociétaire ou d'auditeur pour l'exercice 1906—1907. (Les cartes peuvent être retirées auprès des membres du Conseil ou au Siège Social,—Pétrovka, № 8,—tous les jours de 2 à 6 h.; ou encore à l'entrée de la séance, contre versement de la cotisation—(3 R.)—pour 1906—1907.

On peut se procurer des billets au Siège Social de l'Alliance Française, Pétrovka, № 8; à la librairie Tastevin, Pont des Maréchaux, 16; aux magasins Siou, Tverskaïa, 32 et Arbate, 19; et le soir à l'entrée.

La conférence durera environ une heure ¹/₂.

AVIS

Lundi, 5 février; „UNE EXCURSION AU JAPON" Conférence illustrée de projections lumineuses, par Mademoiselle Sophie Masmejan.

Печатать разрѣшается, 17 Января 1907 г. Моск. Градон. Свиты ЕГО ВЕЛИЧ. Г.-М. РЕЙНБОТЪ.   Типог. А.Сиу и К Москва

Kazan, à Rostov sur le Don, à Kharkov, à Karbine, à Samara, à Minsk, à Vitebsk, à Bakou, à Poltava, à Smolensk, à Sébastopol, etc. La contagion s'étend même à la Russie d'Asie, où « droit de cité » est reconnu à des groupes d'Alliance à Tachkent, à Vladivostok, à Irkoutsk, à Omsk, à Katerinoslav, à Tiflis.

Entre tous ces comités, il faut accorder une mention spéciale à celui de Moscou, où l'Alliance s'était fait connaître, dès 1902, en donnant des prix pour les élèves des deux écoles françaises de la

La « belle époque »

ville (Saint-Philippe de Néri et Sainte-Catherine) et où le nombre des adhérents, de 70 en 1904 et de 135 l'année suivante, passe à 528 en 1906 pour culminer à près de 1 200 en 1908. Le programme des conférences y est des plus brillants, les cours (gratuits) de français sont suivis par plus de 300 personnes, la bibliothèque contient plus de 2 000 volumes. En 1909, on y fête le centenaire de Gogol pendant trois jours et, en 1910, celui d'Alfred de Musset. On y publie même un Bulletin « discutant les questions touchant à l'enseignement de la langue française ». En un mot, le comité de Moscou est devenu l'un des plus importants du monde.

Mais cette importance ne doit faire oublier ni celle du comité de Varsovie, qui a plus de 500 adhérents, qui reçoit des conférenciers prestigieux (le physicien d'Arsonval, l'écrivain Lichtenberger), qui a des cours de français et qui, lui aussi, publie un Bulletin (tiré à 1 000 exemplaires), ni celle d'autres comités qui font preuve d'une réelle vitalité. Parmi eux, on mentionnera celui de Vilna, créé en 1906, qui a des cours et une bonne bibliothèque, ceux de Vladicaucase, de Saint-Pétersbourg, de Kiev (240 membres), de Nijni-Novgorod, qui se constituent en 1907, de Tiflis, de Rostov, de Toula, de Samara, fondés entre 1910 et 1912. A la veille de la guerre, l'Alliance a tissé la toile serrée de son action aux quatre coins de l'immense Russie.

Europe méridionale

En Europe méridionale, le seul pays où l'Alliance ait une réelle influence, c'est l'Espagne. « Elle est couverte de nos comités », déclare le rapport d'Assemblée générale de 1912.

En effet, aux sept comités qui existent en 1900, Madrid, Barcelone, Valence, Valladolid, Vittoria, Saint-Sébastien et Passajes-Renteria, s'en ajoutent de nombreux autres dans les années suivantes : Irun (1901) ; Malaga, Cordoue, Port-Bou, Figueras, Puigcerda (1902) ; Alicante (1903) ; Avilès (1904) ; Penarroya (1905) ; Santander (1908) ; Torrelavega (1909). Et les délégations ne manquent pas non plus : Fontarabie et Castellon (1903), Bilbao (1906), Rens (1909), Tarragone (1912).

Mais cette impressionnante représentation a pour objet moins de « propager notre culture que de créer et surtout de maintenir les écoles ». Tous les groupes mentionnés ci-dessus ont, sous leur direction, des établissements d'enseignement primaire et secondaire de toute sorte, des cours d'adultes ou d'adolescents « dont la prospérité s'accroît d'année en année ».

La « belle époque »

Entre autres centres particulièrement florissants, citons : Valladolid, dont les cours ont plus de 400 élèves en 1900 ; Saint-Sébastien, qui en a 160 à la même époque ; Barcelone, qui en reçoit plus de 700 en 1908 ; Palma de Majorque, dont l'école en compte plus de 300 ; Madrid qui en a 350 en 1904, avant d'être doté, en 1909, d'un collège, dont la première pierre est posée par le président Emile Loubet et où l'enseignement « est donné entièrement en français » ; Valence où le collège héberge 300 élèves ; Alicante, qui a installé un collège d'enseignement primaire en 1905 ; Santander, dont les « cours populaires » sont suivis par 100 personnes en 1910.

Cette foisonnante activité scolaire trouve son couronnement lors des distributions de prix, comme celle qui, à Valence, en 1906, voit « de ravissantes jeunes filles, superbement costumées, jouer d'une façon charmante et sans le moindre accent étranger » un acte de Maurice Bouchor : *Le mariage de Papillonne*, cependant que les garçons, eux, interprètent une saynète au titre prometteur : *A beau mentir qui vient de loin*. Telle est encore celle qui, à Barcelone, en 1913, présidée par le consul de France, s'ouvre solennellement aux accents conjugués de *La Marseillaise* et de *La Marcha Réal* et permet d'applaudir « ceux qui, pendant l'année scolaire, se sont distingués par leur travail et leurs progrès dans l'étude de la langue française ».

Le Portugal, hélas ! offre un tableau beaucoup moins riant : « Deux délégués », l'un dans la capitale, l'autre à Porto, « cela n'est guère », reconnaît mélancoliquement le rapport de 1914. Seule, la constitution, en 1906, d'une « Société de l'Ecole française de Lisbonne » met quelque baume sur cet amer constat...

Malgré des liens naturels entre les deux civilisations, la situation de l'Alliance n'est guère brillante en Italie. Elle n'y compte que quatre comités : Milan, Florence, Capri et Bologne, auxquels il faut ajouter quelques délégations : à Venise, à Catane, à Naples.

Le comité le plus actif est celui de Florence (150 adhérents) qui, à partir de 1909, met sur pied un impressionnant programme de conférences. Mais celui de Bologne n'a qu'une centaine de membres, celui de Capri, une soixantaine, et celui de Milan se signale surtout par les cours qu'il a ouverts à Decenzano et à Castiglione. Comme l'observe le rapport de 1910, « c'est peu ».

En Grèce, malgré une population beaucoup moins nombreuse et une langue bien plus éloignée du français, la situation est nettement meilleure. En 1910, on y dénombre six comités : Athènes, Le

Pirée, Syra, Nauplie, Tripolitza, Volo. Et il faut y joindre celui de Zante, dans l'île de Corfou, et les deux sections (Nicosie et Larnaca) qui se fondent à Chypre en 1907. De tous ces groupes, c'est celui d'Athènes-le Pirée, qui a le plus de vitalité. Dans les cours qu'il a créés depuis 1899 et qui comportent trois classes de français ainsi qu'une classe de correspondance et de comptabilité, il reçoit environ 150 élèves par semestre et possède une bibliothèque de 700 volumes.

Pays du Levant

Le Levant est la partie du monde où l'action scolaire de l'Alliance est la plus importante et la plus nécessaire, en raison du peu de soutien qu'y apporte la France officielle : « Nous nous appuyons, déclare Léon Dufourmantelle en 1904, sur les nombreuses écoles laïques ou religieuses qui s'y trouvent, sans nous préoccuper de leur titre ou de leur origine, pourvu que l'enseignement du français y soit sérieux et que le nom de la France y soit respecté ».

Les comités proprement dits, eux, y sont faciles à dénombrer. En Turquie d'Europe, ce sont ceux de Constantinople, d'Andrinople, des Dardanelles, de Salonique, de Samsoun (créé en 1907), d'Uskund, qui date de 1910. En Turquie d'Asie, ceux de Smyrne, de Brousse, de Beyrouth, d'Aïdin, d'Aïvaly, d'Ada-Bazar, celui-ci fondé en 1913. En Perse, celui de Téhéran, fort ancien, et celui, tout récent, de Tauris.

Le plus méritant de tous est probablement le comité de Smyrne. C'est grâce à lui que « l'enseignement du français est plus que jamais en faveur » dans cette ville et c'est lui qui a pu revendiquer l'honneur d'être, hors de France, celui qui a fait le plus « avec des ressources aussi restreintes ». Il est d'ailleurs « cité à l'ordre du jour » en première page du Bulletin de juillet 1908, citation hors de pair puisque c'est « la première fois » qu'une telle distinction est attribuée « comme marque toute particulière d'estime et de gratitude de la part du Conseil d'administration et de l'Alliance tout entière ». Mais on ne travaille pas avec moins d'énergie et d'efficacité à Salonique, où, pour faire face à la concurrence allemande de la société « Hilfsverein für Deutschen Juden » et à la combativité italienne de la « Dante Alighieri », le comité patronne treize écoles et où le nombre des élèves apprenant le français est monté de 1 800 en 1880 à 14 300, trente-cinq ans plus tard ! Autre résultat significatif à Constantinople, où l'on passe le brevet supérieur, le brevet élémentaire et le certificat d'études : en 1909, le gouvernement turc décide de rendre « obligatoire l'enseignement de la langue française dans les écoles primaires et secondaires ». Quant à Téhéran, la distribution solennelle des prix y est chaque année l'occasion d'une grande fête qui a lieu le plus souvent dans les salons de la légation de France et à laquelle, en 1904, « la musique de la brigade des Cosaques » apporte son concours...

Afrique et océan Indien

Dans l'**Afrique** surcolonisée de l'époque, l'influence de l'Alliance, mis à part les possessions françaises, est des plus limitées. En Egypte, il y a deux comités, déjà anciens : celui du Caire qui, malgré un certain « ralentissement » entre les années 1905 et 1910 (signalé dans les rapports d'assemblée générale), est fort actif, et celui d'Alexandrie. Il faut leur ajouter une délégation à Ismaïlia en 1909. Leur rôle essentiel est « la protection des écoles françaises dans le delta et en remontant du Nil jusqu'à Assiout ». Dans la Tripolitaine limitrophe, où il n'y a pas de comité, l'action se borne à soutenir les écoles de Tripoli[10] (notamment celles des sœurs de Saint-Joseph de l'Apparition et des frères Marianistes) et de Benghazi. En Abyssinie, où l'introduction de l'Alliance est favorisée par la construction du chemin de fer franco-éthiopien, sont fondés deux comités, l'un à Addis-Abeba en 1908, l'autre à Diré-Daoua en 1909 ; chacun d'eux ouvre une école dans les années suivantes. L'Afrique du Sud, après la création à Paris, en 1905, d'un comité sud-africain de tendance humanitaire, commence à faire sa place à l'Alliance dans les trois villes les plus importantes : au Cap il se crée une délégation, à Durban un comité, et à Johannesburg la « Société française de l'Afrique du Sud » s'affilie au siège central.

Enfin, dans les îles voisines de l'océan Indien, il faut signaler, outre l'existence du comité de Port-Louis, à Maurice, où on est resté fidèle à la langue d'origine et où sont organisés des concours de français fort appréciés, la formation d'un comité à Mahé, aux Seychelles, en 1911, et la nomination de délégués à Mayotte et à Moroni, pour les Comores, devenues protectorat depuis 1886.

Extrême-Orient et Océanie

Dans les pays du bout du monde, **Extrême-Orient et Océanie,** la voix de l'Alliance a de la peine à se faire entendre. Cependant, de çà, de là, elle éveille quelques échos.

10. Une délégation est créée dans cette ville en 1905.

Aux Indes anglaises, où l'audience est peu favorable, on dénombre cependant quelques adhérents à Calcutta et un groupe organisé à Secunderabad. A Bombay, le « cercle littéraire français » lutte « pour le respect de l'enseignement de notre langue » et obtient qu'il soit maintenu dans les examens universitaires. En 1911, deux comités se forment, ceux de Baroda et de Simla, tandis qu'une délégation est nommée à Bombay en 1914.

Un peu plus à l'est, la création du comité de Singapour est confirmée et il s'en fonde un autre à Séoul en 1903, tandis que celui de Bangkok, après une longue éclipse, est reconstitué en 1913.

En Chine, le groupe de Shanghai, reformé en 1903, redevient comité en 1913. Et l'on note des délégations à Tien-Tsin, à Han-Kéou, à Pakhoï en 1909, à Pékin et à Swalow en 1914. L'action principale consiste à appuyer de nombreux établissements scolaires, dont l'école de Long-Tchéou et celle de Nanning-fou.

Au pays du Soleil Levant, c'est la Société franco-japonaise, affiliée au siège central, qui tient lieu d'Alliance. Elle se consacre surtout à aider les écoles : « l'Etoile du Matin » à Tokyo, « l'Etoile de la mer » à Nagasaki. Le seul comité existant est celui de Yokohama, créé en 1906, qui possède une bibliothèque et organise des réunions, des conférences, des représentations théâtrales.

L'Australie, pendant longtemps, n'aura que deux comités, ceux de Melbourne et de Sydney. En 1909, se joignent à eux ceux de Brisbane et de Hobart, (en Tasmanie), en 1910 ceux de New-castle et d'Adélaïde, en 1912 celui de Perth, au sud-ouest du pays. La Nouvelle-Zélande, longtemps à l'écart, fonde d'un seul coup, en 1906, quatre comités : à Auckland, à Wellington, à Christchurch et à Dunedin, plantant ainsi le drapeau de l'Alliance aux antipodes...

Amérique du Nord

Il n'y a aucune partie du monde où, pendant la période qui nous occupe, l'Alliance ait connu un plus grand développement qu'en Amérique du Nord. Au Canada, déclare-t-on au siège central, elle se trouve « pour ainsi dire en famille » et « la fédération des Etats-Unis est notre orgueil : vous verrez qu'un jour cette fille dépassera sa mère ».

Les Canadiens ne cessent d'ouvrir comités et délégations : à Toronto, à Dawson-City en 1903 ; à Québec, à Winnipeg, à Kingston (où l'Alliance propage le français parmi les élèves officiers du

La « belle époque »

« Collège royal Militaire »), à Levis, à Truro, à Morinville (en Alberta), à Vancouver, à Shédiac, à Halifax en 1904-1905 ; à Barrie-field, à Victoria en 1907 ; à Ottawa (où il y a rapidement 200 membres) en 1909. Nombreux et touchants sont les signes de fidélité qu'offrent certains de ces groupes : à Labelle, au nord-est de Montréal, est créée une « Ecole Foncin » ainsi baptisée « en hommage au fondateur de l'Association » ; à Dawson City, le cercle porte le nom de Comité Louis XIV (!) ; au Nouveau-Brunswick, le président du comité local est le sénateur Pascal Poirier « qui, pendant un quart de siècle, est auprès de l'Alliance le représentant de la nation acadienne ». Le cercle de Montréal, lui, qui est le plus nombreux de tout le continent américain — il compte 460 familles inscrites —, fête son dixième anniversaire en 1912 et rassemble 150 convives au banquet qui succède aux cérémonies. La décision la plus importante est celle qui, en 1909, réunit les comités canadiens à ceux de la fédération américaine, qui prend dès lors le nom de Fédération de l'Alliance française aux Etats-Unis et au Canada.

Dès les premières années du siècle, les comités se multiplient aux Etats-Unis. Il s'en crée à Boston, à Baltimore, en 1901 ; à Rhode Island, à La Fayette, à Detroit, à Worcester, en 1902 ; à Cincinnati, à Fall River, à Loweli, à New Bedford, à Providence, à Philadelphie, en 1903. Et les Alliances qui existent ont une activité débordante : celle de Brooklyn (80 membres) s'efforce, dans ses réunions mensuelles, de faire revivre « l'art si français de bien causer » ; celle de Chicago noue des liens avec l'université de la ville « pour assurer dans l'Etat le développement de l'enseignement du français » ; celle de New York, qui, en 1904, compte plus de 1 000 adhérents, organise des conférences auxquelles assistent des milliers de personnes et des cours qui reçoivent 700 élèves ; celle de San Francisco a 800 inscrits et ses 28 cours hébergent 600 auditeurs. Au total, en 1904, les Etats-Unis peuvent se flatter de compter 150 comités et plus de *25 000 adhérents.*

Bientôt, pour unifier tous ces groupes, est créé et inauguré, en 1902, sous la présidence de James H. Hyde, lui-même président de l'Alliance de New York, un bureau fédéral, sis dans cette ville, au numéro 120 de Broadway. Le programme du bureau, qui laisse aux comités leur autonomie et se bornera, en 1909, à prélever 5% de leurs recettes, tient en peu de mots : organiser les visites des conférenciers français[11], fonder des cours de langue et des bibliothèques françaises, envoyer dans les universités de notre pays des

11. Les plus appréciés ont été Anatole Le Braz, Joseph Bédier, Gustave Michaut, Charles Diehl, Gustave Lanson, Louis Hourticq, Firmin Roz, André Bellessort, Abel Lefranc. Le « record-man » semble avoir été le premier cité, qui, en 1905, n'a pas donné moins de 71 conférences !

étudiants américains. Dans le même esprit, qui est de « cimenter les relations cordiales du Nouveau Monde et de la vieille France », est formé, à Paris, un *comité de dames*, dont la présidente est Mme Watel, « bienfaitrice de l'Alliance française ». « Le goût des choses de la France et de la langue française », les « actives sympathies acquises aux Etats-Unis », que se plaisent à souligner les rapports annuels, sont confirmés, lors de la création de la Société des Professeurs de français en Amérique, en 1905, par l'initiative que prend celle-ci de décerner à Pierre Foncin et à James H. Hyde le titre de « membres d'honneur ». Quand, quelques années plus tard, la fédération ajoute à son effectif celui du Canada (1909), puis celui du Mexique (1912), et qu'elle publie un *Bulletin* qui lui est propre, elle représente la moitié au moins des comités du monde et constitue, à sa façon, une alliance dans l'Alliance...

A mesure qu'on s'approche de la guerre, le nombre des groupes affiliés à la fédération est en augmentation constante et atteint le chiffre imposant de 170. Les conférences organisées annuellement se comptent par centaines (*1 600* pour la seule année 1913), les élèves inscrits dans les cours par milliers. Certains comités font même preuve d'une vaillance héroïque : tel celui de San Francisco qui, après le terrible tremblement de terre de 1906, relève ses ruines et, en 1910, a 550 adhérents et, en 1913, 700 élèves. Les mérites de la fédération américaine sont si bien appréciés de tous que le ministère français des Affaires étrangères lui attribue une allocation de 3 000 francs en 1913 et de 4 000 en 1914 : A.T. Mason a bien raison de voir dans ce double geste « la reconnaissance officielle de ses travaux et la consécration de ses efforts ».

Dans les régions avoisinantes, il y a peu de faits notables. On signalera seulement la création, à Mexico, en 1910, d'un comité affilié deux ans plus tard à la fédération d'Amérique du Nord ; la fondation à Cuba, d'un prix de l'Alliance française « qui entretient une émulation des plus fructueuses » ; l'ouverture d'une délégation à Porto Rico en 1903, d'un comité à Port-au-Prince en 1905, d'un autre au Costa Rica en 1912, d'un autre encore à Saint-Jean de Terre-Neuve en 1913, d'un quatrième à Saint-Domingue en 1914.

Amérique du Sud

L'Amérique du Sud, observe le rapport d'Assemblée générale de 1904, « est une immense région des plus intéressantes par l'influence morale que nous pouvons y exercer et pour les intérêts français qui y sont engagés ».

La « belle époque »

C'est sans doute en Argentine que, pendant les quinze années qui précèdent la première guerre mondiale, les progrès seront les plus apparents. Alors qu'en 1900 l'Alliance n'a guère de représentation qu'à *Buenos Aires*, qui prendra rang de « comité régional » à partir de 1909 et aura ainsi sous son autorité tous les groupes de la République, on voit plusieurs comités se fonder au cours des années suivantes : à Mendoza, à Cordoba en 1903 ; à San Juan en 1904 ; au Parana en 1905 ; à San Rafaël en 1906 ; à Rosario et à Tucuman[12] en 1912 ; à Bahia Blanca en 1914. Le nombre des adhérents annoncés n'est pourtant pas considérable : un peu plus de 300 en 1910. Mais l'action auprès des écoles et la création de cours gratuits pour les adultes produisent d'excellents résultats : à Buenos Aires, le nombre des élèves qui assistent à ces cours passe de 400 en 1908 à plus de 700 en 1914 ; les examens, sanctionnés l'un par le diplôme de capacité, l'autre par le certificat d'études élémentaires, réunissent des centaines de candidats ; les distributions de prix sont « toujours des cérémonies très suivies » auxquelles se presse la société la plus élégante et qui donnent lieu soit à des représentations théâtrales (on joue *En visite* de Lavedan et *La Robe Rouge* de Brieux, le 4 août 1909), soit encore à des « galas littéraires et musicaux ». Sans doute, le comité de Buenos Aires, qui s'est déplacé en grande pompe pour aller accueillir Anatole France à son arrivée le 22 mai 1909, est-il un peu déçu de voir « le maître », en raison d'un programme trop chargé, décliner l'honneur de faire une conférence à l'Alliance. Du moins à Paris, le 22 novembre de la même année, une « séance solennelle », donnée par le siège central, prouve toute l'importance que celui-ci accorde à l'action conduite par les membres de l'association en Argentine.

Au Brésil, à l'aube du XXe siècle, la situation est facile à résumer : à Rio de Janeiro, un comité[13], avec une école fréquentée par une centaine d'élèves ; à Porto Alegre, une délégation. Mais elle ne tarde pas à s'améliorer : en 1906, on compte quatre comités, un dans chacune des deux villes citées ci-dessus, et deux, tout récents, à São Paulo et à Santa Anna de Livramento. Il s'y ajoute ensuite, en 1908, un groupe à Curitiba, capitale du Parana, dont les cours sont suivis par 130 auditeurs ; en 1911, une délégation au Pernambouc ; en 1912, une section dans l'Etat de Mato Grosso ; une autre à Porto Alegre et une délégation à Thérésina. S'il arrive à Rio des conférenciers français qualifiés d'« ornements de l'université de Paris », tels les docteurs Charles Richet et Georges Dumas, et si l'on y crée, en 1908, la section brésilienne de l'Alliance universitaire

---

La « belle époque »

12. Une école française y avait été ouverte en 1906.
13. En 1911, il sera élevé à la dignité de *Comité Régional* pour tout le territoire brésilien.

franco-latine, l'accent, comme en Argentine, est mis principalement sur l'enseignement du français, au point même que, dans la capitale, à partir de 1908, les autres matières sont regardées comme « accessoires ». Cet enseignement, qu'on veut aussi vivant et direct que possible, sans aucun recours à la traduction, est confié à Berlitz, dont la méthode paraît la plus moderne, point de vue que semblent partager les 250 élèves inscrits aux cours en 1914. Naturellement, de nombreux prix sont distribués un peu partout à l'occasion de cérémonies, souvent célébrées, à Rio, dans « les salons d'honneur du Cercle français », lesquels se révèlent « trop petits » pour recevoir toutes les familles des lauréats.

Au Chili, qui a été jusqu'alors la terre d'élection de l'Alliance en Amérique latine, la situation s'est un peu dégradée aux environs de 1900. Les groupes de Valparaiso et d'Iquique ont cessé leurs activités, et celui de Santiago a un peu baissé le pied. Mais, en 1906, on dénombre onze comités en territoire chilien : ce sont ceux de Concepcion, d'Ercilla, de la Serena, de Lautaro, de Quino, de Santiago, de Traiguen, de Victoria, d'Arica, de Caleta Buena, de Capiapo. Bientôt d'autres se constituent ou se reconstituent à Chillan, à Valparaiso, à Valdivia en 1910, à Iquique en 1913. La plupart d'entre eux ont des cours, qui ont une grande audience auprès de la population. Entre 1910 et 1914, Concepcion et Santiago y reçoivent chacun annuellement plus de 300 élèves ; Victoria et Iquique en comptent une centaine, Chillan 150, Lautaro 70, Traiguen 35. Et, tout comme en Argentine ou au Brésil, les distributions de prix donnent lieu à des fêtes brillantes et à des discours fréquemment applaudis.

Ailleurs, un bilan n'est pas facile à établir. Cependant, en prenant les pays par ordre alphabétique, les faits dignes d'être signalés sont les suivants : en Colombie, il s'est formé, à Bogota, en 1903, un comité « qui a pris sous sa direction tous les cours de français des différents établissements d'instruction » (cela représente 2 000 élèves), et deux autres se constituent à Popayan et à Medellin (150 adhérents) en 1913. A Panama, un comité est créé en 1910 : il a à sa tête le docteur Arosemana qui sera président de la République panaméenne l'année d'après. Au Paraguay, où le français occupe une place d'honneur dans les écoles, un comité s'ouvre à Assuncion en 1903. Au Pérou, le comité de Lima est fondé en 1913. En Uruguay, la présence française est assurée par le collège Carnot de Montevideo. Le Venezuela, enfin, possède à Caracas, un comité qui soutient l'action enseignante de l'école des soeurs de Saint-Joseph de Tarbes.

La « belle époque »

La parenthèse tragique : 1914-1918

La déclaration de guerre de l'Allemagne à la France, le 2 août 1914, n'étonne pas outre mesure les dirigeants de l'Alliance. Patriotes avertis des dangers que court depuis longtemps leur pays et qu'ils ont maintes fois dénoncés, ils prennent les résolutions qui s'imposent pour faire face.

La mobilisation a, d'emblée, suscité d'énormes difficultés. Beaucoup des membres les plus jeunes de l'Association sont partis pour le front. De nombreux comités de province ne peuvent plus recouvrer leurs cotisations. Les cours de vacances pour étrangers, à Paris, tout en se poursuivant jusqu'au 31 août, ont, en quelques jours, perdu un bon nombre de leurs auditeurs. Albert Malet, Secrétaire général depuis le début de 1914, est tombé à l'ennemi le 25 septembre de cette même année. Bref, la vie de l'Alliance française se trouve, en peu de temps, partiellement paralysée. Que va-t-on faire pour continuer l'œuvre entreprise ?

De nouvelles formes d'action

Dès les premiers mois de guerre, de nouvelles formes d'action sont engagées. Les unes visent à garder le contact avec l'étranger : c'est ainsi qu'est créé un **Bulletin périodique d'information**, destiné aux Comités et aux adhérents de l'Alliance française du monde entier pour répondre à la propagande ennemie. C'est ainsi également que des efforts sont accomplis dans les nations neutres pour y entretenir ou y susciter des sympathies actives en faveur de notre pays : le professeur Gustave Cohen, qui est appelé à devenir un célèbre médiéviste et qui a été grièvement blessé au combat, s'emploie avec succès à cette tâche en Hollande ; et, au Danemark, le docteur Ehlers, président de la section locale, fait monter de 400 à 800, pendant les quatre années de guerre, le nombre des membres du comité de Copenhague.

Le docteur Ehlers,
président
de la section
de Copenhague

En province, les Comités fondent des foyers d'éducation française dans les centres où l'on a groupé les tirailleurs indigènes et dans les hôpitaux où sont soignés les blessés des troupes coloniales. A Paris, dans l'immeuble encore non aménagé du boulevard Raspail, des salles de classe sont mises à la disposition d'organismes (la colonie serbe de Paris, la Tutelle indochinoise, par exemple) soucieux de créer des cours de français pour leurs ressortissants. Dans ces mêmes locaux, les soldats annamites et cochinchinois trouvent aussi, le dimanche, un repas à la mode de leur pays et assistent à des pièces composées par un des leurs et jouées en costume national. Quant aux cours de vacances, ils n'ont jamais été interrompus, malgré le nombre d'élèves évidemment plus restreint que d'habitude : les professeurs, en renonçant d'eux-mêmes à une grande partie de leurs émoluments, contribuent à soulager un budget terriblement éprouvé par les circonstances.

Les Bulletins de guerre

De toutes ces initiatives, la plus intéressante et la plus efficace, c'est la publication du **Bulletin de guerre,** qui commence à paraître dès le 1er novembre 1914 et que, dans une lettre, Jules Gautier, conseiller d'État, président de l'association, présente

La
parenthèse
tragique

ainsi aux lecteurs : « L'Alliance vous dit, sur les causes de cette guerre, sur la volonté qu'a eue la France de l'éviter, sur les procédés de nos ennemis (...), toute la vérité. En la disant, elle ne défend pas seulement la cause de la France, que vous aimez, elle défend la justice éternelle, la civilisation, la sainteté des traités, la liberté de tous les peuples. Elle reste fidèle à son programme de progrès humain par la propagation de la langue française. Elle a donc décidé de vous adresser, deux fois par mois, un Bulletin par lequel vous serez tenu au courant, sans commentaires, avec le seul souci de vous éclairer, de tout ce qui peut vous permettre de juger sainement le rôle et la situation matérielle et morale de la France. »

Cette action de propagande apparaît comme d'autant plus nécessaire que l'Allemagne, grâce à des brochures nombreuses et souvent illustrées, soutient énergiquement sa cause. « Quatre-vingt-treize » de ses intellectuels n'ont-ils pas signé un *manifeste* (parfois sans même l'avoir lu) proclamant leur foi dans la légitimité de la guerre conduite par leur pays ?

Le *Bulletin* annoncé par le président Jules Gautier est d'abord l'œuvre de deux maîtres de la Sorbonne : le sociologue Louis Lévy-Brühl et le spécialiste d'histoire religieuse Alfred Rébelliau. Ils sont ensuite aidés dans leur tâche par Antoine Meillet, linguiste de réputation mondiale, Edmond Huguet, M. Gallois, E. Jordan, J. Zeiller (de Fribourg, en Suisse), M. Flèche, tous également professeurs d'université. Peu abondante (16 pages), mais bimensuelle, la revue est l'objet d'une information vigilante et constamment soumise au contrôle d'une sourcilleuse probité intellectuelle. Voici, décrite par A. Meillet, comment en a été conçue l'élaboration :

« Quand il se posait une question délicate, les articles étaient, souvent, revus, discutés, amendés en commun. Pas un d'entre les rédacteurs n'était ni militaire, ni diplomate, et jamais ils n'ont reçu des autorités militaires ou diplomatiques la moindre directive, ni la moindre critique : durant tout le temps, ils ont dû se faire leur opinion par eux-mêmes (...). Notre propagande a toujours été entièrement libre ; elle n'exprimait rien de plus que la pensée de quelques professeurs s'efforçant honnêtement d'appliquer aux événements contemporains la méthode historique qu'ils employaient à utiliser le passé. Jamais il n'est venu à leur esprit la pensée d'utiliser le nom que tel ou tel d'entre eux avait pu se faire dans la science pour donner à leurs affirmations une autorité. Ils ne voulaient appuyer leur propagande sur rien d'autre que le bon sens et la vérité. »

D'autre part, soucieux de ne pas se borner à atteindre le seul public capable de lire le français, les fondateurs du *Bulletin de guerre* ne tardent pas à en donner des éditions en langues étrangères : en espagnol, dès le 1er novembre 1914, puis, à partir d'avril 1915, en allemand, en anglais, en hollandais, en italien, en portugais, en suédois, en danois (ou en dano-norvégien) et en grec. Traduite en dix langues, la revue est tirée et expédiée, en 1917-1918, à plus de 210 000 exemplaires. A elle seule, l'édition espagnole, destinée à l'Espagne et à l'Amérique du Sud, atteint plus de 40 000 personnes.

Anonyme jusqu'alors, quand paraît, pendant l'été 1919, le 94e et dernier numéro du *Bulletin*, elle peut enfin être signée, pour la première fois, du nom de ses auteurs, qui prennent ainsi congé de leurs lecteurs.

La relecture de cette revue ne présente plus aujourd'hui qu'un intérêt anecdotique. Le sommaire du numéro initial en indiquera suffisamment le contenu et l'esprit : « Trois mois de guerre. Comment les Allemands font la guerre. La conception française de la guerre. Le ton de la presse française. Correspondance ». Du moins, cette publication régulière a-t-elle prouvé qu'en pleine tourmente l'Alliance française, malgré le caractère pacifique et même pacifiste de son action, reste, conformément à la volonté de ses fondateurs, un ardent foyer de patriotisme.

L'œuvre de reconstitution (1919-1923)

Sous l'égide de Raymond Poincaré

L a guerre enfin terminée, l'Alliance française va devoir, à l'image de la nation tout entière, victorieuse mais ruinée et exsangue[1], se réorganiser et reprendre sa marche en avant.

Après avoir, dès octobre 1917, élu sept nouveaux membres du Conseil d'administration (parmi lesquels Lucien Lévy-Brühl, Alfred Rébelliau, Paul Gillon), elle désigne, le 4 juin 1919, un nouveau président, Paul Deschanel, et un nouveau secrétaire général, Paul Labbé, qui s'est fait remarquer, pendant toute la durée du conflit, par son action infatigable au sein du Comité de *l'Effort de la France et de ses Alliés*. L'ancien président, Jules Gautier, non rééligible en vertu des statuts, est nommé *délégué général à la propagande*, en même temps qu'il reçoit le titre de président honoraire (distinction également attribuée à Franck Puaux).

Les tâches abondent. A l'extérieur, il faut maintenir ou renouer le contact avec les comités de l'étranger, réorganiser les tournées de conférences, envoyer des livres[2], dont beaucoup manquent et sont pourtant réclamés un peu partout, fonder des bibliothèques, maintenir les subventions allouées aux nombreux établissements dispensant l'enseignement du français à travers le monde.

1. Un million et demi de morts, et un nombre égal d'amputés, d'invalides, de gazés : tel est le bilan d'une victoire trop chèrement achetée par un pays d'à peine 40 millions d'habitants.
2. Il y a – déjà ! – une « crise du livre français : Quelle cause de découragement pour nos écrivains ! Quelle menace pour notre vie intellectuelle ». (Journal, le Temps, 19 mars 1920). Paul Gillon (éditions Larousse), alors trésorier général adjoint de l'Alliance française, est, au nom de celle-ci, tout spécialement chargé de suivre la question et de proposer des solutions. C'est lui, notamment, qui est l'initiateur de *La Maison du Livre français*, ouverte en 1921.

En France, il y a lieu de reconstituer les comités parisiens et provinciaux, d'implanter l'action de l'Alliance dans les régions reconquises et d'y ouvrir des cours pour les maîtres alsaciens et lorrains ayant besoin de se perfectionner dans notre langue, voire d'apprendre celle-ci ; à Paris, il convient de faire du Siège Central un lieu de réunion et de réception des hautes personnalités étrangères en visite dans la capitale, d'établir des liens étroits avec la Sorbonne, de transformer le *Bulletin* trimestriel « en une véritable *Revue*, pour laquelle le concours des écrivains les plus éminents sera sollicité », de finir d'aménager les locaux du 101, boulevard Raspail et d'y installer un enseignement permanent. Enfin, il faut réunir chaque année, soit dans la métropole, soit dans quelque autre partie du monde, un Congrès de la langue française.

Sans plus attendre, cet ambitieux programme va commencer d'être mis en chantier. Il bénéficiera bientôt de l'appui énergique du nouveau président, **Raymond Poincaré,** homme politique de tout premier plan, élu à cette fonction le 10 mars 1920, en remplacement de Paul Deschanel, porté, lui, à la présidence de la République en janvier de la même année et nommé président d'honneur de l'Alliance. L'efficacité de Poincaré, d'ailleurs connaisseur averti des « œuvres françaises » à l'étranger, dont il fait le panégyrique devant l'Académie, se manifeste très vite par l'attribution « pour la première fois » de subventions très substantielles accordées par le gouvernement : l'une, prélevée sur « le produit de la caisse des jeux » et d'un montant de 350 000 francs, provient du ministère de l'Intérieur, en 1920 ; la seconde, qui s'élève à 400 000 francs, est attribuée par le ministère des Affaires étrangères l'année d'après. Ces sommes, quasi providentielles, vont servir, entre autres choses, à financer les travaux entrepris boulevard Raspail, où le terrain et la construction de l'immeuble n'auront pas coûté moins de 1 100 000 francs, provoquant une dépense qui aurait pu ouvrir une brèche fatale dans les finances terriblement sollicitées de l'association...

L'action de propagande

Un des premiers moyens utilisés pour reprendre contact avec le public français lui-même, c'est d'organiser conférences, visites, réunions un peu partout sur le territoire national. C'est ainsi qu'à Paris sont créés, en 1921, les « Quatrièmes Mercredis » de l'Alliance, que viennent animer des conférenciers éminents : André Hallays, spécialiste de La Fontaine, évoque la vie

L'œuvre de reconstitution

85

du poète chez Mme de la Sablière ; Béatrix Dussane, sociétaire de la Comédie-Française, explique comment on y joue Molière ; Firmin Roz, qui a souvent visité les États-Unis, décrit comment s'y pratique l'enseignement du français. Toutes ces conférences, qui « attirent un public fidèle et des adhérents nouveaux », sont ensuite publiées dans le *Bulletin*[3] trimestriel qui, pendant vingt ans, va jouer un double rôle : d'une part, informer le lecteur de l'actualité littéraire et culturelle en France ; d'autre part, lui relater ce que sont les activités de l'Alliance française à travers le monde. Les comités parisiens, à l'image de celui de l'est de Paris (IIIe, IVe, X[e], XIe, XIIe, XIXe, XXe arrondissements), sont, à des fins de plus grande efficacité, regroupés : ceux des Ier, IIe, VIe et VIIe réunissent leurs efforts, tandis que ceux du XIIIe, du XIVe et du XVe se rassemblent pour former le Comité de la région sud de la capitale. Celui du XVIe reste autonome et compte, en outre, un « Comité des dames » dont la présidente d'honneur est Mme Poincaré en personne.

En province, le secrétaire général multiplie les visites (59 en 1921) de façon à ranimer les comités défaillants et à en constituer là où il n'y en a pas. Dans le département du Nord, qui, à lui seul, est fort de 10 000 adhérents (1 600 à Lille, 1 500 à Roubaix, 1 500 à Tourcoing), des Comités se créent à Armentières, à Avesnes, à Cambrai, à Douai, à Dunkerque, à Hazebrouck, à Valenciennes. Dans les départements limitrophes qui, pendant la guerre, ont souvent connu les horreurs de l'invasion, l'élan patriotique n'est pas moins fervent : dans le Pas-de-Calais, il y a des comités à Saint-Omer, à Boulogne-sur-Mer, à Calais, à Arras ; dans la Somme, à Amiens ; dans l'Aisne, à Laon, à Saint-Quentin, à Soissons ; dans la Marne, à Reims, à Châlons, à Épernay. En Normandie, les démarches de Paul Labbé ne sont guère moins fructueuses : aux comités de Caen, de Cherbourg, de Dieppe, remis en activité, s'ajoutent ceux de Vire, de Saint-Lô, de Bayeux récemment créés. Dans le centre, où Tours et Guéret (220 membres) fonctionnent d'une façon satisfaisante, des sections sont formées à Châteauroux, à Saumur, à Cognac. Prospères aussi sont les alliances de villes importantes comme Nancy, Dijon, Vienne, Lyon (où Louis Lumière fait partie du Comité), Aix-en-Provence, Bordeaux, et, surtout, Marseille, qui, dès le mois de mars 1920, organise une brillante soirée au profit des écoles subventionnées d'Égypte, de Syrie, du Maroc, dont le Comité des dames ne relâche pas son activité et où se tient, en 1922, un congrès international sur le

L'œuvre de reconstitution   3. Hubert Morand, en même temps nommé secrétaire général adjoint en 1921, est chargé d'en assurer la publication.

thème de la place et de l'enseignement du français dans les pays
méditerranéens.

En Alsace-Lorraine, enfin, où l'action de l'Alliance est particulièrement souhaitée et nécessaire, le comité de Mulhouse, bientôt secondé par celui de *Strasbourg* (il sera inauguré en 1923), ouvre des cours très fréquemment suivis dès la fin de la guerre ; et l'on compte sur le futur comité de Metz, aidé par une société de Sélestat, affiliée au siège central, pour compléter cette œuvre immense et difficile de la diffusion de la langue nationale dans les provinces reconquises.

Les comités de l'étranger

L'action hors de France n'a jamais été interrompue, même au plus fort de la guerre. C'est ainsi que l'exposition de l'Alliance française à San Francisco, en 1915, remporte un « succès mérité », qu'en 1916 se forme le projet de réunir autour des comités espagnols les différentes sociétés françaises existant dans la Péninsule, qu'en 1917 le président Jules Gautier peut s'acquitter avec bonheur de missions en Suisse et en Italie, qu'en Russie les cours ouverts par la section de Pétrograd en 1911 ne sont fermés qu'en 1919, et que le nouveau régime soviétique, en 1921, a laissé ouverte l'Alliance de Moscou.

Mais, dès la signature de la paix, il devient nécessaire d'aller bien au-delà de ce qui a été maintenu et de reprendre la marche en avant. Il le faut d'autant plus que, lors des négociations du traité de Versailles, pourtant conduites en France même, le français, pour la première fois, « a cessé d'être la seule langue diplomatique servant à la discussion des traités ». Victorieuse par les armes, la France doit aussi préserver l'avenir politique et culturel de son propre langage.

A cet égard, les signes encourageants ne tardent pas à se manifester. Un des premiers est le congrès de l'Alliance française, tenu à Barcelone, du 25 au 29 avril 1919. Bien qu'il ait un caractère régional, d'autres comités catalans, ainsi que ceux de Madrid et de Valence y participent et en augmentent du même coup la portée. En fait, il ne s'agit pas seulement de « centraliser » l'action de l'Alliance sur tout le territoire espagnol, mais plus encore de donner à l'enseignement du français en Espagne et de l'espagnol en France de nouvelles dimensions, par exemple en généralisant l'institution de « lecteurs » dans le plus grand nombre d'établissements *L'œuvre de reconstitution* possible et en faisant en sorte que « les futurs professeurs d'espagnol en France puissent assurer leur formation pédagogique en Espagne et réciproquement ». Le congrès de Barcelone a donc l'heureux effet de favoriser la « cordialité des relations intellectuelles entre les deux pays voisins » et d'accroître l'influence de l'Alliance française, désormais chargée, par l'entremise de ses comités régionaux, d'inciter les pouvoirs publics en Espagne à donner plus d'importance « à l'enseignement de la langue française dans les lycées, les écoles commerciales et industrielles et surtout les écoles normales. »

Un résultat non moins important est obtenu en Hollande, où l'Alliance, après l'armistice, compte douze comités et où les conférenciers (Paul Fort, Gustave Cohen, Antoine Meillet, Firmin Roz) sont revenus faire applaudir « la cause française ». De plus, comme en Espagne, le besoin d'unification conduit les délégués des divers comités, le 6 juin 1920, à se rassembler à La Haye et à y former un « comité central avec un bureau permanent. »

Dès la fin de 1920, le secrétaire général peut annoncer au Conseil d'administration « les sérieux progrès » accomplis depuis un an : « Les craintes que l'on pouvait éprouver, en ce qui concerne les charges financières de l'Association, ne sont plus fondées. Les comités de propagande font preuve d'une réelle activité et des liens de plus en plus étroits unissent le secrétaire général aux comités de l'étranger. Des allocations nouvelles ont été obtenues des gouvernements généraux de l'Algérie, de l'Afrique occidentale française, de la Régence de Tunis. Quelques-unes des banques qui avaient fait bénéficier le *Bulletin* de guerre d'un versement mensuel ont rétabli leurs libéralités, et l'on peut espérer que ce généreux exemple sera suivi. »

L'année suivante confirme tous ces signes de convalescence. L'Alliance est conviée à La Haye à participer à la célébration du troisième centenaire de la naissance de Descartes. Un brillant programme de conférences est préparé, dans les îles Britanniques, pour la saison 1921-1922. Le Luxembourg se dote d'un nouveau comité à Steinfort. Le Danemark, dont l'ancien président, le docteur Ehlers, a été fait docteur *honoris causa* de l'université de Paris, en fonde un à Haderslev, au cœur du Schleswig récemment reconquis. La Tchécoslovaquie, toute fraîche créée, se couvre de comités. Le lycée de Galata-Seraï, à Constantinople, menacé de fermeture, reste ouvert sur l'intervention énergique de l'Alliance. Au Maroc, un comité se constitue à Casablanca. Aux États-Unis, la *L'œuvre de reconstitution* fédération, qui est en croissance continue et qui réunit maintenant

L' « ALLIANCE FRANÇAISE »

POUR LE RAYONNEMENT DE NOTRE CULTURE

Les photographies ci-dessous représenteraient des scènes assez banales de concours s'il ne s'agissait point d'un examen de français bénévolement subi, dans un pays lointain, à Buenos-Aires, par les candidats au diplôme d'études de l'*Alliance française*. Le correspondant qui nous l'adresse l'accompagne de quelques précisions : « A Buenos-Aires, pendant les huit mois de l'année scolaire, plus de trois mille élèves suivent les cours gratuits de l'*Alliance*. Ils appartiennent à toutes les classes sociales. On trouve parmi eux des travailleurs manuels, désireux de s'instruire, des employés de commerce, des jeunes gens et des jeunes filles appartenant à la meilleure société argentine, comme aussi des hommes faits ou même des vieillards qui n'ont pas eu le loisir d'apprendre le français et qui veulent réparer cette lacune. Chaque année, au cours d'une grande fête donnée au Théâtre Colon, l'*Alliance* remet ainsi environ 600 diplômes aux élèves qui ont satisfait aux examens. »

Ce qui se passe en République Argentine se reproduit semblablement dans tous les pays du monde, grâce à l'initiative de l'*Alliance française*. C'est pour nous l'occasion de rappeler à nos lecteurs, qui sans doute les savent déjà, les services rendus par cette institution à notre culture, à notre langue et à notre influence.

L'*Alliance française*, association nationale dont le président actuel est M. Raymond Poincaré, a été fondée en 1883. Elle compte aujourd'hui plus de 200.000 adhérents. Dans nos colonies et dans les pays de protectorat, elle s'efforce de propager la connaissance du français et de faciliter ainsi les relations sociales et les rapports commerciaux avec les indigènes. Dans les pays étrangers, elle entre en rapports avec les groupes français qui s'y trouvent établis, afin de maintenir parmi eux le culte de la pensée nationale. Elle aide les amis de la langue et de la littérature françaises à resserrer les liens de sympathie qui unissent la France aux autres peuples. Elle pourvoit à la fondation ou à l'entretien d'écoles enseignant la langue française, ou de cours de français dans les établissements qui en sont dépourvus. Elle organise des conférences, elle recrute des professeurs, elle enrichit de livres français les universités, les écoles, les comités, les cercles.

Depuis sa fondation, elle a déjà dépensé en initiatives et dons de toutes sortes plus de quinze millions de francs, provenant des cotisations de ses sociétaires ou de libéralités de ses bienfaiteurs. Elle a donné des subventions et des livres à plus de 500 écoles. Elle a fondé 450 comités de propagande ou d'action et compte plus de 200 délégués en France et à l'étranger. Au cours de ces trois dernières années, son budget a sextuplé. En 1921, il a atteint 2.300.000 francs.

L'*Alliance française* est un des plus précieux auxiliaires de notre rayonnement intellectuel et moral.

plus de 200 comités, doit changer de local et se transfère, de Broadway, au 32 de Nassau Street. A Mexico, l'Alliance est en grande expansion, et Guadalajara, la seconde ville du pays, ouvre, à son tour, une section. A Guatemala, où s'est formé un comité le 6 juin 1920, les cours sont suivis par 750 auditeurs. La Colombie fonde un nouveau Comité à Manizales et reconstitue celui de Popayan. A Buenos Aires, à Rosario, à Bahia Blanca, le nombre des élèves ne cesse d'augmenter. A Shangai, l'ex-école allemande est devenue l'Institut franco-chinois d'industrie et de commerce. Dans la lointaine Australie, le Comité de Sydney se reforme en 1921 tandis que celui de Perth est toujours aussi actif. Enfin, un brillant succès, d'ordre diplomatique, vient compenser l'amertume

L'œuvre de reconstitution

ressentie à Versailles en 1919 : à la conférence de Washington, du 12 novembre 1921, le français est déclaré « langue officielle au même titre que l'anglais. »

Les deux années à venir, à l'issue desquelles on a prévu de fêter le quarantième anniversaire de l'association (la date retenue est celle du 27 décembre 1923), vont démontrer, pour reprendre les paroles de Paul Labbé, que « l'œuvre de reconstitution est pratiquement achevée » et que « l'œuvre de réalisation, de grande initiative et de perfectionnement » va bientôt commencer. De toutes parts, en effet, vont affluer les preuves à l'appui de ce pronostic optimiste. Le congrès de Marseille, déjà cité, indique que « la langue française est en progrès marqué » un peu partout dans le bassin méditerranéen. Les trois congrès successifs (1921, 1922, 1923) tenus par les comités de Tchécoslovaquie (ils sont au nombre de 51) attestent d'une avancée presque incroyable du français en Europe centrale. En Norvège, le nombre des adhérents a doublé depuis la fin de la guerre. En Argentine, le comité de Buenos Aires prend l'initiative de fonder un concours général annuel qui sera ouvert à toute personne détentrice du diplôme supérieur décerné par ce comité[4]. Aux États-Unis, James Hyde, fondateur de la fédération américaine, est fait grand officier de la Légion d'honneur par le gouvernement français. A Tokyo, la société japonaise « Les Amis de la France », après avoir célébré le vingt-cinquième anniversaire de la mort de Verlaine en présence de 300 personnes, le 18 juin 1921, organise l'année d'après une fête de bienvenue en l'honneur de Paul Claudel, notre nouvel ambassadeur au Japon !

Quant aux écoles subventionnées soit par le siège central soit par les comités de Paris ou de province, elles se comptent par centaines. La progression des sommes qui leur sont attribuées suffit à exprimer, de la façon la plus claire, le retour en force de l'Alliance sur la scène internationale et la confirmation de sa vocation enseignante, que rappelait si justement Alfred Rébelliau au lendemain même de la guerre : de 350 000 francs en 1919, les allocations passent à 1 440 000 en 1920, à 2 240 000 en 1921 et atteignent plus de 3 millions en 1922. C'est dire qu'elles sont de quatre à cinq fois supérieures aux subventions que, « pour la première fois », le gouvernement de la France accorde à l'Alliance et que cette multiplication quasi miraculeuse justifie pleinement l'existence et l'action de l'association.

4. Le premier sujet proposé est : « L'art de José Maria de Heredia dans *Les Trophées*. »

Ouverture de l'École pratique

Parmi les trois ou quatre tâches primordiales que s'est assignées Paul Labbé lors de son accession au secrétariat général, il y a la fondation, à Paris même, d'une **école pour étrangers**, où serait dispensé un enseignement permanent de la langue française. Sans doute le projet n'est-il pas nouveau et a-t-il suscité maints débats dès avant la guerre, où certains ne le jugeaient pas sans risque : qui fréquenterait ces cours et, surtout, quel pourrait bien être le nombre des élèves ? L'ouverture de l'École pratique, le 27 octobre 1919, ne tarde pas à donner une réponse positive à ces questions, puisque, au bout de deux mois, elle a déjà reçu 80 inscriptions.

Le principal dispositif utilisé pour organiser le nouvel établissement consiste à grouper les étudiants en deux sections :

1. Une section préparatoire, à l'intention de ceux qui ne savent pas le français ou qui le savent mal. L'enseignement qui y est donné est essentiellement pratique (d'où le nom de l'École) et vise à enseigner « la langue usuelle, parlée et écrite ».

2. Une section supérieure, destinée à ceux qui, ayant appris le français dans leur pays, ont besoin de compléter leurs connaissances théoriques et pratiques. Le perfectionnement qu'ils reçoivent prépare ces étudiants à suivre les cours de la Sorbonne, « sans se substituer à elle. »

La section « préparatoire » fonctionne à raison de deux heures de cours par jour, la section « supérieure » à raison de vingt-trois heures par semaine.

L'année scolaire est divisée en deux termes de quatre mois chacun (celui d'hiver allant du 3 novembre au 28 février, celui d'été du 1er mars au 30 juin), et les études y sont aménagées de telle sorte que le programme de la section d'été ne reproduise pas celui de la session d'hiver et que les étudiants aient intérêt à suivre l'enseignement de l'école pendant toute l'année scolaire.

A la fin de chaque « terme » sont prévus deux examens, sanctionnés l'un et l'autre par deux diplômes : le certificat élémentaire et le diplôme supérieur. S'y ajoute, pour les étudiants les plus avancés, la possibilité de se préparer et de se présenter, au certificat d'études françaises délivré par la faculté des lettres de l'université de Paris.

L'œuvre de reconstitution

En fait, l'École dispense un enseignement, qui n'est pas calqué sur celui des écoles de France, mais un enseignement spécifique, fondé sur l'analyse des difficultés que rencontre l'étranger dans l'étude de notre langue et sur la recherche des moyens propres à les résoudre. De plus, pour mieux introduire les étudiants dans la réalité française, sont organisées des visites (de musées, de lieux historiques) et des réunions, tous les quinze jours, avec des familles parisiennes.

La structuration adoptée finalement est la suivante :

1. Pour l'ensemble des élèves, triés et regroupés selon leur niveau de connaissance de la langue, seul critère valable en l'occurrence, est proposé un Cours complet d'études françaises, étalé, de novembre à juin, sur deux semestres et conçu de façon à présenter un programme suivi et cohérent.

2. L'enseignement comporte deux heures d'exercices pratiques chaque jour et onze conférences générales d'une heure chacune par semaine, sur les thèmes propres à intéresser « tout homme cultivé » : grammaire, phonétique, explication de textes, composition française, vocabulaire, littérature classique et moderne, histoire politique et institutions, géographie de la France, histoire des arts de la France, société et famille françaises.

Si les cours pratiques sont assurés par un personnel spécialisé et s'adressent à une vingtaine d'élèves par classe, les groupes sont « dédoublés » lorsqu'il s'agit d'enseigner certaines matières : la phonétique et la conversation, par exemple. Quant aux « conférences », elles sont confiées « exclusivement à des professeurs de l'enseignement public », recrutés soit dans l'Université soit parmi les agrégés des lycées de Paris.

3. Un certain nombre de classes comportent, pendant les mois de septembre et d'octobre, une préparation aux facultés et aux écoles supérieures de France, de façon à éviter aux nouveaux venus dans l'Université française « les tâtonnements du début ».

D'autres préparent au certificat d'études françaises, délivré par la Sorbonne, mais sans que celle-ci ait encore institué de préparation spéciale à ce diplôme[5]. Sur 11 candidats reçus à cet examen en 1920, 5 ont été formés à l'École pratique. Et sur les 13 présentés par l'École en 1921, 11 ont obtenu le succès, dont 6 avec mention honorable.

4. Des cours du soir sont offerts aux élèves qui, faute de temps suffisant ou d'intérêt pour les études universitaires, sont avant tout soucieux de posséder une connaissance solide de la langue et de la culture françaises.

5. Les cours de vacances, enfin, qui n'ont jamais été interrompus, accueillent les étrangers qui, ne pouvant disposer que d'un ou de deux

5. Cette lacune sera comblée par la création de l'École supérieure de préparation et de perfectionnement des professeurs de français (E.S.P.P.F.E.), dont le premier directeur sera Edmond Huguet, ancien directeur des cours de vacances de l'Alliance française et délégué général de l'association.

L'œuvre de reconstitution

mois de séjour à Paris, s'inscrivent à l'École soit pour acquérir les premiers rudiments de la langue, soit, notamment s'il s'agit de professeurs de français, pour perfectionner leur acquis.

Ainsi organisée, comme dit le *Bulletin* d'octobre 1920, « notre maison, comme établissement pédagogique, sera toute l'année ouverte et accueillante. A toute époque, à toute heure de la semaine, un étranger arrivant à Paris et voulant y travailler sérieusement et utilement sera sûr d'y trouver des maîtres et des Cours ».

Le directeur de l'École pratique est *Robert Dupouey,* ancien élève de l'École normale supérieure et professeur au lycée Michelet, qui a déjà été, en 1919, « chargé de la direction des cours organisés pour les officiers et soldats de l'armée américaine ». Il est assisté d'une commission de neuf membres, parmi lesquels quatre ou cinq sont des gloires de l'Université française : F. Brunot, E. Huguet, A. Meillet, A. Rébelliau, M. Roques. Ce dernier, romaniste éminent et futur membre du Collège de France, est le président du jury des examens. Quant aux cours de vacances, la direction en est assurée par Eugène Frey, qui connaît bien l'École puisqu'il y participe, au programme des « Conférences générales ».

Exprimées en chiffres, les inscriptions témoignent éloquemment du succès remporté auprès du public : 800 en 1919-1920, 1 055 en 1920-1921, 1 500 en 1921-1922, 1 255 (dont 523 aux cours du soir) en 1922-1923. Si on ajoute à ces inscriptions celles des cours de vacances : 385 en 1921, 387 en 1922, 393 en 1923, on s'aperçoit, comme dit un rapport d'assemblée générale, qu'il s'agit là de « résultats inespérés » et méritant, pour les directeurs comme pour le personnel enseignant, « les félicitations » du Conseil d'administration.

Du reste, la satisfaction ressentie par les élèves n'est pas moindre. Témoin ce petit discours tenu par un étudiant chinois, le 10 juin 1923, lors d'un concert, suivi d'un bal, dans les locaux mêmes du boulevard Raspail : « Le temps que nous passons à l'Alliance française sera toujours pour nous le plus cher des souvenirs. La pure atmosphère qui y règne, la bienveillance de nos chers professeurs, leur concours précieux dans nos études sont un grand bien pour nous, qui rêvons de nous perfectionner dans la langue française.

En effet, nul n'ignore la place qu'a prise la France dans nos cœurs. Elle est notre seconde patrie. »

L'œuvre de reconstitution

Nous nous sommes institués les
Chevaliers Servants du français
RAYMOND POINCARÉ

Les « années folles » (1924-1931)

De cérémonies en festivités

Les « années folles », comme les ont parfois baptisées les historiens, celles où, après une guerre affreusement meurtrière et avant l'avènement d'une grave crise internationale, l'humanité s'est accordé un peu de bon temps, ont été pour l'Alliance des années de grande prospérité.

Les nombreuses fêtes, les réceptions, les bals, les ventes, les manifestations mondaines de toutes sortes qu'elle organise pendant cette période en témoignent abondamment. On retiendra, en premier lieu, le banquet où elle célèbre, à l'hôtel *Lutétia*, à quelques encablures du siège central, le 27 décembre 1923, son quarantième anniversaire. Des centaines de personnes sont présentes : le bureau et la plus grande partie du Conseil d'administration, quarante ambassadeurs ou ministres plénipotentiaires, de très hautes personnalités du monde politique et gouvernemental, de très nombreux représentants des comités de province et des comités de l'étranger, de la presse française et internationale, beaucoup de professeurs de l'Ecole pratique et même une délégation de 32 élèves, plus de 150 adhérents de l'association. La cérémonie est évidemment placée sous la présidence de Raymond Poincaré qui, à l'issue du banquet, prononce quelques paroles bien senties. Il défend d'abord l'Alliance de nourrir aucun sentiment d'impérialisme linguistique ou culturel, comme il le lui est parfois reproché : « Nous ne visons pas à l'hégémonie du français ; nous ne visons même pas à l'Universalité ». Non, les choses sont plus simples, les intentions différentes : « Nous défendons notre langue, d'abord parce qu'elle est notre langue maternelle et parce qu'elle est le meilleur véhicule de nos pensées ; et aussi parce qu'elle est en elle-même une bonne vieille langue, qui a fait ses preuves et qui est capable de rendre encore des services signalés à la civilisation et au progrès. Nous nous sommes spontanément institués les **Chevaliers Servants** du français. »

Parmi les autres manifestations notoires, on signalera : les ventes de 1924, de 1928, de 1930, qui sont en général organisées par les comités de dames et qui rapportent de coquettes sommes à l'association (80 000 francs la première, 93 000 la seconde, 116 000 la troisième) ; les bals, celui du 12 mars 1927, par exemple, qui réunit plus de 900 personnes « dans les magnifiques salons du ministère des Finances » ; les déjeuners mensuels (l'un d'eux fête Paul Doumer, à la suite de son élection à la présidence du Sénat en 1927) ; les réceptions auxquelles sont conviés des visiteurs de marque (Franck Pavey, président de la fédération américaine ; le professeur Ashton, président du comité de Vancouver ; Paul Reumert, comédien danois qui s'est fait applaudir dans les rôles d'Alceste, de Tartuffe, de Scapin à Copenhague ; Rodolphe Lemieux, président de la Chambre de Commerce d'Ottawa ; le professeur Caldwell de l'Université Mc Gill) ; les conférences, données les « quatrièmes mercredis » de chaque mois, où sont traités des thèmes particulièrement propres à intéresser les étudiants de l'Ecole de Paris. On appose deux plaques de marbre pour célébrer le souvenir de Pierre Foncin et d'Albert Malet, deux autres pour y inscrire le nom des présidents et des secrétaires généraux de l'Alliance. On édite des cartes postales, reproduisant différentes vues des bâtiments du boulevard Raspail. On organise des cérémonies, à l'occasion de la remise de décorations, notamment dans l'ordre de la Légion d'honneur, à des membres de l'association : à James Hyde, fait grand-croix ; au docteur Ehlers, de Copenhague, à Ferdinand Brunot, promus grands-officiers ; à Paul Labbé, au chambellan Heidenstam, président de l'Alliance de Stockholm, au Jonkheer W. Roell, président du comité de La Haye, à Franck Pavey, président de la Fédération américaine, à Henry Ashton, président du comité de Vancouver, à A. Weiss, membre du Conseil, nommés Commandeurs ; à Augustin Bernard, à Louis Madelin, à Alfred Rébelliau, tous les trois membres du Conseil, à Pierre Cartier, du comité de New York, qui reçoivent la rosette d'officiers ; à Hubert Morand, à Robert Dupouey, à Eugène Frey, à Yvonne Salmon, à Angèle Bonnefous, à Henry Playoust, à Armand Weil (professeur à l'Ecole de Paris), qui ont droit au ruban de chevaliers.

Le « clou » de ces festivités est, sans aucun doute, le **congrès de l'Alliance française**, tenu en juillet 1931, lors de la fameuse **Exposition coloniale** de Vincennes, aux portes de Paris. 42 pays y ont envoyé des délégués, qui représentent près de 200 villes étrangères. On promène les congressistes dans les différents pavillons. On les envoie, le soir du 16, à un banquet qui a lieu au restaurant de l'Afrique occidentale française. Le 17, on leur fait visiter la manufacture de Sèvres, et, le soir du même jour, on leur offre un concert présenté par Béatrix Dussane. Le 18, on les conduit à Reims, où le comité local les reçoit à bras ouverts et où ils dégustent, à même les caves, le champagne de la maison Pommery. Le 31, en autocar, ils font le circuit des boucles de la Seine, qui les mène de Saint-Germain à Hautil et à la Roche-Guyon, lieux chers au cœur de Boileau et chantés dans l'Épître VI. En France, on le voit, la littérature perd rarement ses droits.

**L'inauguration de
l'exposition coloniale
de 1931**

L'œuvre de Paul Labbé

Ces brillants résultats de surface sont le fruit d'un grand travail en profondeur et d'une remarquable organisation d'ensemble.

Les présidents

Au sommet se succèdent les présidents du plus haut niveau. Après que « la loi barbare »[1] des cinq ans a contraint Raymond Poincaré à résigner ses fonctions le 11 mai 1925, il est remplacé par Paul Doumer, ancien ministre et futur président du Sénat (1927-1931), puis de la République (1931-1932), qui a payé un lourd tribut à la patrie dans la personne de ses cinq fils tués à la guerre, et voué lui-même à un destin tragique. Mais, le 22 mars 1930, après avoir accompli les cinq années de bons et loyaux services qu'on attendait de lui, il se démet de son mandat et Raymond Poincaré, « le président de la *Victoire* », comme l'avait appelé Paul Labbé, est « par acclamations » réélu à la présidence. Son prédécesseur lui rend, sur-le-champ, un hommage sans restriction : « Je crois que cette transmission peut avoir toute la simplicité d'une cérémonie de famille. Voilà cinq ans, mon cher président, que vous avez quitté la présidence de cette Association et que je remplis votre intérim ; il est fini et, tout naturellement, l'idée est venue à tous de vous demander si vous feriez à cette assemblée l'honneur d'accepter, pour un nouveau lustre, la présidence. Vous avez très simplement accepté, montrant combien vous êtes lié à elle par un but commun dans la vie, et aussi par les services que vous lui avez rendus, et parce que vous la personnifiez vraiment mieux que personne aux yeux de tous. »

Le Conseil d'administration

De son côté, le **Conseil d'administration**, qui se réunit très régulièrement une fois par mois est, pour combler les vides que la mort creuse dans ses rangs, renouvelé avec une heureuse vigilance. Tandis que disparaissent de grands noms, tels ceux de Paul Cambon, l'un des fondateurs de l'Alliance, et d'Emile Salone, secrétaire général de 1909 à 1913, leurs successeurs sont choisis avec le plus

1. L'expression est de Paul Labbé.

grand soin. Citons, entre autres, l'amiral Lacaze, l'ambassadeur Alapetite, Augustin Bernard, professeur à la Sorbonne, Georges Dumas, célèbre psychologue et membre de l'Académie de médecine, l'historien Frantz Funck-Brentano, de l'Institut, le romaniste Mario Roques, Paul Hazard, du Collège de France, Jacques Arnavon, ministre plénipotentiaire, fils de l'ancien président du comité de Marseille et petit-fils de la fondatrice du comité des dames de cette ville, André Hallays, historien de la littérature, Albert Lebrun, futur président du Sénat (1932-1936), puis de la République (1936-1940). La qualité et la variété de ces hauts personnages ainsi que les très hautes fonctions politiques exercées par certains d'entre eux donnent au Conseil un maximum à la fois d'autorité morale et d'efficacité sur le plan des réalisations.

Paul Labbé

Troisième atout pour l'Alliance : la personnalité de son secrétaire général, Paul Labbé (1920-1934), véritable cheville ouvrière de l'association, qui, dès son entrée en charge, a pris à bras-le-corps ses responsabilités. Tout en constatant avec satisfaction les progrès accomplis, il ne se dissimule pas les difficultés de la tâche que, lors de l'assemblée générale de 1926, il expose avec une rare lucidité : « Jamais la lutte n'a été plus vive ; l'Angleterre, l'Italie, l'Allemagne font partout des efforts pour développer leur langue ; les groupes espérantistes étrangers ne sont pas souvent nos amis ; la France est loin de dépenser pour sa propagande les sommes que consacrent à la leur les autres nations. » Il sait que, à l'intérieur même de nos frontières, l'esprit partisan nuit aux intérêts de l'association ; « Trop souvent, en province, les luttes politiques sont acharnées et on hésite à comprendre le caractère de l'Alliance, société où des hommes d'opinions différentes se réunissent pour mettre en commun leur intelligence et leur bonne volonté. » Il regrette, enfin, que les entreprises françaises n'apportent pas une aide plus généreuse à une action qui, cependant, vise à les favoriser : « Les commerçants et les industriels, au concours desquels nous tenons tant, ne comprennent pas toujours que le profit matériel de notre programme est pour eux ; par nous, ils trouvent à l'étranger les interprètes nécessaires et nous préparons leurs victoires économiques. »

Il considère que son premier « devoir » est de répondre aux sollicitations qui lui viennent de toutes parts : de l'intérieur du pays aussi bien que de l'étranger. Pour la seule année de 1926, il rend visite à vingt-cinq comités de province, dont il peut observer, *in situ*, la prospérité (c'est le cas au Puy, à Saint-Etienne, à Clermont-Ferrand, à Rennes) ou, au contraire, les déficiences (par exemple, à Saint-Malo, à Toul, à Grenoble). Hors de France, il se mue en véritable « globe-trotter » pour accomplir les missions, qu'il ne choisit pas lui-même, mais dont le charge le Conseil d'administration : en dix ans, il va deux fois en Angleterre, en Hollande, en Belgique, au Luxembourg, en Espagne, en Tchécoslovaquie, et une fois en Suisse, en Yougoslavie, en Algérie, en Tunisie, aux États-Unis, au Canada, en Pologne et dans les pays baltes (Estonie, Lituanie, Lettonie). De tous ces déplacements, souvent longs et fatigants, puisque l'aviation de ligne n'existe pas encore[2], le plus instructif est sans doute celui qui le conduit outre-Atlantique, à l'occasion du *vingt-cinquième anniversaire de la fédération américaine* : il y représente l'Alliance, tandis que l'ambassadeur Paul Claudel est là au nom du gouvernement français et Mgr Baudrillard au nom de l'Académie. Mais il ne se borne pas à séjourner à New York : aux États-Unis, il visite les comités de Buffalo, d'Albany, de Philadelphie, de Washington, de Princeton, de Worcester ; il pousse même jusqu'à Québec, Montréal, Ottawa, Toronto, car les Canadiens regrettent de ne pas recevoir plus souvent les « conférenciers officiels » de la fédération. S'il tire grand profit de son voyage, en constatant notamment le renom que se sont acquis, aux U.S.A., les cours donnés à l'École Pratique de Paris, il lui arrive aussi d'éprouver quelques déceptions : ainsi, après avoir rêvé, pendant plusieurs années, de tenir un congrès mondial de l'Alliance, à Alger, sur le thème de « Cent ans de langue française en Afrique du Nord », il se rend compte, sur place, que le moment n'est pas propice et renonce à ce séduisant projet.

Au siège central, le secrétaire général est au centre d'une gigantesque toile d'araignée dont les fils ne cessent de s'étendre. Tandis qu'il y avait 50 000 adhérents à la veille de la guerre, il y en a 100 000 en 1922, 200 000 en 1923, 500 000 en 1931 ! Le nombre des Comités est de près de 600, celui des délégués de plus de 200. Tous réclament des conférences et, rien que pour l'étranger, il en est organisé 300 par an. Il faut publier une Revue trimestrielle, à laquelle les membres de l'Alliance sont « des abonnés de droit ». Des cinq parties du monde arrivent des demandes de subventions pour les écoles (les sommes allouées en 1931 atteignent 460 000 francs), de récompenses pour les meilleurs élèves, de médailles —

2. La tournée d'Emile Ripert aux Etats-Unis (71 conférences), en 1924, n'aura pas duré moins de 4 mois !

voire de décorations — afin de stimuler le zèle des maîtres et des bienfaiteurs les plus méritants. Il faut également, et c'est un des devoirs primordiaux de l'association, envoyer des livres aux bibliothèques qu'on a fondées et qu'on fonde encore : à Paris même, pour alimenter celle qui a été créée à l'intention des étudiants de l'École pratique, on a dû requérir, de la part des éditeurs, heureusement nombreux au Conseil, un gros effort de générosité. La rentrée des cotisations (elles sont passées depuis longtemps à 10 francs et ont rapporté près de 120 000 francs en 1931), la gestion d'un capital qui a atteint 4 millions, l'entretien ou la modernisation des lieux (notamment la surélévation du bâtiment d'aile, au 101, boulevard Raspail), le remboursement des dettes, le paiement des intérêts pour les emprunts contractés en vue de la construction et de l'aménagement des locaux : autant de problèmes, dont aucun n'est simple (même si l'on doit se contenter de les effleurer ici) et qu'il faut résoudre avec la poignée d'hommes composant le bureau. Voilà qui peut sembler dépasser les forces humaines et qui explique cet aveu du secrétaire général, lors de l'assemblée de 1929, que ce qui a été fait (et c'est beaucoup) « n'est rien à côté de ce qui reste à faire. »

Paroles exemplaires, empreintes d'une modestie sans illusion, mais traduisant avec exactitude l'ampleur de la tâche entreprise et de l'œuvre accompli par Paul Labbé et ses collaborateurs immédiats (le secrétaire général adjoint Hubert Morand, les trésoriers Paul Gillon et Jacques Lehideux, l'archiviste l'abbé Cazot, les délégués Jules Gautier et Edmond Huguet) pendant ces « années folles » où ils auront été surtout des fous de travail...

Deux réussites : l'Ecole pratique...

En France, deux résultats principaux marquent la vie de l'Alliance pendant ces années de prospérité : **l'essor de l'Ecole pratique** et **le développement des comités de province**, en particulier dans la région du Nord.

A Paris, où les comités se bornent à organiser des bals, des concerts, des conférences, des « ventes », l'attention de tous est accaparée par un nouveau sujet d'intérêt : l'expansion rapide et extraordinaire de l'Ecole ouverte en 1919. Les rapports d'assemblée générale, après avoir salué les grands disparus de l'année, commencent désormais par une relation détaillée des activités enseignantes, et il faut avouer que celles-ci le méritent : « Le grand succès que nous devons constater avant tout en 1925, déclare Paul

Labbé, est le succès de nos cours ». De 1924 à 1930, en effet, le chiffre des inscriptions ne cesse d'augmenter : de moins de 2 000, en 1923, il approche les 4 000 en 1926 et en 1927, et les dépasse largement en 1928 (4 500), en 1929 (4 600), en 1930 (4 800). Même en 1931, où la crise fait sentir ses premiers effets, il reste des plus honorables (4 350). L'ascension des cours de vacances, à la direction desquels Eugène Frey sera remplacé en 1930 par Eugène Lichnerowicz, futur secrétaire général de l'association, suit une courbe parallèle. « Tous nos visiteurs, observe encore Paul Labbé, sont frappés par la vie qui règne ici, surtout quand ils arrivent à l'heure des changements de cours. »

Dans un article du *Bulletin* de janvier 1927, Robert Dupouey explique les préoccupations, somme toute heureuses, que cette affluence cause au directeur de l'Ecole : « Les quinze salles de classe sont presque constamment occupées de 9 heures du matin à 10 heures du soir. Et ces salles ne suffisent déjà plus. C'est en vain qu'on a donné à l'enseignement des parties de la maison qui, d'abord, ne lui étaient pas destinées ; en vain qu'on a déplacé ou abattu des cloisons, pour admettre plus d'étudiants ; en vain que les horaires ont été combinés de façon que, presque à aucun moment de la journée, aucune salle ne restât inoccupée ; en vain qu'à de certaines époques les professeurs et les élèves envahissent la salle de lecture et la bibliothèque, ces sanctuaires : la place est trop mesurée. Finalement, malgré les frais que ces travaux entraînent[3], il faudra se résoudre à « surélever le bâtiment d'angle » pour accueillir cette multitude empressée qui vient recevoir, boulevard Raspail, un enseignement exactement adapté à ce qu'en attendent les auditeurs, et d'une qualité dont témoigne, en termes chaleureux, une lettre adressée par le professeur Ford, de Harvard, alors Directeur de l'Union des Universités américaines en Europe, à Robert Dupouey : « Les avantages présentés par l'Ecole pratique de l'Alliance française sont, sans contestation, admirables. Le bien que fait cette Ecole est infini. Pour ma part, je n'ai cessé de conseiller, même aux étudiants qui sont obligés de suivre les cours de la Sorbonne[4], de suivre, en même temps, les cours de l'Alliance française. En tant qu'éducateur, j'ai, pour toutes les branches de votre enseignement une estime sans réserve. » Il convient de préciser ici qu'en dehors d'un corps professoral expert à appliquer une « méthode éprouvée », l'Ecole dispose de quelques maîtres du plus

---

3. Il est vrai, en revanche, que l'Ecole rapporte de plus en plus d'argent...
4. Allusion sans doute, au Cours de Civilisation française, créé par la « Société des Amis de l'Université de Paris » et qui ne pratiquait pas — son nom l'indique assez — l'enseignement de la langue.

haut niveau, tels *Daniel Mornet* et *Albert Bayet*, qui ne croient pas déchoir en quittant leur chaire de Sorbonne pour venir enseigner à nos étudiants étrangers, l'un « l'explication de textes », l'autre « la composition française. »

Le nombre grandissant des candidats aux examens de l'Ecole prouve bien la faveur dont jouissent universellement les diplômes décernés par l'Alliance. Il est vrai que, parmi les lauréats d'alors, certains sont promis à de très hautes destinées : tel un certain *abbé Montini* de Brescia, lauréat du *certificat d'aptitude* en août 1924, qui deviendra pape sous le nom de Paul VI et prononcera, à l'O.N.U., en français, un discours sur la paix demeuré célèbre. Ne s'était-il pas préparé à sa tâche œcuménique en fréquentant un établissement où se coudoyaient des hommes et des femmes de soixante nationalités différentes formant, dans l'oubli des haines de races, de religions ou de peuples, une petite Société des Nations, plus fraternelle que sa grande, mais inefficace, sœur de Genève ?...

... et les comités de province

En province, les comités se multiplient au point qu'il est difficile d'en dresser un compte exact et d'en dénombrer avec précision les effectifs. Ce qui est certain, c'est que, à lire les *Bulletins* de l'époque, on trouve, au chapitre des adhésions nouvelles, des listes interminables, se chiffrant, chaque trimestre, par milliers. Des agglomérations de moyenne importance, telles que Saint-Amand, Abbeville, Châlons-sur-Marne, Laon, peuvent s'enorgueillir de compter des groupes d'Alliance, presque disproportionnés avec leur population. Si l'on en croit le rapport annuel de 1927, qui établit une sorte de « classement » entre les comités, il faut citer en tête ceux de Roubaix et de Marseille ; en second lieu, « très brillants aussi », ceux de Nancy, de Calais, et de Tourcoing ; au troisième rang, « dans l'ordre des services rendus », ceux de Châteauroux, de Guéret (qui se distingue dans l'organisation des conférences), de Reims, de Bayonne, de Douai et de Tours ; viennent ensuite ceux de Lyon, d'Arras, de Versailles, du Puy, de Limoges, de Boulogne-sur-Mer, et de Cambrai.

Une mention toute particulière doit être décernée, ici, à Henry Playoust, secrétaire général du comité de Tourcoing et membre du Conseil d'administration depuis de longues années, qui a « électrisé les départements » de la région du Nord : à lui seul il aura constitué 51 Comités, et aura recruté au moins 10 000 adhérents. On notera également avec intérêt le développement des comités de dames, qui se créent à Calais (1923), à Nancy (1924), à Vendôme (1925), à Versailles (1929). Le modèle de ceux-ci reste celui de Marseille, fondé depuis 1892 et maintenant fort de 300 adhésions nouvelles : outre le bal annuel, dont les bénéfices vont aux écoles qu'il subventionne, il organise, pendant les vacances de Noël, un « thé-concert » à l'intention des étudiants étrangers séjournant dans la région ; dans le même esprit, il recevra, en 1927, un « congrès des étudiants indochinois » destiné à permettre à ceux-ci d'« examiner les moyens d'améliorer leurs conditions de vie dans la métropole ainsi que de faciliter l'enseignement qu'ils y reçoivent ».

Bien qu'il ne figure qu'en quatrième catégorie des comités de France, celui de Lyon mérite d'être félicité pour son ardeur à favoriser les rapprochements internationaux. Sous l'impulsion de son président, Jean-Marie Carré, professeur à la Faculté des lettres, il met sur pied, en quelques années, toute une série de manifestations d'amitié du plus haut intérêt : franco-japonaise en 1925, franco-américaine en 1926, franco-roumaine et franco-tchécoslovaque en 1928, franco-polonaise en 1929, franco-hollandaise en 1930, sans oublier la fête organisée, en 1931, pour le Centenaire de l'Indépendance belge. Certaines revêtent un éclat tout particulier : la journée franco-japonaise, destinée à faire connaître la Maison de France inaugurée à Tokyo par Paul Claudel en 1924 et construite en grande partie grâce à une subvention attribuée par l'empereur lui-même, est présidée par Paul Doumer en personne et vaut 50 adhésions nouvelles au comité organisateur ; la journée franco-tchécoslovaque est honorée de la présence d'Edouard Benès et du maire de Lyon, Edouard Herriot, apôtre patenté de la politique de la « Petite Entente ».

Plus prosaïquement, on observera enfin que l'augmentation considérable du nombre des adhérents (à laquelle s'ajoute celle des cotisations annuelles passées, en 1930, de 10 à 20 francs) et le succès croissant de l'Ecole pratique (où le prix des cours en 1924 est relevé de 25 à 30%)[5] apportent aux finances de l'Alliance un soutien très appréciable. Si l'on ajoute à cela les subventions reçues des « ministères, gouvernements coloniaux et pays de protectorats, conseils généraux et municipaux », les souscriptions de

5. Les nouveaux tarifs sont les suivants : 425 francs (au lieu de 330) pour une session ; 200 frs (au lieu de 180) pour le certificat d'études françaises, 100 frs (au lieu de 80) pour le cours du soir, 40 frs (au lieu de 30) pour les examens

grands établissements bancaires, les dons d'amis généreux (Jacques Ménasché remet, en 1929, une somme de 30 000 francs « destinée à compléter le matériel et à enrichir les rayons de notre bibliothèque »), on partage la satisfaction exprimée par le trésorier général en présence de résultats encourageants, qui témoignent de l'état de santé d'une association bientôt quinquagénaire...

L'action en Europe...

Nos rapports avec l'étranger ont pris, d'année en année, plus d'ampleur », déclare Paul Labbé dans son rapport de 1928. Et il le constate, notamment, à « l'importance du courrier » qui ne cesse d'augmenter et accroît, de ce fait, le travail déjà accablant du siège central.

En **Europe du Nord**, l'Alliance entretient avec ses amis traditionnels des rapports toujours plus amicaux et plus fructueux. La fédération britannique, en 1930, compte 39 groupements et son assemblée générale annuelle, tenue chaque fois dans un centre différent (Cardiff, Leicester, Bristol, Birmingham), « est devenue un événement social et mondain dans les provinces anglaises ». Elle célèbre le centenaire de Pasteur en 1923, le tricentenaire de Bossuet en 1927, et Bristol, en 1930, organise « une semaine franco-britannique » en l'honneur de la ville de Rouen, « fêtée comme cité sœur ». En Hollande, il y a 17 comités (dont 6 créés depuis la fin de la guerre) et plus de 5 000 adhérents. Le groupe de La Haye, dont le quarantième anniversaire a lieu en 1929, est passé, en dix ans, de 300 membres à 1 200, et la « semaine française » d'Amsterdam, en 1931, a remporté un grand succès. En Scandinavie, les résultats ne sont pas moins satisfaisants. Au Danemark, l'Alliance a fondé des comités à Holbeck, à Elseneur, à Tonder, à Slagelse, à Esbjerg, et la célébration du quarantième anniversaire de celui de Copenhague[6] a donné lieu à une fête des plus brillantes, avec discours et dîner ouvert au son entraînant de *Sambre et Meuse*. La Suède, en 1930, compte 8 comités (les derniers-nés sont ceux d'Helsingborg, de Jönköping et de Ludvika) et les cours inaugurés à Stockholm en 1928 reçoivent, un an plus tard, 750 élèves. La Norvège n'est pas en reste, avec ses six comités (le plus récent est celui de Tyssedal) et Oslo, qui a célébré son trentenaire en 1927, a 1 000 membres, soit 600 de plus qu'en 1922.

Les « années folles »

6. Il s'installe, en avril 1928, à Kongens Nytorv, n° 52, où il est toujours.

Dans les pays voisins, aux six comités déjà existants du Luxembourg s'en ajoutent bientôt deux autres : à Differdange et à Ettelbrück. Le comité de Zurich (250 membres), lui, fête son quarantième anniversaire le 12 octobre 1929, lors d'une soirée mémorable comportant banquet, concert et bal. Paul Labbé, qui se rend souvent en Suisse, n'oublie pas de féliciter à Bâle, à Saint-Gall, à Lucerne, à Schaffhouse, ceux qui, avec cœur, luttent pour la même cause que lui.

En **Europe centrale et orientale**, le démembrement de l'Empire austro-hongrois et la constitution de nouveaux Etats vont modifier sensiblement l'action de l'Alliance. Celle-ci va connaître un « essor extraordinaire » en Tchécoslovaquie, toute fraîche émoulue du traité de Versailles et où la population, libérée de la tutelle germanique, va faire appel à « la culture française, désintéressée et idéale dans ses principes ». En 1926, la fédération, qui s'est constituée dès 1920, ne compte pas moins de 65 comités, dont certains sont considérables : celui de Brno a 600 membres, celui de Bratislava 300. A chaque assemblée générale un délégué est envoyé de Paris par le siège central. Ce délégué, pour la célébration du quarantième anniversaire du comité de Prague, est Paul Labbé en personne, qui est reçu avec des égards exceptionnels et qui observe partout la prospérité des groupes d'Alliance : « Jamais, déclare-t-il à son retour, je n'ai éprouvé tant d'émotion et de réconfort que dans ce pays : nulle part, depuis la guerre, notre langue n'a fait plus de progrès ». Dans les nations voisines les résultats sont nettement moins brillants. Cependant, en Hongrie, le « Cercle des Annales » de Budapest, qui compte 205 adhérents, une bibliothèque et une école, demande son affiliation en 1927 et se transforme en comité en 1931. En Roumanie, des sections sont formées à Galatz (1924), à Timisoara (1925), à Cluj (1930). En Bulgarie, des groupes se créent à Kazanslik en 1924, à Bourgas (200 membres et près de 100 élèves) en 1928, à Stara Zagora en 1929, et surtout à Sofia, où l'Alliance a 500 adhérents et où une « Maison de France » est, le 14 juillet 1925, inaugurée solennellement. En Yougoslavie, on compte des cercles affiliés à Novo-Mesto (1924), à Bitolj, à Paratchina (1925), à Split, à Trzic (1928), et Paul Labbé, voyageur toujours sur les routes, va assister, le 11 novembre 1930, à Belgrade, à l'inauguration du « Monument de la Reconnaissance Yougoslave ».

Au Nord, la Pologne ressuscitée fonde des comités à Lubliniec, et à Zakopane en 1924 et surtout compte à Poznan, à Bydosz, à Torun des cours de français fréquentés par plus de 2 000 élèves, cependant que ceux de Cracovie et de Bielsko-Biala, eux, en réunissent au moins 600. Dans les Etats baltes, enfin, auxquels Paul Labbé a rendu une visite très appréciée en 1924, et où « on demande à l'Alliance des livres, des maîtres, des conférences, des manifestations d'art, mais surtout des maîtres », on note la création, en 1924, d'un « Cercle français » à Kovno, en Lituanie, en 1928 d'un « Comité franco-letton » à Riga[7], et, en 1929, d'un « comité d'action » à Tallin, en Estonie.

A propos de l'**Europe méridionale**, il y a peu à dire. En Espagne, on observe la reconstitution des comités de Saint-Sébastien (1924) et de Santander (1925), et la formation de ceux de Palencia (1925), de Las Palmas (1926), de Ténériffe et de Pennaroya, dans la province de Cordoue (1927) ; le fait le plus notable est la réouverture des cours du comité régional de Barcelone, qui, en 1928, accueillent 550 élèves. En Italie, si les tournées des conférences ont un bon succès, on n'observe la création que de deux comités : à Bologne, en 1924, et à Milan, en 1926. La principauté de Monaco, inaugure le sien en 1926. En Grèce, le groupe d'Argostoli (Céphalonie) est reconstitué en 1930.

... en Amérique...

Outre-Atlantique, la fédération américaine est en plein essor. En 1924, elle compte 226 groupes et l'ambassadeur de France Tisserant envisage le jour où il y en aura 300. Pour la remercier de son activité, l'Académie française lui décerne, en 1925, un grand prix de 10 000 francs. En 1927, elle fête avec éclat, à l'hôtel Plaza, devant 1 000 personnes, son vingt-cinquième anniversaire et Paul Claudel, représentant du gouvernement, profite de la circonstance pour faire un éloge insistant du rôle des femmes dans ce succès : « Il n'y a pas une maison américaine où, dans le cœur et l'imagination d'une femme, la France ne compte une sympathie et n'éveille un intérêt, où elle n'ait ce que nous appelons des intelligences ; elle a pour elle ce que l'Amérique a de plus délicat, de plus fidèle et je dirai de plus sensible (...). C'est pourquoi je veux que mes premières paroles à l'Alliance française soient un hommage et un salut à nos fidèles amies, alliées et collaboratrices, les femmes d'Amérique. » Paul Labbé, lui, use d'une rhétorique moins appuyée pour évoquer les liens familiaux entre la fédération et l'Alliance de Paris : « Voilà 25 ans que celle-ci a marié sa fille en Amérique. Puis

7. Un lycée français est construit à Riga en 1930.

elle s'est montrée très discrète, elle ne voulait pas intervenir, dans le jeune ménage. Elle avait entendu trop de vaudevilles français pour avoir l'envie d'être traitée en belle-mère... »

Au Canada, la prospérité n'est pas moindre. Ainsi à Ottawa, où le comité a 912 membres en 1930, on se demande avec anxiété s'il ne faudra pas bientôt cesser le recrutement, faute de trouver une salle assez vaste pour loger tous les sociétaires les soirs de conférences.

Au Mexique, où le poids des Etats-Unis se fait sentir chaque jour davantage, l'Alliance prend des mesures efficaces pour préserver notre influence intellectuelle. « Elle organise de nombreux cours pour les adultes. Les ouvrages classiques sont vendus à des prix limités qui ne laissent aucun bénéfice à des importateurs désintéressés. » Installée dans un immeuble confortable, « elle met les œuvres de nos romanciers, de nos littérateurs, de nos savants à la disposition des personnes qui expriment le désir de les lire ». Elle tente également de protéger « nos congrégations enseignantes » des excès de la laïcité, dont ceux qui ont beaucoup voyagé à travers le monde (Henri Lévy-Brühl, Georges Dumas, notamment) savent qu'elle ne peut ni ne doit exercer son emprise hors de France avec la même rigueur que dans la métropole.

Dans les Caraïbes, Haïti se distingue à la fois par ses comités existants (Port-au-Prince, Santiago) et par ceux qu'elle reconstitue, à Saint-Marc et à Jacmel en 1928. Le président de l'Alliance de la capitale prononce des paroles fort encourageantes : « Toute la vie intellectuelle et morale du peuple haïtien repose sur les principes dont les Français ont fait le fondement même de leur culture et de leur civilisation ». Les résultats obtenus en faveur de la langue française sont finalement probants : « Il n'y aura plus désormais de cours faits en anglais dans les écoles et tous les professeurs doivent parler le français. » Quant à Saint-Domingue, le comité, fondé en 1914 et fermé à cause de la guerre, est réorganisé en 1929 : il compte immédiatement 100 Sociétaires et ses cours reçoivent 140 élèves.

En Amérique du Sud, les Alliances organisent avec succès des cours en Colombie, au Venezuela, au Brésil, au Chili. Mais, sur ce plan, la palme revient incontestablement à celle de Buenos Aires et, à un moindre titre, à celle de Montevideo.

Le comité régional de Buenos Aires n'exerce pas son activité enseignante seulement dans la capitale et dans ses environs immédiats. Il a d'importantes filiales à Rosario de Santa Fé, à Bahia

Blanca, à La Plata, à Chevilroy, aux Lomas de Zamora, lesquelles jouissent d'une large autonomie, sauf sur les points suivants : c'est Buenos Aires qui les subventionne, qui fixe le programme des études et le contenu des diplômes, et ses délégués font partie des commissions d'examens. Cependant, il arrive que telle filiale ait des privilèges qui lui sont propres ; celle de Rosario, par exemple, délivre des diplômes si appréciés que la province de Santa Fé leur reconnaît valeur de diplômes d'Etat et que les titulaires du brevet supérieur peuvent postuler une chaire dans les collèges nationaux. En 1928, le comité de Buenos Aires, qui avait 2 000 élèves en 1924, en compte 4 000 et, si l'on ajoute à ce nombre celui des élèves de province, on obtient le total extraordinaire de 10 000, qui fait de l'Alliance d'Argentine la première du monde.

Les 81 cours de Buenos Aires ont lieu un peu partout : au siège central, certes, mais aussi dans de nombreuses écoles publiques et privées. Ils sont *gratuits,* à part un droit d'inscription et un droit d'examens peu élevés d'ailleurs et perçus seulement par l'Alliance. L'élément féminin est prépondérant et, si toutes les classes de la société sont représentées, les jeunes filles des meilleures familles tiennent à honneur de recevoir des diplômes, qui seront, paraît-il, fort appréciés dans leur future corbeille de mariage... Les rapports sont excellents avec l'enseignement officiel et les institutions privées, dont beaucoup d'élèves sont attirés par le prestige attaché aux examens de l'Alliance. Les cours pratiques permettent, au bout de deux ans, de parler et d'écrire correctement la langue ; les cours supérieurs sont tournés vers une analyse approfondie des textes et font une bonne place à l'histoire des arts. A la fin de l'année scolaire, les récompenses (médailles et livres richement reliés) sont remises aux lauréats lors d'une fête solennelle qui remplit toutes les places du vaste théâtre Colon !

Tous ces résultats ont un tel éclat qu'en 1929 le Conseil d'administration vote une subvention exceptionnelle de 40 000 francs et que le ministère des Affaires étrangères prévoit une allocation annuelle de 250 000 francs pendant six ans pour la construction d'un immeuble capable d'héberger 10 000 élèves. De son côté, en 1931, l'Académie française accorde un grand prix de 10 000 francs à l'Alliance de Buenos Aires afin d'apporter, elle aussi, sa pierre au nouvel édifice.

Moins grandiose, l'action scolaire conduite en Uruguay, est cependant remarquable. Dès sa création, en 1924, le comité de Montevideo ouvre des cours, qui sont donnés au lycée français, lui aussi de date toute récente (1921). Le succès est immédiat : plus de

650 élèves s'inscrivent dès la première année. Il est ainsi salué dans le *Bulletin de la Chambre de commerce française* de la capitale uruguayenne : « L'expérience d'un an a suffi à démontrer que cette institution répondait à une nécessité. »

Désormais la voie de l'Alliance, à Paris comme dans la lointaine Amérique latine, est clairement tracée : le premier et le plus sûr moyen de propager la langue, c'est encore de l'enseigner.

... et dans le reste du monde

Comparés à ces résultats, ceux qui sont obtenus ailleurs pâlissent quelque peu. En **Afrique du Nord**, le secrétaire général a bien tenté de ranimer l'action en Tunisie et a rêvé de réunir à Alger un congrès international qui coïnciderait avec le centenaire de la conquête française. Mais s'il a bien réussi à Tunis, où le comité, réformé en 1928, est parvenu à rassembler plus de 400 membres et à réveiller les sous-sections de Sousse, de Kef, de Mateur, de Béja, il a vite compris le caractère inopportun de son projet algérien qu'il a remis *sine die*. En **Egypte**, c'est le comité d'Alexandrie lui-même qui subventionne le plus grand nombre d'écoles. En Syrie, huit comités sont fondés entre 1923 et 1929 (parmi lesquels ceux de Lattaquié, d'Alexandrette, d'Alep, d'Antioche) ; mais là aussi ce sont les missions religieuses qui font le plus gros travail.

En **Extrême-Orient**, on observe l'ouverture de deux ou trois comités en Chine (Fou-Tchéou et Tsingtao) et les efforts faits par celui de Shangai pour aider à la diffusion du livre français sur le territoire chinois. Au Japon, le comité de Yokohama se reconstitue en 1928. En Australie, deux comités nouveaux sont ouverts à Burbury (1925) et à Brisbane. Les comités néo-zélandais, notamment celui d'Auckland qui organise dix réunions par an, restent très vivants. Au Transvaal, la Société française de Johannesburg sort d'un sommeil d'une dizaine d'années et reprend ses activités en 1928, prouvant ainsi l'aptitude de l'Alliance à renaître partout de ses cendres, pour peu que quelques esprits bien décidés se mettent à souffler sur un foyer qui n'était qu'assoupi.

*La terre entière
est notre domaine.*
JEAN LICHNEROWICZ

Les « temps difficiles » (1932-1939)

Les présidents de la « République des Lettres »

Après une longue stabilité, on assiste, au siège central, à un brusque renouvellement des personnes, tant au sein du Conseil d'administration que parmi les membres du bureau, pourtant beaucoup moins nombreux.

Au Conseil, il s'agit presque d'une hécatombe. Chaque année disparaissent des noms connus : en 1931, l'historien de la littérature André Hallays, l'helléniste Victor Bérard, l'ancien vice-président Raymond Koechlin ; en 1932, l'ambassadeur Alapetite, le général Archinard ; en 1932, l'archéologue Salomon Reinach ; en 1934, le journaliste Paul Delombre, président du comité du VIIIᵉ arrondissement, le ministre Louis Barthou, assassiné à Marseille ; en 1935, l'historien Alfred Rébelliau, membre de l'Institut ; en 1936, le linguiste Antoine Meillet, l'ancien président Jules Gautier, l'ex-secrétaire général Léon Dufourmantelle ; en 1937, l'inspecteur général Albert Cahen, l'académicien René Doumic, (qui a enseigné la littérature aux cours de vacances pendant 42 ans !) ; en 1938, l'historien de la langue française Ferdinand Brunot (premier directeur des mêmes cours de vacances), René Wibaux, président du comité de Roubaix ; en 1939, le sociologue Lucien Lévy-Brühl. La liste est longue et prestigieuse, mais celle des successeurs n'a rien à lui envier, même si la part faite aux universitaires y est, peut-être, un peu moins abondante. On citera, entre autres noms, ceux de l'historien d'art Louis Hourticq (entré à l'Alliance en 1932), du sinologue Paul Pelliot (1932), du grand balzacien Marcel Bouteron (1932), du ministre plénipotentiaire Georges Lecomte (1932), de l'ambassadeur de Fontenay (1932), du général Gouraud, gouverneur militaire de Paris (1932), du parlementaire Paul Bastid, président de la commission des Affaires étrangères à la Chambre des députés (1935), d'André Gillon, directeur de la Librairie Larousse

Les « temps difficiles »

(1935), du célèbre avocat d'assises Maurice Garçon (1938), de l'écrivain André Maurois (1938), du professeur Louis Pasteur Vallery-Radot, de l'Académie de médecine (1938), de l'industriel Edmond Masurel-Prouvost, président du comité de Tourcoing (1938), d'Henry Gasquet, président du Touring-Club de France, (1938), de Jean Marx, directeur du service des œuvres au ministère des Affaires étrangères (1938).

Assez étrangement, peut-être par un caprice du sort, les présidents qui avaient occupé en même temps la première magistrature de l'Etat, disparaissent : Paul Doumer est assassiné en 1932 ; et Raymond Poincaré, réélu à la présidence de l'Alliance en 1930, ne pourra terminer son mandat : trop épuisé par le travail et la maladie pour assister même aux fêtes du cinquantenaire, il s'éteint en 1934, à l'âge de 74 ans. Seul Albert Lebrun, plus jeune, il est vrai, et qui siège à l'Elysée depuis 1932, maintient la tradition en étant président d'honneur de l'Association.

Pour succéder à Raymond Poincaré, on puise dans la « République des Lettres » richement fournie à cette époque et on porte à la présidence du Conseil d'administration **Joseph Bédier** (1864-1938). Il est célèbre pour avoir rendu vie au vieux roman de Tristan et Iseut ainsi que par ses théories sur la genèse des chansons de geste, et il est alors administrateur du Collège de France. Il occupe son poste présidentiel un peu moins de trois ans (1934-1937) et, s'étant démis de ses fonctions pour raison de santé, est remplacé le 2 juin 1937 par l'écrivain **Georges Duhamel** (1884-1966), alors en pleine gloire littéraire : auteur de *la Vie des Martyrs*, de *Civilisation*, de *Salavin*, il est en train d'écrire et de publier sa longue saga des *Pasquier*, (1933-1945) ; membre à la fois de l'Académie française et de l'Académie de médecine, c'est également un défenseur acharné du français dont il connaît les vertus sans en oublier pour autant les limites : « La langue française n'est pas actuellement une grande langue de relations commerciales. L'homme qui veut voyager et brasser d'amples affaires choisira l'anglais ou l'allemand (...). Il en va tout autrement pour nous. C'est par goût pour le trésor spirituel de la France, plutôt que par esprit utilitaire, que des étrangers de tout pays apprennent la langue française. Molière, Balzac, Anatole France ouvrent sereinement la voie que nos marchands trouvent toute frayée, ce dont ils n'éprouvent d'ailleurs, disons-le, ni étonnement ni gratitude. » A plus d'un demi-siècle de distance, ces propos, extraits de *Défense des Lettres*, restent ceux du bon sens et de la stricte vérité. Grand humaniste, pèlerin promenant son béret et sa cape aux quatre coins de l'univers, étayant sa connaissance du métier littéraire sur

Les « temps difficiles »

celle de la médecine et de la biologie, Georges Duhamel sera, pendant les douze années de son mandat (1937-1949), un des plus marquants parmi les présidents de l'Alliance.

Au secrétariat général, où il se sera dépensé sans compter, où il aura, après la guerre, reconstitué l'Alliance et lui aura fait connaître sa plus brillante période de prospérité, Paul Labbé, animateur et administrateur de la lignée de Pierre Foncin, renonce, après quinze ans d'épuisante activité, à ses fonctions en 1934 et est nommé vice-président, titre qu'il conservera jusqu'à sa mort en 1940. Il est remplacé par Louis-Janvier Dalbis, qui a lui-même succédé à Hubert Morand, secrétaire général adjoint, décédé en 1932. Docteur ès sciences, biologiste éminent, Dalbis est présenté comme « un scientifique d'esprit littéraire », c'est-à-dire un homme alliant à la rigueur la finesse. Il s'acquitte, en effet, fort bien de ses responsabilités, mais meurt prématurément le 9 novembre 1937. Il a pour successeur Jean Lichnerowicz, agrégé de l'Université et directeur des cours de vacances depuis la retraite d'Eugène Frey. Depuis longtemps dans la maison, il a fait apprécier de tous « sa science souriante, sa courtoisie et sa délicatesse ». Il est apte à mesurer toute l'ampleur de la tâche qui l'attend, puisqu'il sait, ce sont ses propres termes, que « la terre entière est notre domaine ». Parmi les autres membres du bureau, le trésorier général, Paul Gillon, disparu en 1934, est remplacé par son adjoint, Jacques Lehideux, à son tour assisté de Marcel Bouteron. L'abbé Sagot, archiviste, étant mort en 1938, ses fonctions sont confiées au père Léon Robert, supérieur général de la Société des Missions étrangères de Paris. Enfin, depuis le décès de Jules Gautier, en 1937, Edmond Huguet, maintenant professeur honoraire à la Sorbonne, reste seul délégué général à l'œuvre de Propagande.

Les actions de prestige : le « Cinquantenaire »...

Pour ses cinquante ans, l'Alliance française se doit d'organiser des festivités au moins égales à celles qui ont marqué son quarantenaire. Telle est bien l'intention du siège central quand il fixe la célébration du cinquantième anniversaire au 26 juillet 1933. Il désigne alors une commission de dix membres (parmi lesquels Paul Labbé et son adjoint Louis Dalbis) pour en établir le programme : Albert Lebrun promet d'être présent et d'offrir un lunch à l'Elysée en l'honneur des visiteurs étrangers, le directeur des Beaux-Arts propose d'organiser une soirée gratuite à la Comédie-Française et l'industriel André Citroën de mettre ses

Les « temps difficiles »

cars à la disposition des excursionnistes éventuels. Mais, beaucoup de comités ayant fait savoir leurs hésitations à envoyer des représentants en raison de la crise, la commission, après avoir décidé de limiter les dépenses, reporte finalement la cérémonie au 3 mai 1934.

Le jour dit, un grand banquet réunit, au Cercle interallié, 296 convives sous la présidence d'Albert Lebrun en personne. A côté de lui est assise Mme Poincaré, que son illustre mari, « retenu par sa santé », a chargée de le représenter. A la table d'honneur figurent Aimé Berthod, ministre de l'Education nationale, les représentants du président du Conseil (Gaston Doumergue) et de deux autres ministres (Louis Barthou et Pierre Laval), ainsi que le préfet de la Seine, le général Gouraud et deux académiciens (Joseph Bédier et Georges Goyau). Le corps diplomatique (42 personnes) est là « presque au complet ». Des membres de grandes institutions (Société des gens de lettres, Chambre de commerce, Académie de Paris) sont également présents. De l'étranger sont venus : le président de la fédération britannique, le vice-président du comité de Copenhague, le président de l'Alliance de Varsovie, le secrétaire général des sections des Pays-Bas. On remarque aussi la présence de nombreux présidents des comités de province, de plusieurs professeurs de l'Ecole pratique et des cours de vacances, et la presse a délégué une bonne dizaine de journalistes.

Après un menu copieux et raffiné, servi par tables de douze couverts, la parole est donnée au secrétaire général Paul Labbé, qui, après avoir retracé le brillant parcours de l'association, conclut par des propos pleins d'espoir : « En nous retournant vers notre passé, nous voyons la belle route qu'a suivie notre association. Droite, large et solide, elle est due à des hommes de devoir et de bonne volonté. Elle n'est pas achevée. Elle ne le sera jamais. » Le président de la République, qui connaît l'Alliance de longue date, répond en faisant son éloge et en levant « son verre à notre vieille et douce langue. »

Le lendemain, 4 mai, un concert attire, dans le grand amphithéâtre du boulevard Raspail, plus de 1 100 personnes. Béatrix Dussane, de la Comédie-Française, en a préparé le programme en mêlant, à des scènes de *Tartuffe* et à des récitations de poésies, des extraits d'œuvres musicales retenues pour avoir été créées la même année que l'Alliance, c'est-à-dire en 1884 : c'est ainsi que les auditeurs entendent des airs d'opéras (*Henry VIII*, de Saint-Saëns, *Lakmé*, de Léo Delibes, *Manon*, de Massenet) et d'opérettes, (*le Petit Duc*, de Lecocq et *Mamzelle Nitouche*, d'Hervé) qu'ils

Les « temps difficiles »

applaudissent à tout rompre. Les jours qui suivent, plus de cinquante journaux publient des comptes rendus de cette cérémonie si réussie.

... l'exposition de l'Enseignement du français...

Fête de famille autant que manifestation de prestige, la célébration du cinquantenaire est suivie, deux ans plus tard, d'une **Exposition de l'Enseignement du français**, qui souligne la place de plus en plus importante que l'Alliance accorde à son action pédagogique. Inaugurée le 26 juin 1936 par Pierre Viénot, sous-secrétaire d'Etat aux Affaires étrangères, elle se tient au rez-de-chaussée et au premier étage du bâtiment du boulevard Raspail : l'escalier qui relie les deux niveaux contient une immense mappemonde sur laquelle s'inscrit l'emplacement de chacune des filiales de l'Association. Elle présente au public d'une part les livres utilisés un peu partout pour l'enseignement de notre langue, ainsi que les photos, films ou disques destinés à rendre cet enseignement plus vivant, d'autre part des devoirs ou travaux d'élèves, permettant de juger de l'efficacité des méthodes employées. Un stand un peu différent est consacré aux écrivains étrangers de langue française, leur donnant ainsi un droit de cité quasi officiel au sein de notre propre littérature.

Le nombre des pays participants est de 42, la plus forte contribution émanant de la Hollande, elle-même suivie d'assez près par la Suisse. Quinze maisons françaises d'édition, dont la générosité a servi d'exemple à de nombreuses librairies étrangères, ont fourni de très importants contingents d'ouvrages, qu'elles ont d'ailleurs intérêt à propager sur toute l'étendue de la planète. Quant aux « travaux d'élèves », ils ont souvent la forme de dissertations portant sur des sujets littéraires : témoin cette méditation, venue de la ville danoise d'Aalborg, et s'attachant à une « Comparaison entre les comédies caractéristiques de Molière et celles de Holberg ». Des « diplômes d'honneur » sont décernés à une cinquantaine d'établissements scolaires, et quelques « médailles » attribuées à des personnalités qui, dans leur pays, ont travaillé au succès de cette manifestation.

Ouverte du 26 juin au 7 juillet, l'Exposition attire un millier de visiteurs. La presse en parle abondamment, soit pour insister sur l'intérêt pédagogique offert par la confrontation des méthodes,

Les « temps difficiles »

ALLIANCE FRANÇAISE

SOCIETE NATIONALE RECONNUE D'UTILITE PUBLIQUE

101, Boulevard Raspail, 101 — PARIS (VI)

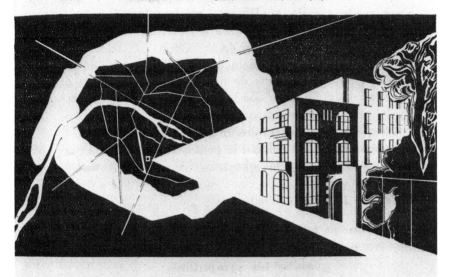

Enseignement de la Langue et de la Littérature Françaises

Delegue General : M. Edmond HUGUET, Professeur honoraire à la Sorbonne

I. ECOLE PRATIQUE DE **LANGUE FRANÇAISE**	**COURS COMPLET** DE **LANGUE FRANÇAISE** GROUPES DE TRAVAIL ET LEÇONS INDIVIDUELLES	**TROIS SESSIONS** AUTOMNE 1ᵉ SEPT - 31 OCT. HIVER 3 NOV. - FIN FEVRIER PRINTEMPS 1ᵉ MARS - 30 JUIN
DIRECTEUR M. ROBERT DUPOUEY, Professeur au LYCEE LOUIS-LE-GRAND	PREPARATION AU CERTIFICAT D'ÉTUDES FRANÇAISES DE L'UNIVERSITÉ DE PARIS **COURS DU SOIR**	DU 1ᵉ OCTOBRE au 30 JUIN
II. COURS DE VACANCES DIRECTEUR M. JEAN LICHNEROWICZ Professeur au LYCÉE MICHELET	**COURS COMPLET** DE **LANGUE FRANÇAISE** GROUPES DE TRAVAIL ET LEÇONS INDIVIDUELLES	PREMIÈRE SÉRIE 1ᵉ JUILLET - 31 JUILLET DEUXIÈME SÉRIE 1ᵉ AOUT - 31 AOUT

Les « temps difficiles »

Le Congrès international de 1937 :
au centre, Paul Labbé, alors secrétaire général de l'association.

soit encore pour déplorer qu'une œuvre aussi bienfaisante que l'Alliance « ne touche même pas 200 000 francs par an de subvention de l'Etat ! ».

... et le Congrès international de 1937

Fermée après quinze jours d'existence, l'Exposition de l'Enseignement du français va reprendre vie, douze mois plus tard, lors du **Congrès international** que l'Alliance, à l'occasion de la **grande Exposition de 1937**, organise du 8 au 11 juillet de cette année-là. Mille personnes, dont 400 représentent les comités de l'étranger, assistent à l'inauguration du congrès, qui a lieu en présence d'Albert Lebrun et sous la présidence d'Yvon Delbos, ministre des Affaires étrangères. Une photo de l'époque nous montre, sur le tapis rouge qui se déroule sous leurs pas, ces hauts dignitaires reçus par Georges Duhamel, le visage poupin, mais souriant, la corpulence bien prise dans une jaquette sortie des mains du bon faiseur, suivi lui-même de Paul Labbé, dont le visage barré d'une longue moustache blanche respire l'énergie du Français d'autrefois... L'après-midi de ce premier jour, les congressistes sont conviés à une « garden party », dans les jardins de l'Elysée.

Le 9 et le 10 juillet sont consacrés au travail : quatre Commissions d'Etudes (une pour l'Europe, une pour le Bassin Méditerranéen, une pour l'Amérique, une pour l'Asie et l'Australie) ont été

Les « temps difficiles »

réunies et s'exercent à dresser le bilan de l'action de l'Alliance à travers le monde. Elles s'accordent unanimement pour rappeler et souligner l'originalité irremplaçable de chacune des 700 ou 800 sections de l'association ; « Un comité d'Alliance française n'est pas seulement un groupement créé par des Français et par des Françaises. C'est une société fondée sur l'initiative de personnalités étrangères et organisée suivant les règlements et les habitudes du pays où elle est établie. »

Le 11 juillet, la séance de clôture a lieu dans le grand amphithéâtre du boulevard Raspail, sous la présidence de l'académicien Gabriel Hanotaux, président de *France-Amérique*. Le banquet d'adieu, lui, se déroule au premier étage de la tour Eiffel et est présidé par François de Tessan, sous-secrétaire d'Etat aux Affaires étrangères. Des excursions, à Sceaux, à Chantilly, Senlis pour les uns, à Provins pour les autres, permettent à de nombreux congressistes de joindre l'utile à l'agréable. Tous peuvent voir (ou revoir) l'**Exposition de l'Enseignement du français**, rouverte du 1er juillet au 30 septembre, dans la bibliothèque du siège central. Quant aux visiteurs de l'Exposition internationale dont les pavillons s'élèvent à Chaillot, à l'emplacement du défunt Trocadéro, ils ont l'occasion de contempler un grand panneau, résumant les activités de l'Alliance, mis en bonne place à la section de « l'Expansion française », tandis que le personnel étranger employé à l'Exposition peut profiter des cours gratuits de français organisés par l'Alliance à leur intention.

La gestion de la « crise » :

A l'Ecole pratique

Ces manifestations d'éclat ne peuvent masquer une dure réalité, qui commence à se faire jour depuis quelque temps : l'Ecole pratique est en difficulté. Après avoir connu une prospérité croissante pendant douze ans d'affilée, voilà qu'à la session d'hiver 1931-1932 le nombre des inscriptions fléchit brusquement : de 2 117 il tombe à 1 589. Aux seuls cours du soir, on compte 200 élèves de moins (390 contre 591). A la rentrée de printemps suivante, la baisse est confirmée (1 053 inscrits contre 1 480 à la session correspondante de 1931). Dans le rapport annuel du secrétaire général rendant compte de l'année 1932, apparaît, pour la première fois, le mot de « crise ». Il sera souvent repris dans les

Les « temps
difficiles »

comptes rendus ultérieurs, où il ne concernera plus la seule Ecole, mais l'association dans son ensemble. Désormais on peut dire que, quand l'Ecole tousse, c'est toute l'Alliance qui souffre de bronchite...

La chute des effectifs (de 25 à 30% en moyenne) a des causes essentiellement économiques, dont la principale est la pauvreté des nouveaux étudiants : « Leurs ressources sont plus que modestes. Ils tiennent à vivre le plus près possible de l'Alliance pour éviter les frais de transport, ils cherchent des pensions ou des chambres à très bon marché, se contentant souvent le soir d'un frugal repas. La vie doit sembler très dure à beaucoup d'entre eux. » Cette analyse de la situation que présente le secrétaire général conduit le Conseil d'administration à prendre lui-même les choses en main : il transforme, en juin 1934, la commission des cours en Comité de direction, chargé d'arrêter le règlement intérieur fixant le fonctionnement de l'Ecole. Le nouveau comité directeur, composé de quinze membres et flanqué de trois « administrateurs », apparaît comme « une émanation du Conseil qui garde qualité pour juger, le cas échéant, en dernier ressort ».

Un certain nombre de mesures sont prises pour tenter de remonter le courant. Parmi elles on notera : l'impression d'un tract, tiré à 5 000 exemplaires, exposant les mérites et la qualité de l'enseignement donné à l'Ecole de Paris ; l'institution de cours gratuits, à raison de deux fois par semaine, de façon à attirer les étudiants et à les inciter, après leur avoir donné l'habitude de prendre le chemin du boulevard Raspail, à revenir s'y inscrire, mais cette fois à titre payant ; la formation d'une bibliothèque ambulante à l'usage des sociétaires et des élèves de l'Ecole ; la création d'un « buffet », destiné à alléger les dépenses de nourriture, et d'un « bureau de voyages » pour faciliter et surtout rendre moins onéreux les transports jusqu'à Paris. Enfin, la baisse des recettes contraint, en 1935, à diminuer de 10 % les émoluments des professeurs de l'Ecole pratique et du personnel administratif qui travaille au siège central !

En fait, ces dispositions sont loin de produire immédiatement les effets escomptés. Si les cours gratuits (on s'en serait douté) remportent un grand succès, il faudra attendre juillet 1936 pour voir se manifester, après un fléchissement de plusieurs années, les premiers signes de la « reprise ». La remontée des effectifs (environ 5 000 élèves à la veille de la guerre), permet, en 1938, de rendre au personnel les 10 % dont les traitements ont été amputés antérieurement et de créer, à son intention, une assurance « vieillesse

Les « temps difficiles »

et maladie ». Les cours de phonétique, nouvellement ouverts et placés sous la responsabilité du grand spécialiste Pierre Foucher, ajoutent du lustre à une Ecole dont le Conseil d'administration, écrit alors Jean Lichnerowicz, ambitionne de faire « une sorte de lycée pour adultes » dispensant un enseignement capable de préparer à l'Université. La fidélité des élèves suffit d'ailleurs à prouver qu'elle remplit très exactement son office, puisque par « un miracle de confiance et d'attachement », le 3 octobre 1938, c'est-à-dire au lendemain de la signature des accords de Munich, « l'Ecole est pleine et que, sur 600 inscrits, une douzaine seulement se sont fait rembourser ».

Au siège central

Au siège central, les premières alarmes n'ont pas altéré la confiance du trésorier général, Paul Gillon : il fait état des réserves dont dispose l'association et qui lui « permettent d'affronter sans crainte les incertitudes de l'avenir. » On n'en prend pas moins des mesures immédiates pour rogner les dépenses inutiles. C'est ainsi qu'on remet à l'année suivante la célébration du cinquantenaire, d'abord annoncée pour juillet 1933, et qu'on décide de limiter les frais qui en découlent. On réduit le nombre des conférences en France et à l'étranger, car on les juge moins urgentes que les tâches d'enseignement. On cesse d'envoyer aux sociétaires les documents qui les convoquaient aux assemblées générales et on les convie à se reporter, pour information plus détaillée, à la *Revue* trimestrielle où ils trouveront toutes les précisions voulues ; l'impression même de ladite *Revue*, depuis longtemps confiée à un imprimeur parisien, se fera désormais en province où les coûts sont moins élevés.

On tente, en contrepartie, d'augmenter les recettes en proposant aux membres français une carte d'achat (de 15 francs) et aux étrangers une carte de Sociétaire participant (de 50 francs), donnant droit, aux uns comme aux autres, à des réductions (ou à des remises) dans un certain nombre d'hôtels et de magasins. On avise le public de l'existence de deux grands amphithéâtres, sis 101 boulevard Raspail et susceptibles d'être loués par d'autres associations désireuses d'organiser des congrès ou des réunions de même genre. On essaie d'associer les élèves des lycées et collèges de France à la vie de l'Alliance en leur offrant une carte annuelle pour la somme modique de deux francs. Enfin, en juillet 1935, pour rallier les énergies et les bonnes volontés, les membres reçoivent un « appel solennel », dont le programme tient en 3 points :

Les « temps difficiles »

> 1. « Chaque adhérent doit faire un nouvel adhérent ;
>
> 2. Chaque Sociétaire doit, s'il le peut, devenir sociétaire participant ;
>
> 3. Dire et répéter à tous que, défendre la langue, c'est défendre la pensée, accroître les relations, grandir les sympathies, faciliter les exportations, augmenter la production nationale. »

La dureté des temps, loin d'abattre le bureau et le Conseil, les incite, au contraire, à multiplier les initiatives et les démarches pour maintenir et, si possible, augmenter encore la vitalité de l'Alliance française. Par exemple, on décide, en 1935, d'améliorer la *Revue* trimestrielle, qui « n'est pas lue comme elle le mériterait » et de la rendre plus attrayante en adjoignant à chacun de ses numéros des chroniques sur l'actualité théâtrale, cinématographique et scientifique. On publie, au prix de 5 francs, un *Annuaire* « riche de documents variés », dont le but est de favoriser les liens entre tous les sociétaires ou, au moins, de « rendre des services aux présidents de sections ». On fonde un service de presse, on reprend en main la publicité pour la rendre plus efficace et moins onéreuse. On fait dessiner une affiche en couleurs « pour attirer l'attention sur l'Association et sur l'enseignement qu'elle donne ». On projette la fabrication d'un insigne (« une barrette aux couleurs du ruban de l'Alliance française »), qui sera vendu aux adhérents. Pendant quatre mois, en 1935, des émissions de radio, d'une durée hebdomadaire de dix minutes, permettent à l'Alliance de faire entendre sa voix sur les ondes et, « les postes d'Etat se disposant à émettre des cours de langue française », le secrétariat général adresse au ministre des P.T.T. un plan d'action et demande que « l'Alliance soit chargée de réaliser ce projet ». Pour faciliter les contacts est créé un comité d'*accueil* des personnalités étrangères, lequel, notamment, convie à déjeuner en 1932, au Cercle de la Renaissance, Albert Blum, président du comité exécutif de la fédération américaine du Canada et, en 1933, organise deux réceptions en l'honneur de Mgr Camille Roy, recteur de l'université Laval, et de Jacques Cartier, président de la fédération britannique. Dans un esprit identique, le vicomte Robert de Cain, membre du Conseil, suggère, en 1936, la formation d'un comité, *Le lien du parler français*, qui établirait « la liaison avec toutes les minorités de langue maternelle française répandues dans le monde entier ». Enfin, on sourira peut-être en apprenant que le comité de Marseille est sollicité d'étudier un projet de croisière, réservée aux membres de l'Alliance, lesquels pourront, en effet entre le 2 et le 13 août 1936, embarquer sur le paquebot *Chella* et faire un tour de Méditerranée, avec escales à Naples, au Pirée, à Istanbul, à Santorin, à Candie et à Taormina...

Les « temps difficiles »

L'activité des comités, sur le territoire national, a tendance à s'essouffler un peu et à prendre un caractère mondain, voire élitiste, qui vaut parfois à l'Alliance une fâcheuse réputation. Cependant, elle reste souvent considérable et utile.

Les groupes de dames, à Paris comme à Marseille, continuent d'organiser des bals, des concerts, des thés, des loteries, qui resserrent les liens entre les participants et permettent de vendre, au bénéfice de l'association, des programmes, des insignes, des annuaires. Si la sempiternelle « conférence », désormais concurrencée par la radio, est parfois sacrifiée au profit de moyens plus attractifs, comme les séances de cinéma, elle n'en remporte pas moins, ici et là, de substantiels succès : à Tourcoing, en 1938, les élèves des lycées et des collèges se sont entassés, le samedi après-midi, dans des salles combles pour entendre André Maurois, André Bellessort, Jérôme Tharaud, traiter devant eux des sujets de la plus brûlante actualité. Enfin et surtout, la réunion annuelle, d'institution récente, des présidents des comités de province permet, avant l'assemblée générale, de faire un tour de France aussi instructif que réconfortant. A la veille de la guerre qui s'annonce, le département du Nord apparaît, comme toujours, à la pointe du combat, et, si l'Alliance a perdu, à Roubaix, « l'ardent chevalier » qu'était René Wibaux, elle a trouvé, en la personne d'Edmond Masurel-Prouvost, un successeur qui ne lui cède en rien et qui est, lui aussi, membre du Conseil d'administration. Dans les régions de l'Est, le comité de Nancy, sous la présidence d'André Rosambert, ressuscite « l'enseignement du français dans les villages lorrains du Banat yougoslave » et « s'intéresse de très près aux hôtes étrangers qui viennent à l'Université de la ville acquérir l'usage de notre langue et s'imprégner de notre culture » ; à Metz, le comité local, auquel de nombreux notables (parmi lesquels le maire et l'évêque) se sont inscrits, connaît un véritable « renouveau ». Dans le Midi, Marseille reste « un modèle à bien des égards » et « soutient de ses deniers plus de 80 écoles dans le Proche-Orient ». De son côté, Nice « continue à accueillir les hôtes étrangers, à leur révéler la France littéraire et musicale ». Les Alliances du Centre ont droit à une mention particulière. Dans la Creuse, où les efforts du président Lafaye, directeur de l'Ecole normale d'Instituteurs du département et membre du Conseil depuis 1938, ont porté tous leurs fruits, le nombre des adhésions est de 650, dont près de 500 pour la seule ville de Guéret qui n'a guère plus de 8 000 habitants. Dans l'Indre, l'Alliance française, qui compte 500 sociétaires, est considérée comme « la plus grande association de Châteauroux ». En

Les « temps difficiles »

Touraine, les universitaires occupent « une place de choix » dans nos comités, en hommes qui « voient dans cette activité un prolongement normal de leur vocation enseignante ». A Vichy, où il y a un comité depuis 1937, on fonde, l'année d'après, un Foyer intellectuel, avec cours de conversation française pour les étrangers « en séjour balnéaire ». Et, de l'autre côté de la Méditerranée arrive la bonne nouvelle que « l'Afrique du Nord est en train de nous revenir. »

Devant de tels résultats, Jean Lichnerowicz a beau jeu, le 23 mars 1939, de rappeler l'idéal que défend l'Alliance et qu'elle seule est en mesure de servir : « Il faut qu'il y ait chez nous une association où se rassemblent toutes les familles spirituelles de la France, au service du rayonnement de la culture française (...). Voilà pourquoi nous nous refusons, nous avons le devoir de nous refuser à toute attitude politique. Nous nous contentons de nous ranger parmi ceux qui défendent dans le monde la liberté des âmes, la dignité humaine, parce que cela nous semble être l'essentiel de l'esprit français ».

L'action internationale
à la veille de la seconde guerre mondiale

Malaisée à l'intérieur, l'action de l'Alliance n'est pas moins difficile à conduire hors des frontières nationales. La crise financière atteint de plein fouet de nombreux pays, à commencer par les États-Unis où elle a « diminué les efforts de nos comités », au point que ceux-ci n'ont pu, en 1934, faire appel, comme les autres années, aux deux « conférenciers officiels » habituellement envoyés de Paris. La fédération américaine a, de plus, souffert de la politique extérieure de la France, dont « l'attitude, dans la question des dettes », lui a « aliéné là-bas bien des sympathies ». Peut-être est-ce pour racheter cette erreur qu'en 1937 la gratuité est accordée aux professeurs de français en Amérique s'inscrivant aux cours de l'École pratique.

Autre sujet d'inquiétude : la concurrence étrangère, qui vient d'Allemagne, d'Italie, d'Angleterre, et même des États-Unis. « Partout, déplore Louis Dalbis en 1936, nous enregistrons une recrudescence des propagandes nationales : ouverture de nouvelles écoles, création de bibliothèques, installations de librairies, ce sont de nouveaux foyers de propagande qui s'installent ». Oserons-nous ajouter, à voix basse, la concurrence interne, que suscite, par

Les « temps difficiles »

exemple, la fondation d'instituts français avec lesquels l'Alliance entretient de bons rapports, mais qui dispersent un peu les efforts et que les étrangers distinguent souvent mal des Alliances. Et il faudrait évoquer, sur le même sujet, ce que font la Mission laïque, le comité des Amitiés françaises, l'Alliance israélite universelle, engagés dans des combats voisins

Une menace qui n'est pas à négliger non plus, c'est « le réveil de certains nationalismes », que stigmatise le rapport de l'assemblée générale du 27 mars 1935 et sur lequel un article de Franck-L. Schoell, paru dans la *Revue* de l'Alliance un peu plus tard, projette d'inquiétantes lumières : « Le sentiment national a, dans chaque pays, traversé une crise de croissance et d'inflation ; il a débordé dans tous les domaines, notamment dans le domaine linguistique. Désormais, il est presque admis (malgré le vivant démenti de la Suisse ou de la Belgique) que la nation c'est la langue. Ce sentiment est poussé jusqu'au paroxysme dans les États constitués ou reconstitués au lendemain de la grande guerre, après des siècles d'oppression. Aussi l'après-guerre est-il, à certains égards, la revanche des petites langues sur les grandes. Au tour des attardées de se substituer autant que possible aux grandes ex-privilégiées. »

En de telles conditions, on comprend la volonté farouche du secrétaire général d'entamer, s'il le faut, les « réserves » financières de l'association, de façon à obtenir « au moins le maintien de nos positions ». Il faut continuer d'envoyer des livres (plus de 8 000 en 1936) à l'étranger et surtout de subventionner nos écoles, qui doivent être « notre grand souci », car ce sont elles qui peuvent le mieux « servir à propager la langue, à susciter la curiosité, le goût et l'amour du français. »

On se fera une idée de la situation de l'Alliance française au moins dans certaines parties du monde en se bornant à évoquer quelques cérémonies particulièrement significatives.

La première est la célébration, les 20 et 21 octobre 1936, du cinquantenaire de l'Alliance française de Copenhague, la plus ancienne d'Europe avec celle de Barcelone. Ces deux journées permettent au vice-président Paul Labbé, que le siège central a délégué tout exprès, de rappeler les mérites d'une filiale qui a été présidée, entre autres, par le docteur Ehlers, le grammairien Nyrop, l'amiral Scheel. Ce dernier, toujours en fonction, précise que le Comité de Copenhague « compte 778 membres, a une bibliothèque de plus de 5 000 volumes, cinq cours différents, un foyer et une revue distribuée à 1 330 exemplaires ». Après remise de médailles et de décorations, le grand banquet final réunit 300 convives, formant « toute une élite d'intelligence et de beauté ».

A l'assemblée générale de New York, le 22 avril 1938, c'est Jean Lichnerowicz qui est venu représenter l'Alliance de Paris. Le secrétaire général de la fédération américaine, Pierre Bédard, est résolument optimiste : les groupes ont, en très grande majorité, « traversé victorieusement la crise » et de nouvelles sections (Savannah, Georgie) ont demandé leur affiliation. Le banquet, très animé, est présidé par Franck Pavey, « le Mont Blanc », comme l'appellent affectueusement ses amis, parce qu'il est plus grand que les autres et les dépasse de sa tête neigeuse. Y assistent le ministre de France à Ottawa, le ministre de Suisse, l'ambassadeur de Belgique et le comte de Saint-Quentin, ambassadeur de France, dont le discours fait un éloge sans réserve de l'association. Le résultat c'est « une nouvelle victoire pour la culture française en Amérique. »

Le 8 mai suivant se tient à Prague le congrès annuel des Alliances françaises de Tchécoslovaquie, qui sont au nombre de plus de soixante. On est au lendemain de l'occupation de Vienne par les troupes allemandes et, même si « la gravité des visages dit l'émotion profonde de toutes les âmes », Prague reste d'un sang-froid merveilleux ». C'est Henri Hauser, l'un des vice-présidents, qui est chargé de représenter le siège central. Au terme d'une longue journée, où se produit, entre autres, la troupe dramatique de Brno, tous les congressistes participent au dîner offert par le ministre de France.

Le samedi 21 mai, « ce sombre jour où l'Europe fut à quelques centimètres de la guerre » (selon le mot d'Édouard Daladier), a lieu l'assemblée générale de la fédération britannique, qui, cette fois, se tient à Leeds. C'est le lord-maire qui préside, conjointement avec Paul Reynaud, ministre de la Justice et représentant du gouvernement français. On proclame « à la face du monde l'union intime de l'Angleterre et de la France » et on décide de « travailler plus que jamais à l'expansion de la langue et de la culture françaises sur le sol britannique, en vue d'assurer chaque jour plus de compréhension mutuelle, une interprétation plus profonde des esprits et des cœurs. »

Tout cela, conclut Jean Lichnerowicz, montre que « l'Alliance est un organisme vivant, une force puissante, efficace, prête à répondre à tant d'appels qui lui viennent du monde entier ».

Les « temps difficiles »

Hélas ! un appel va bientôt être lancé, d'un de ces hauts lieux où l'association a tant d'amis : de Prague. Du président de la fédération tchécoslovaque arrive, au moment de Munich, « un douloureux message » auquel Georges Duhamel ne peut que répondre avec une compassion embarrassée.

La guerre est à nos portes. Elle va, une fois de plus, remettre en cause l'existence même de l'Association.

Les « saisons amères » (1940-1944)

Georges Duhamel a évoqué l'époque de la défaite et de l'occupation dans un livre intitulé : « Chronique des saisons amères ». Son « amertume », elle n'est pas seulement celle d'un Français, vivant dans sa chair et dans son esprit les malheurs du temps. Il la ressent aussi en tant que président d'une Alliance bâillonnée et menacée de disparaître.

En effet, à peine les Allemands ont-ils mis les pieds à Paris qu'ils ferment le local du boulevard Raspail, fouillent et dispersent les archives qui s'y accumulent depuis la fondation de l'Association. Un représentant de la Propaganda Staffel, un certain Edmund Halm, y trouve même la matière d'un libelle, d'un rapport-pamphlet, où il reproche à l'Alliance de n'être ni plus ni moins qu'un instrument « inofficiel » de propagande nationale et de dénigrement anti-allemand au service du gouvernement français. Si l'ouvrage est assez bien informé — et pour cause — notamment sur l'expansion de l'Alliance en Europe centrale, il déforme à plaisir les faits et surtout les buts d'une institution, certes patriotique, mais bien plus encore d'inspiration pacifique et humaniste.

Le rôle de la « fédération britannique »

Le siège parisien fermé[1], que va-t-il advenir de l'Alliance et quelle attitude ses représentants doivent-ils observer à l'égard du gouvernement de Vichy ? Telles sont les deux questions, d'ailleurs liées, que ne tarde pas à se poser le Conseil de la fédération britannique, lequel, se réunissant à Londres, se sent nanti de responsabilités nouvelles. La réponse est donnée dès le 20 août 1940 : il faut considérer le gouvernement de Vichy comme « under dress » et se séparer de lui pour se rallier franchement

Les « saisons amères »

1. Notons que George Duhamel a rapidement l'habileté de louer les locaux de l'École à l'Université de Paris, qui y installe des classes du lycée Montaigne voisin.

au général de Gaulle à qui on demandera s'il accepte de devenir membre du comité d'honneur [1]. Dans le même esprit, le Conseil décide d'approcher les nouveaux arrivants de France afin de leur ouvrir, par le canal de la fédération, les rangs des Français de Grande-Bretagne. Allant plus loin dans l'engagement politique, c'est la fédération elle-même qui s'affilie bientôt à cette Association : le but est d'apporter au gouvernement britannique une preuve supplémentaire de la « cohésion française » dans le combat mené contre l'ennemi commun.

Une fois fixée la ligne de conduite, il reste à résoudre beaucoup de problèmes, dont le premier est de disposer des fonds nécessaires pour faire vivre la fédération britannique. On pense, un moment, faire appel à l'aide du British Council. De son côté, le directeur de l'Institut français de Londres, Denis Saurat, propose une fusion de l'Institut et de l'Alliance. Tout bien pesé, il est jugé préférable de conserver son indépendance à celle-ci et d'envoyer une lettre aux différents comités, non seulement de Grande-Bretagne, mais encore du monde entier, pour leur demander s'ils sont prêts à coopérer avec la fédération. Finalement, à la réunion du 4 janvier 1941, à laquelle participent des représentants des Comités de province, le président de la fédération, Louis Thémoin, déclare que le devoir de l'Alliance française est simple et son chemin tout tracé : il faut « continuer la lutte par tous les moyens, même si on doit s'écarter des statuts », et faire de l'Alliance « le point de ralliement de tous les Alliés, qui, à la fin des hostilités, auront un rôle immense à jouer ». Quant à l'indispensable liaison avec l'extérieur, elle pourrait être assurée par un *Bulletin mensuel*, qui serait envoyé dans le reste du monde, notamment dans les Dominions britanniques, ceux-ci étant, pour le moment au moins, à l'écart du théâtre des opérations militaires.

A l'intérieur de la Grande-Bretagne, la fédération poursuit son action. Elle organise conférence sur conférence[2] (une quinzaine par mois, en moyenne). Yvonne Salmon, fille du fondateur de la fédération et secrétaire générale du Conseil, se mue en infatigable propagandiste : elle sillonne la province anglaise pour y faire savoir ce qui se passe en France, elle embarque pour l'Islande et y

---

1. Ce comité d'honneur comptera, entre autres membres : Philippe Barrès, René Cassin, le général Catroux, Gustave Cohen, Eve Curie, le R.P. Ducatillon, Henri Focillon, Henri Laugier, Darius Milhaud, Francis Perrin, le médecin-général Sicé, M. Seyrig.
2. Les conférenciers sont, le plus souvent, des personnalités connues. Citons : le médecin-général Sicé, dont la conférence, le 8 juillet 1942, est présidée par le général de Gaulle en personne, l'amiral Thierry d'Argenlieu, le général Monclar, les hommes politiques André Philippe et Pierre Brossolette, les professeurs Edmond Vermeil et René Cassin.

Les « saisons amères »

fait quatre communications devant l'université de Reykjavik, elle précède le général de Gaulle en Écosse pour y préparer la venue de celui-ci. De nouveaux comités sont même créés à Oxford, où enseigne le célèbre professeur Rudler, et à Cambridge, sous l'impulsion de Mme de Beaumont. Enfin, pour soutenir la flamme des émigrés favorables à la cause des Alliés et amis de l'Alliance, sont organisés régulièrement à Londres des « thés » : thés « belges », « grecs », « hollandais », « canadiens », « norvégiens », « tchécoslovaques », notamment.

Cette féconde activité n'empêche pas la question financière de se poser avec une acuité accrue, même si l'on parvient, de-ci, de-là, à recruter et à faire cotiser quelques nouveaux adhérents. On multiplie donc les démarches auprès des personnalités capables d'apporter leurs concours. René Pleven, qui est pourvu d'importantes fonctions officielles et qui appartient également au Conseil, promet son aide. M. de Malglaive, président-adjoint depuis octobre 1940, suggère que les Français de Grande-Bretagne, soient « membres de fait de l'Alliance » et lui fournissent ainsi leur appui. On élit au Conseil le lieutenant d'Ollondes, qui est chargé d'y représenter le général de Gaulle. Enfin, après qu'une subvention mensuelle de 100 livres (vite jugée insuffisante) a été attribuée par le quartier général des Forces britanniques, le commandant Escarra, chef du Service des Affaires extérieures, écrit, en juillet 1941, au président Thémoin pour lui proposer que la Direction de son Service ait un « droit de regard » sur les activités de l'Alliance en ce qui concerne la composition et la distribution du matériel de propagande ». Ce vœu semble d'autant plus légitime que l'allocation accordée par les autorités britanniques implique une sorte de contrôle sur l'utilisation de cet argent. En fait, ce contrôle devant être exercé par René Pleven ou par son représentant, le lieutenant d'Ollondes, on a là toute garantie que les choses se passeront dans « une bonne volonté et une cordialité réciproques ». La demande du commandant Escarra est évidemment acceptée.

La situation, maintenant clarifiée, est plus nette encore quand, le 1er octobre 1941, le général de Gaulle accepte la présidence d'honneur de la fédération britannique, qu'il félicite d'avoir été « la première société à se rallier et à mettre son organisation au service du mouvement » (de la France libre).

Autre progrès notable : le *Bulletin mensuel*, jusqu'alors dactylographié et ronéotypé, sera à l'avenir imprimé et comportera, à partir de février 1942, une édition en anglais, 1 500 numéros de celle-ci étant destinés à l'Angleterre et 531 à l'étranger, notamment

Les « saisons amères »

Désormais, la relève est assurée. La fédération britannique a pris en main les destinées de l'Alliance qui, comme la France même, si le sort des armes en décide ainsi, a de bonnes chances de survivre au naufrage de mai et de juin 1940.

Le « conseil de gérance »

À mesure que la situation se redresse et que l'Alliance, à l'image de la Résistance, structure et unifie son action, commence à germer un autre projet qui s'exprime en clair à la réunion du 20 avril 1942 : celui de créer un conseil de gérance, afin de favoriser la liaison avec les Comités lointains qui, tels ceux de Mendoza en Argentine et de Melo en Uruguay, continuent courageusement leur tâche et maintiennent leurs cours de langue. Le nouvel organisme pourrait être composé des membres français du conseil de la fédération : ils ne sont pas moins de 15 (contre 6 seulement de nationalité britannique) et comptent dans leurs rangs le président, les trois vice-présidents, la secrétaire générale, l'ambassadeur Blondel, le professeur Cordier, le lieutenant-colonel Escarra, René Pleven, résistant de la première heure, et bientôt Camille Paris, du commissariat aux Affaires étrangères, qui sera associé à la rédaction et à la composition du Bulletin mensuel. Un mois plus tard, le 13 mai, est votée à l'unanimité l'affiliation de la fédération britannique au Conseil de gérance, dont le « manifeste » révèle, sans ambages, les positions et les intentions :

« Du fait de l'incapacité dans laquelle se trouve le Conseil de l'Alliance française de Paris de continuer librement ses activités pendant l'occupation ennemie, il s'est constitué à Londres, parmi les membres français de l'Alliance française, un Conseil qui sera le gérant provisoire des intérêts de la dite institution dans le monde entier.

3. Ce *Bulletin mensuel*, transformé ensuite à partir du numéro 12, en *Revue de l'Alliance française*, est visiblement inspiré de celui qui, pendant la Première Guerre Mondiale, a été composé par des patriotes convaincus tels qu'Antoine Meillet et Alfred Rébelliau pour faire pièce à la propagande ennemie. Paraissant dans des conditions difficiles (le papier nécessaire à sa publication lui ayant été parfois refusé) et plus irrégulièrement que son prédécesseur, il n'en constitue pas moins, dans ses 27 numéros, la documentation à peu près unique que nous ayons sur cette période de l'histoire de l'Alliance française.

Les « saisons amères »

Son but est de conserver intactes les traditions, aussi sages qu'éprouvées, instaurées par cette Association au cours de ses soixante années d'existence et aussi de maintenir les liens de sympathie et d'estime entre les membres des Comités de l'Alliance française et les amis de la France dans les divers pays.

Les Comités d'Alliances françaises sont donc invités, sans qu'il soit question de subordination, à nouer avec le Conseil de gérance les liens qu'ils ne peuvent plus avoir avec Paris.

Le Conseil de gérance, dont la nécessité a été si souvent signalée de l'étranger, se trouve vis-à-vis du Comité national français dans la position que l'Alliance de Paris avait à l'égard du gouvernement.

Son action se manifestera :
1. par l'appui qu'il donnera aux Comités en se maintenant en contact avec eux en vue de faciliter leur activité, de les aider à continuer les cours de langue française déjà existants ou à en organiser de nouveaux ;

2. par diverses publications et par la diffusion d'un bulletin.

Ce Conseil est officiellement reconnu par le Comité national français. Le général de Gaulle en est le président d'honneur.

Dès la libération de la France, le Conseil précité remettra l'administration dont il a pris charge au siège central de l'Alliance française.

Le « manifeste » du Conseil de gérance éveille rapidement des échos favorables un peu partout dans le monde. En juin 1942, l'Assemblée générale de Montevideo se rallie à la position de la Fédération britannique ; celle de Melo proclame son attachement à la « France combattante ». Leur exemple est suivi par de nombreux comités : ceux de Mendoza (Argentine) ; de Rocha et de Trinidad (Uruguay) ; de Victoria, de Hamilton, de Toronto, de Winnipeg (Canada) ; de tout le groupement haïtien des Alliances ; d'Alexandrie (Égypte) ; de Johannesburg et du Cap (Afrique du Sud) ; de Port-Louis (Ile Maurice) ; de Bombay (Inde) ; de Sydney, de Melbourne, de Brisbane, de Perth, d'Hobart (Australie) ; d'Auckland (Nouvelle-Zélande).

Le débarquement allié en Afrique du Nord (8 novembre 1942) et la constitution du « Gouvernement provisoire » à Alger vont conduire le Conseil de gérance à s'installer, lui aussi, dans cette nouvelle capitale de la France et à y fonder un comité « sur le modèle des comités métropolitains pour tenir, dans l'orbite du Comité de la Libération nationale, le front intellectuel et culturel, pour défendre le prestige de la France encore intact ». C'est du reste à Alger que sera célébré, le 30 octobre 1943, le 60e anniversaire de l'Alliance, sous la présidence effective du général de Gaulle qui prononcera, en cette occasion, un discours inoubliable :

Les « saisons amères »

« Lorsqu'un jour l'historien, loin des tumultes où nous somme plongés, considérera les tragiques événements qui faillirent faire rouler la France dans l'abîme d'où l'on ne revient pas, il constatera que la résistance, c'est-à-dire l'espérance nationale, s'est accrochée, sur la pente, à deux môles qui ne cédèrent point. L'un était un tronçon d'épée, l'autre la pensée française (...)

Mais la flamme claire de la pensée française, comment eût-elle pris et gardé son éclat si tant d'éléments ne lui avaient pas été apportés par l'esprit des autres peuples ?... Nous avons, une fois pour toutes, tiré cette conclusion que c'est par de libres rapports spirituels et moraux établis entre nous-mêmes et les autres que notre influence culturelle peut s'étendre à l'avantage de tous et qu'inversement peut s'accroître ce que nous valons.

Organiser ces rapports, telle fut la raison de naître, telle est la raison de vivre, telle sera la raison de poursuivre de l'Alliance française. Après 60 ans d'existence, le fait qu'elle ait duré localement malgré la tourmente sur tant de points de l'univers, et que l'initiative de son comité de Londres, animé par de bons et clairvoyants Français tels que M. Thémoin et Mlle Salmon, et lié étroitement à la France combattante, ait réussi à maintenir unis ses rameaux coupés de la Métropole, prouve à la fois la vitalité profonde de cette noble association et la sympathie ardente qu'elle a conquise et qu'elle garde dans toutes les contrées du globe. Le fait qu'elle trouve, dans la capitale provisoire de la France, la confiance dont témoigne cette réunion et qu'a si éloquemment exprimée le président Brunel, démontre que l'Alliance continue et développe son œuvre ».

Ces paroles de foi et d'espérance, déclare le numéro 23 de la *Revue* de l'Alliance, ont « un profond retentissement qui se traduit immédiatement par un regain d'activité de tous nos comités ».

A Alger, le Conseil de gérance est le premier à prêcher d'exemple : il élabore un plan relatif à l'établissement d'écoles en Kabylie, où l'enseignement sera donné par des maîtres soit européens soit indigènes et où ceux-ci seront chargés d'apprendre aux enfants à parler, à lire et à écrire le français.

Au Brésil, un comité se fonde à Fortaleza et est inauguré, le 26 octobre 1943, devant 500 personnes ; quelques mois plus tard, en février 1944, ce même comité ouvre des cours de langue et de civilisation françaises. A Jönköping, en Suède, Nils Hagerth prend l'initiative d'une brillante manifestation en l'honneur de l'Alliance et salue la présence, à la cérémonie, de Monsieur M. de Vaux Saint-Cyr, délégué du Comité de la Libération nationale à Stockholm. Zurich envoie au Conseil de gérance un télégramme l'assurant de son « dévouement » et de sa « fidélité ». A Londres, le 26 avril 1944, la fédération britannique organise, en l'honneur du

Les « saisons amères »

président tchécoslovaque Bénes, une réception à laquelle assistent le général Koenig, l'ambassadeur Viénot et le commissaire Dejean, délégué auprès des gouvernements alliés en Angleterre. En Éthiopie, les écoles d'Alliance d'Addis-Abeba et de Dire-Daoua, fondées par la France, puis fermées par les autorités italiennes en 1935, sont rouvertes et donnent un enseignement comprenant l'étude du français et de l'amharique. En Islande, le comité de Reykjavick s'est rallié depuis longtemps, suivi en cela par ceux de Sao Paulo et de Curitiba au Brésil, de Santiago et de Treguen au Chili, de Lima au Pérou. On observe même, signe de vitalité encourageant, l'implantation de nouvelles Alliances à Belo Horizonte (Brésil), à Bogota (Colombie), à Monrovia (Libéria).

Tous ces résultats prouvent qu'en effet les paroles du général de Gaulle ont rameuté les énergies et replacé définitivement l'Alliance sur la voie de résurrection. Du reste, comme prévu et comme promis, dès la Libération du territoire national, le Conseil de gérance, le 4 septembre 1944, confie au lieutenant-colonel Escarra le soin de remettre l'Association aux mains de son président, Georges Duhamel. La *Revue* du Conseil arrête sa publication au numéro 27 : celle de l'Alliance (« nouvelle série ») recommence à paraître dès janvier 1945. Une page difficile vient d'être tournée...

Le général de Gaulle à l'Alliance française en février 1958 :
il avait déjà présidé
les cérémonies du soixantenaire en 1943, à Alger.

Les « saisons
amères »

Un troisième départ (1945 - 1950)

Une situation grave

De la seconde guerre mondiale, l'Alliance sort terriblement affaiblie. Si la France a perdu moins d'hommes qu'entre 1914 et 1918, elle a subi une lourde défaite en juin 1940 et a été occupée pendant quatre ans. Malgré le prix payé par la Résistance, elle n'a participé qu'*in extremis* à la victoire des Alliés et, si elle a figuré parmi les quatre Grands qui ont reçu la reddition de l'Allemagne en mai 1945, elle a, quelques mois auparavant, été écartée, à Yalta, de la conférence qui a scellé le destin de l'Europe pour au moins un demi-siècle. Son prestige international est gravement atteint et la langue qu'elle parle en subit un rude contrecoup.

L'Alliance, qui a la charge de propager cette langue, d'en montrer non seulement la beauté, mais l'utilité, va avoir de la peine à justifier sa propre raison d'être. Ses locaux parisiens ont été fermés par l'occupant, ses archives pillées et dispersées. Elle n'a survécu — et c'est déjà presque un miracle — que grâce à l'énergie de ceux qui à Londres, puis à Alger, ont entrepris de restaurer la puissance française et, si son nom n'a pas été rayé de la carte du monde, beaucoup de ses comités ont disparu et ses écoles ne comptent plus que 14 000 élèves. Certains envisagent même de renoncer et l'on voit des dirigeants de la fédération américaine se prononcer pour la dissolution de leur association, vieille pourtant d'un demi-siècle. A quoi bon, pense-t-on parfois, poursuivre une entreprise de caractère privé, alors qu'il revient aux instances gouvernementales de prendre en main l'avenir de la langue et de la civilisation françaises ? Dans certains milieux officiels même, l'hostilité est à peine voilée, puisque tel très haut fonctionnaire, au lendemain de la Libération, annonce son intention d'« avoir la peau de l'Alliance » *(sic)*. Il faut au président et au nouveau secrétaire général une foi inébranlable pour décider de tout reprendre à la base et pour, à l'exemple de Raymond Poincaré et de Paul Labbé en 1920, remettre en route une Association diminuée, ruinée, éprouvée à tous les points de vue.

Le personnel du siège central

L e président d'honneur est Charles de Gaulle, qui a présidé, à Alger, en 1943, la cérémonie du 60e anniversaire et qui nourrit, pour l'Alliance, une sympathie de longue date. Le président en activité est toujours Georges Duhamel, élu en 1937 et qui, pendant toute la période de l'Occupation n'a cessé de combattre pour le maintien de la présence et de l'unité françaises. Dès le mois de décembre 1944, il lance le cri de ralliement : « En célébrant le génie de la France malheureuse, en prononçant les mots du sage parler français, les membres et les amis de l'Alliance savent qu'ils contribuent à l'œuvre de raison, à l'œuvre de paix dont l'humanité tout entière a, présentement, si grand besoin. »

Une fois la tourmente passée, il poursuivra sa mission, en se faisant à la fois l'apôtre et le pèlerin de la cause du français. Il entreprendra de très longs voyages : au Canada et aux U.S.A. en janvier 1946, en Amérique du Sud en 1949, en Indochine, puis dans l'océan Indien et en Afrique en 1948. Il insistera pour que le plus grand nombre possible de conférenciers sillonnent les pays où l'Alliance s'est implantée et y fassent entendre des voix françaises. Il ne quittera son poste qu'après l'avoir occupé - au mieux - pendant douze années très difficiles et qu'après avoir acquis la certitude que la période de reconstruction est achevée ou sur le point de l'être. Au début de 1949, il laisse la place à Émile Henriot, écrivain dont le patriotisme est bien connu et qui, lui aussi, est membre de l'Académie française.

Dès la fin de septembre 1944, quand l'Alliance rouvre ses locaux du boulevard Raspail, Georges Duhamel a choisi pour principal collaborateur un secrétaire général de 35 ans, un homme du Nord dont les deux guerres (l'invasion de sa province natale, la Thiérache, en 1914, la captivité en 1940) ont trempé le caractère. Il a nom Marc Blancpain. Ancien professeur au Caire, il a déjà de l'enseignement à l'étranger une réelle expérience. Son fort tempérament, son appétit de travail, son aptitude à accumuler les millions de kilomètres en avion pour rendre visite à toutes les filiales de l'Association vont faire de lui, pendant 34 ans consécutifs, la figure de proue de la nouvelle Alliance.

Le bureau est tenu par une équipe homogène. Les trois vice-présidents, Firmin Roz, un historien particulièrement au fait de la vie américaine, Maître Maurice Garçon, un avocat de grand renom, et André Gillon, dont le père a géré longtemps les finances de la maison et qui, lui, préside aux destinées de la librairie Larousse, forment un trio solide et complémentaire. Le trésorier général est le dévoué Georges Masson, assisté de Marcel Bouteron, en poste depuis longtemps. L'archiviste est toujours le R.P. Léon Robert. A ces noms il conviendrait d'ajouter celui d'Hugues Lapaire, ancien vice-président de la Société des gens de lettres et directeur de la *Revue,* désormais mensuelle, de l'Alliance française.

Au Conseil d'administration, il y a eu de nombreux deuils : Paul Hazard, Paul Labbé, Louis Hourticq, Lafaye, Jean Lichnero-wicz sont morts pendant la guerre. En 1945, est venu le tour d'Henri Bourdel, ancien vice-président de l'Association et président de la « Société civile des amis de l'Alliance française. » En 1946, celui de Louis Thémoin, qui a exercé la présidence effective et laborieuse du « Conseil de gérance » en 1943, et d'Henri Hauser, ancien vice-président. Le Conseil, qui sera formé désormais de soixante membres, compte des personnalités d'origine très diverse. Il y a quelques hommes politiques : Paul Bastid, député, Louis Chevallier, député lui aussi et président du Comité de l'Indre, André Honnorat, ancien ministre. Il y a des diplomates (J. Arnavon, P. Gilbert, le comte d'Harcourt, Léon Noël), de hauts fonctionnaires (M. Abraham, le gouverneur Delavignette, J. Marse), de nombreux écrivains (Claude Aveline, Maurice Genevoix, Emile Henriot, André Maurois, Louis Madelin, C.-F. Ramuz qui est également président de Comité de Lausanne), beaucoup d'universitaires (Marcel Bataillon, Jean Cuvillier, Escarra, Alfred Fichelle, Armand Hoog, André Mazon, Mario Roques), des présidents de comités de province (R. Dumaine, de Dieppe, J. Eyquem, de Tunis, R. de Gubernatis, de Nice, M. Hennessy, de Cognac, G.R. Marchand de Niort, E. Masurel, de Tourcoing, M. Varille de Lyon), voire de l'étranger (René Lyr et J. Duchizon, de Belgique, J. Hyde, président d'honneur de la fédération américaine).

La première assemblée générale, tenue les 28 et 29 septembre 1946, marque, en quelque sorte, la renaissance officielle de l'Association, dont les structures essentielles sont désormais rétablies.

La renaissance de l'École

U ne des premières tâches du siège central consiste à rouvrir et à remettre en route l'École pratique, fermée depuis la guerre. Cette réouverture a lieu dès décembre 1944. L'École s'efforce, immédiatement, de présenter un programme attractif, puisqu'elle offre aux étudiants étrangers les possibilités suivantes :

1. un enseignement *pratique* du français, réparti en trois degrés : élémentaire, intermédiaire, avancé. Les classes ont lieu tous les jours : soit, le matin, de 9 heures à 11 heures, soit, le soir, de 19 h 30 à 21 h 30. Prix du cours : 250 francs par mois.

2. des *séances de travail*, pour les étudiants déjà initiés, à raison de 2 heures par semaine et pour le prix mensuel de 125 francs.

3. un cours de *traduction* (anglais-français, français-anglais) à raison de deux heures par semaine au prix de 100 francs par mois.

4. un enseignement par *leçons individuelles* ou par *petits groupes* (huit élèves au maximum), au prix de 100 francs la leçon.

5. un *cours complet*, comprenant enseignement pratique, séances de travail, traduction, conférences générales. Tarif : 600 francs par mois.

Après quatre mois de cours complet, les étudiants peuvent se présenter à deux sortes d'examens pour obtenir soit le Diplôme de langue française, soit le Diplôme d'Études supérieures modernes, qui, l'un comme l'autre, recevront bientôt le visa du ministère de l'Éducation nationale. Quant à l'année scolaire, elle est répartie en trois sessions : session d'automne (1er septembre-fin octobre), session d'hiver (1er novembre-fin février), session de printemps (1er mars-30 juin). Les cours de vacances, eux, ont lieu en juillet et août[1].

La réouverture de l'École, pourtant pratiquée avec le même directeur (Robert Dupouey) et les mêmes professeurs qu'avant la guerre, n'obtient pas un succès immédiat. Il n'y a que 24 élèves le premier mois et la moyenne de fréquentation, en 1945, ne dépasse pas la centaine : soit 1 200 inscriptions annuelles, contre 5 000 en 1939. Mais, à partir de 1946, le nombre des inscrits ne cesse d'augmenter et atteint 461 à la rentrée de septembre. En 1947-1948, il

Un troisième départ

1. En 1948, cette division en 3 sessions sera réaménagée de la façon suivante : session d'automne (septembre-fin janvier), session de printemps (février-fin juin), session d'été (juillet-août). Le Directeur des Cours d'Été sera alors Léon Lejealle, agrégé de l'Université, qui assumera cette fonction jusqu'en 1954.

Gaston Mauger, directeur de l'École,
faisant une classe de pédagogie au cours de professorat.

approche d'un millier par mois et atteint 1 045 à la rentrée de septembre 1949. 51 nationalités sont représentées à l'École, que Marc Blancpain déclare « en pleine ascension » et que seule l'exiguïté des locaux empêche de recevoir davantage d'élèves : « L'École étouffe, constate-t-il dans son rapport d'Assemblée générale du 2 octobre 1949. On donne des cours dans la salle des étudiants, dans les amphithéâtres, à la bibliothèque ; il faut faire des miracles pour n'en point donner dans les couloirs ». Flatteur, cet afflux n'est pas sans inconvénients : il rend difficile la discipline indispensable, il « enraye notre progression », et ne semble « pas digne de nos hôtes étrangers ». De là à envisager la construction, sur place, de nouveaux bâtiments, il n'y a qu'un pas : il ne manque au jeune et ardent secrétaire général que les crédits nécessaires. Mais il les a déjà sollicités auprès des ministères intéressés.

Cette explosion scolaire est due certes à l'évolution favorable de la situation économique, qui permet à de nombreux étudiants étrangers de pouvoir vivre à nouveau en France. Mais elle a d'autres causes, propres, celles-là, à l'École et à son fonctionnement. Le programme des « Conférences générales » est varié et attractif :

*Un
troisième
départ*

telles sont, entre autres, celles que, tous les vendredis, à partir du 24 octobre, à l'amphithéâtre de l'Alliance, le musicologue Robert Bernard consacre à la musique française. A ces conférences s'ajoutent bientôt (au début de 1948) les *Lundis dramatiques,* où Georges Lerminier présente, en chaque début de semaine, un spectacle joué à Paris ou un grand écrivain de théâtre contemporain : le public, qui est normalement de 150 à 200 personnes, s'enfle brusquement et atteint plusieurs centaines quand on célèbre, par exemple, le 80e anniversaire de Paul Claudel et qu'on présente des scènes tirées de *L'Annonce faite à Marie.*

Une autre initiative va accroître le prestige international de l'École : la publication, à partir du 1er janvier 1948, d'un bulletin pédagogique, *l'Enseignement du français aux étrangers,* rédigé par plusieurs professeurs de l'établissement et comprenant, dans chaque numéro, un exposé général et deux leçons types au moins. Le succès est rapidement tel qu'il faut augmenter le tirage et accroître la fréquence qui, de bimestrielle, devient bientôt mensuelle.

Enfin, après la retraite volontaire de Robert Dupouey en juillet 1946 et le bref intérim exercé par André Michelin, l'École trouve en *Gaston Mauger,* professeur agrégé de grammaire au lycée Condorcet, un directeur du plus haut niveau, capable d'assumer pleinement le rôle qui lui est dévolu, selon la définition même qu'en donne alors le secrétaire général : « Laisser le directeur *diriger,* c'est-à-dire établir les programmes, les horaires, engager les professeurs ou les remercier, les rendre responsables devant lui et *devant lui seul* de la qualité de leur travail. » Appuyé sur ces principes, Gaston Mauger, homme d'ordre et d'autorité, mais surtout pédagogue inventif (il ne va pas tarder à le prouver en publiant son célèbre *Cours de langue et de civilisation françaises*) et administrateur aussi clairvoyant qu'humain, va exercer avec maestria les fonctions dont il est nanti. Si les institutions valent ce que valent les hommes qui les dirigent, l'Alliance possède alors, en la personne du secrétaire général et du directeur de l'École pratique, deux dirigeants de premier plan.

La vie des comités

A la fin des hostilités, le siège central n'a pas de peine à dénombrer les comités qui sont restés fidèles, ou, tout simplement, qui ont réussi à survivre. C'est **en France** (par suite de l'Occupation) que la situation s'est le plus dégradée, puisqu'on n'y compte plus que quatre comités : Châteauroux, Moulins,

Un troisième départ

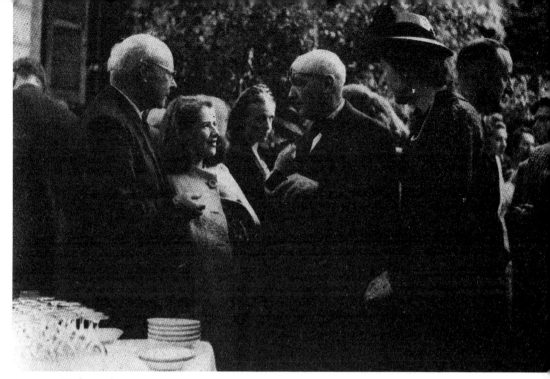

Georges Duhamel,
lors d'une réception donnée par le comité de Vichy.

Vichy et Nice. Heureusement, en écrivant aux anciens présidents, le secrétaire général obtient quelques réponses favorables : c'est le cas à Dieppe, à Tourcoing, à Orléans, à Epernay, à Reims, à Nancy, à Pau. Ailleurs, il faut chercher d'autres bonnes volontés et de nouveaux dévouements : on en trouve à Paris, à Valenciennes, à Bordeaux, à Grenoble, à Lyon, à Aix, à Brive, à Uzerche, à Périgueux, à Caen, à Rennes, à Saint-Brieuc. Dans certaines villes, même, apparaissent des groupes entièrement inédits : à Ajaccio, à Bastia, à Nîmes, à Metz, à Cambrai, à Nantes, notamment. En 1946, la métropole compte une cinquantaine de sections affiliées et ce chiffre, en 1949, s'élève à 90, « dont un admirable ensemble alsacien » de 28 comités, « animés par le Comité fédéral de Strasbourg ». C'est, en effet, en Alsace, où a été nommée dès 1945 une déléguée générale, que sont obtenus les résultats les plus probants. Mais dans ses rapports annuels, le secrétaire général ne peut s'abstenir de manifester un peu d'impatience devant « l'apathie », la « nonchalance » de trop nombreux groupements qui « attendent tout du Siège central » et à qui il faut rappeler leur devoir : « Montrer aux Alliances de l'étranger que les Français aiment la langue française et la civilisation française, et qu'ils sont prêts, pour aider à leur diffusion, à dépenser leur peine, leur talent et même leur argent ».

Un
troisième
départ

Dans les territoires d'outre-mer, la plupart rattachés à l'« Union française » (1945-1958), le réveil des Alliances s'est relativement bien opéré. Celle de Tunis, réinstallée dans la « Casa de la Dante Alighieri », comporte de très beaux aménagements, dont un salon de club, deux appartements pour les conférenciers et deux salles de bibliothèque. Elle réunit 600 membres et a de bonnes succursales à Sfax et à Sousse. En Algérie, les comités d'Alger et de Bône ont repris leurs activités. Au Maroc, l'Alliance se met à prospérer et compte, en 1947, sous la présidence de l'écrivain Henri Bosco, sept sections (les dernières-nées étant celles d'Oujda et de Taza).

En Afrique noire, un effort important a été accompli en A.O.F., spécialement à Dakar, ainsi qu'au Cameroun et en A.E.F., où il y a six groupes florissants, dont ceux de Brazzaville et de Fort-Lamy. L'Alliance est également représentée à Léopoldville et à Nairobi. Dans l'océan Indien, elle a des filiales à Madagascar, à la Réunion et à l'île Maurice.

Hors de France, la guerre a aussi laissé des séquelles graves, dont les effets néfastes sont loin d'avoir cessé et qui suscitent chez Georges Duhamel beaucoup d'inquiétude : « Le monde apparaît tourmenté par des problèmes terribles qui manifestent, tous, ce qu'il m'est arrivé d'appeler, à maintes reprises, une crise de civilisation. » Crise dont il analyse les multiples aspects : manque de nourriture, accroissement des conflits raciaux, désordre social et législatif généralisé, menaces sur la paix, progrès de la bureaucratie et de l'étatisme, affaiblissement du « sentiment de la qualité ». Ainsi, c'est au « salut de la civilisation », au sens duhamélien, c'est-à-dire de la civilisation *morale*, que l'Alliance doit désormais consacrer ses efforts.

Sa tâche n'est pas facile. Sur 1/6 du globe, depuis trente ans, s'étend une ombre où il lui est interdit de pénétrer. Et cette ombre s'étend, ou va s'étendre encore, dans les années à venir, sur la Bulgarie, sur la Hongrie, sur la Tchécoslovaquie, où la fédération, avec 30 comités, s'est pourtant reconstituée en 1947. Sur l'Allemagne, sur l'Autriche, on n'interviendra pas non plus, au moins pour longtemps. Heureusement, l'Europe du Nord reste fidèle. En 1949, la fédération britannique est forte de 75 groupes, qui lui sont affiliés. L'Irlande, qui fait ses premiers pas, en compte bientôt 5. La Hollande, qui avait 21 centres avant guerre, en a 23 en 1946. La Belgique, qui n'avait pas d'Alliances, a tôt fait de réunir 2 700 membres. Le Danemark est passé de 8 groupes à 16 en 1947 et a plus d'un millier d'adhérents à Copenhague. La Suède a

Un troisième départ

22 sections (les plus récentes sont celles de Karlstadt et de Bofors), dont la plus nombreuse, celle de Stockholm, a 1 200 inscrits. La Norvège s'est dotée d'un secrétaire général et a 9 groupes (le dernier-né étant celui d'Arendal). En Confédération helvétique, outre Zurich, demeuré prospère, on a reconstitué le Comité de Saint-Gall, créé celui de Lucerne, et installé l'Alliance en Suisse romande (à Lausanne et à Genève). En Europe du Sud, l'Association s'est implantée au Portugal, où elle a désormais un secrétaire général, et elle a des sections en Italie et en Grèce. Dans le Proche-Orient, elle poursuit sa mission en Egypte où, aux centres traditionnels d'Alexandrie, du Caire et de Port-Saïd, s'en ajoute un quatrième : à Ismaïlia. En Éthiopie, ses écoles d'Addis-Abeba et de Diré-Daoua sont fréquentées par plus de 500 élèves.

Sur le continent américain, la fédération des États-Unis, après avoir douté de son destin, se reprend vite. De Nouvelle-Angleterre, de Californie, de Louisiane arrivent des témoignages réconfortants. On sent un effort de rajeunissement, qui se traduit notamment par la création de *Junior Alliances*, qui recrutent plus spécialement dans les universités et les collèges (sur les 350 membres de la section d'Omaha beaucoup sont des étudiants). En 1949, la fédération compte 97 groupes et parvient à organiser 162 conférences qui donnent la mesure de sa vitalité. Au Canada, la remontée n'est pas moins sensible puisque, après avoir eu 17 cercles en 1946, l'Alliance en compte 20 trois ans plus tard.

Au Mexique, où de nombreux comités se sont fondés et se sont regroupés, en 1947, en fédération, on compte une vingtaine d'Alliances, dont 13 sont enseignantes et sont fréquentées par 3 500 élèves. Toute l'Amérique centrale suit d'ailleurs le mouvement puisque, en 1949, on note la création de groupes dans les West-Indies, à Port d'Espagne (Trinidad), au Costa Rica et des affiliations au Nicaragua et à San Salvador.

L'Amérique du Sud, elle, prend, au sein de l'Alliance, une place de plus en plus considérable qui va bientôt être la première. En 1949, l'Argentine[2] compte 40 filiales, dont 38 sont enseignantes et reçoivent, à Buenos Aires, 3 400 élèves, en province 4 500, sans compter les 300 qui suivent les « cours associés ». Dans l'Uruguay voisin, il y a un siège central avec 18 sections provinciales. Au Chili, l'Alliance est représentée par quatre très beaux collèges (dont ceux de Santiago et de Concepcion). Au Brésil, l'inspecteur général

---

2. L'Inspecteur général en est d'abord Roger Gouze. Il est remplacé en 1949 par Léonce Clément.

Espana a pu installer de nouveaux comités (il y en a 13 en tout) à Aracaju, à Copacabana et à Manaus, et ceux qui enseignent réunissent plus de 5 000 élèves. En Colombie, les 4 Alliances donnent toute satisfaction. Les deux qui fonctionnent en Bolivie et celle de Lima, au Pérou, sont également prospères.

En Indochine, en Australie, en Nouvelle-Zélande, au Siam (Bangkok), sont obtenus d'excellents résultats.

Au total, l'Alliance est implantée dans 650 villes environ : 90 en France, 210 en Europe, 70 en Afrique, 50 en Asie et en Océanie, 100 en Amérique du Nord, 120 en Amérique latine. Le secrétaire général est parfaitement en droit d'affirmer, dans son rapport d'ensemble de 1949, que « nous ne sommes absents que là où il ne nous est ni permis ni possible d'être présents. »

Priorité à l'enseignement

P armi toutes les activités auxquelles il va donner ses soins, le nouveau secrétaire général va accorder la priorité à l'enseignement : si l'Alliance n'enseigne pas partout, du moins « entendons-nous que, de plus en plus, **elle enseigne** » à la fois parce que cela répond à un besoin (il y a encore beaucoup de gens, de par le monde, qui veulent apprendre le français) et parce que « nous croyons que c'est là notre **tâche première**, celle qui assure notre avenir et donne tout leur sens à nos autres manifestations. »

Jusqu'alors, l'Alliance avait favorisé toutes les institutions qui enseignaient notre langue, qu'elles fussent de caractère laïque ou de caractère religieux. Et elle poursuit dans ce sens, par exemple, en aidant la Stockholms Borgarskola, les Écoles publiques du Val d'Aoste, les Écoles alsaciennes de Suisse — ou encore en apportant son assistance aux écoles du vicariat apostolique de Brazzaville, aux établissements des Filles de la Charité à Madagascar et, en Afrique orientale, à ceux des divers ordres de sœurs dans les îles de l'Archipel. Mais l'orientation nouvelle consiste à faire porter l'essentiel de l'effort en faveur des établissements d'enseignement ouverts ou organisés par les filiales étrangères. Effort qui, en outre, reçoit l'appui de la direction des Relations culturelles et dont le résultat, au bout de 4 ou 5 années, est que les écoles d'Alliance hébergent, vers 1950, *60 000 élèves*, soit trois fois plus qu'avant-guerre.

Un troisième départ

Des écoles en question, il s'en ouvre un peu partout : en Irlande, en Italie, au Portugal, aux Pays-Bas, au Siam, à Saint-Domingue, en Afrique du Sud, en Inde, à Shanghai, en Indochine, aux Philippines, en Australie. Mais les plus brillantes, c'est en Amérique du Sud qu'on les trouve : on ne citera que les quatre beaux collèges du Chili et toutes ces villes brésiliennes où l'Alliance envoie des professeurs français : Rio, Saint-Paul, Belo Horizonte, Bahia, Porto Alegre, Fortalezza notamment.

Cet enseignement du français revêt des formes multiples. Il demande d'ailleurs à être modulé suivant les pays où il est pratiqué et selon les publics auxquels il s'adresse. Il doit obéir à deux principes essentiels :

1. Il appartient aux gens qui sont sur place de l'organiser au mieux et de choisir leur pédagogie ;

2. Il doit être aussi peu onéreux que possible, de façon à s'adresser démocratiquement au plus grand nombre, les Alliances devant, de plus en plus, perdre ce caractère élitiste dont elles ont eu trop longtemps la réputation.

Un troisième principe serait que les Alliances tiennent leurs cours dans leurs propres locaux, que ceux-ci soient achetés ou simplement loués. Dans ces locaux il est possible et recommandé d'organiser, autour de l'enseignement, des expositions, des cycles de conférences, des auditions musicales, des projections de films, de telle sorte que certaines Alliances deviennent, sans en prendre le nom pourtant déjà à la mode, de véritables « maisons de la culture française ». Il y a d'ailleurs une quinzaine de comités à publier une revue qui prolonge leur action : c'est le cas à Budapest, à Lisbonne, à Mexico, à Lima, à Buenos Aires, à Rio, à Saint-Paul, à Porto Alegre.

L'effort en faveur de l'enseignement de la langue est d'autant plus accentué que cette langue est considérée comme « la clef (et parfois la clef d'or) de notre vénérable civilisation ». La « bataille du français », contrairement à ce que pensent certains, n'est pas un combat désespéré. Désormais, les hommes auront besoin de deux grandes langues universelles : l'*anglais*, pour les échanges commerciaux, touristiques et même techniques ; le *français* pour la pratique du droit, de la diplomatie, des hauts et subtils échanges de la pensée humaine. Il faut ajouter que, dans certaines parties du globe (l'Afrique en particulier), le français reste une langue essentielle à tous égards et qu'il ne saurait être question, où que ce soit, de la considérer comme « la moins inactuelle des langues mortes ».

Le personnel enseignant comporte trois catégories différentes :

1. les « recrutés locaux » (entendons soit des étrangers aptes à enseigner notre langue, soit des Français, qui se trouvent sur place et ont fait des études suffisantes pour bien apprendre aux débutants les rudiments de cette langue)

2. les professeurs français, qui enseignent dans les lycées ou les instituts français ou encore dans des écoles ou universités étrangères ;

3. les professeurs « détachés », de l'Éducation nationale, qui sont rémunérés par le ministère des Affaires étrangères et « mis à la disposition de l'Alliance ». Se comptant d'abord par quelques dizaines, ils ne cesseront de croître en nombre et finiront, 20 ans plus tard, par être plus de 400.

Certes, il y a encore trop de diversité dans le choix des méthodes et dans l'organisation des programmes : l'idéal ne serait-il pas qu'un élève quittant Rio pour Saint-Paul puisse y trouver immédiatement sa place grâce à l'emploi de systèmes pédagogiques progressant du même pas et visant au même résultat ? Du moins une première unification est-elle réalisée par l'institution d'examens communs permettant aux candidats du monde entier d'obtenir les mêmes diplômes que ceux de l'École de Paris. En effet, après des expériences tentées en Hongrie, en Égypte et aux Pays-Bas, le Siège central met au point, en 1948-1949, une *Instruction sur les examens et les diplômes de l'Alliance française* : celle-ci offre, après des épreuves passées sur place, mais sur des sujets donnés à Paris et après correction des copies par les professeurs de l'École pratique, la possibilité à des étudiants étrangers d'obtenir le même Diplôme de langue française et le même Diplôme d'études supérieures que ceux qui sont passés dans l'établissement du boulevard Raspail.

Le livre, le cinéma, la conférence

Ecrivain lui-même, passionné en outre pour la cause de l'édition, Marc Blancpain manifeste, dès son entrée en fonction, le plus vif intérêt pour la politique du livre. Il considère, en effet, que, dans la hiérarchie des moyens propres à promouvoir la présence intellectuelle de la France, « le livre vient tout de suite après l'école, dont il prolonge, vivifie et justifie l'action. » Il fait donc expédier un très grand nombre d'ouvrages, la plupart à titre gratuit, par exemple pour compléter (ou reconstituer) des bibliothèques d'Alliance ou encore pour les faire distribuer, sous forme de prix, aux lauréats des concours et des examens. Malgré des moyens financiers dont il déplore l'insuffisance, il calcule que le siège central, du 1er janvier 1945 au 1er juillet 1950, aura envoyé près de 150 000 volumes à l'étranger, certains de ces volumes servant même plusieurs fois, puisqu'il en est qui sont destinés à des bibliothèques circulantes. Un *Service du livre* a d'ailleurs été installé boulevard Raspail, avec mission, notamment, d'envoyer chaque mois à une soixantaine d'Alliances des colis contenant de 8 à 10 « nouveautés » afin de permettre aux plus curieux des lecteurs de l'étranger de suivre l'actualité littéraire et scientifique française. Et, comme si ce n'était pas encore assez, 600 Alliances sont abonnées, par le siège parisien, à 3 ou 4 journaux et publications paraissant en France. Ces abonnements doivent être compris, eux aussi, comme une invitation à se tenir au courant des événements de toute sorte qui se passent en métropole.

De son côté, le **cinéma** n'est pas oublié non plus. Les Alliances sont conviées à se procurer des appareils de projection afin de pouvoir profiter des films envoyés de Paris et même, c'est le cas en Amérique latine, à se grouper de façon à faire circuler de l'une à l'autre les bandes reçues. Certaines d'entre elles fondent des ciné-clubs, surtout ouverts aux jeunes spectateurs qui ont grand besoin de se familiariser avec les classiques du septième art. Dans le même esprit, le **disque** est utilisé lui aussi, notamment sous la forme de toute une collection de voix françaises enregistrées à l'intention du public étranger.

Si la conférence n'arrive qu'en troisième position, loin derrière l'enseignement et le livre (celui-ci assorti d'éléments audiovisuels), c'est qu'elle est considérée, avec un peu d'ironie, comme un genre quelque peu désuet. Mais, utile dans la mesure où elle apporte, souvent très loin, une présence et une voix françaises, elle conserve sa juste part : pendant la saison 1948-1949, une bonne cinquantaine de conférenciers s'en vont porter la bonne parole à

Un troisième départ

quelque *150 000 auditeurs,* dans 24 pays différents. On veille surtout à diversifier au maximum la personnalité des orateurs choisis : ainsi, sur 8 qui sont envoyés en Angleterre en 1947-1948, on compte un professeur à la faculté de médecine, un juriste, un directeur d'usine, un musicien qui enseigne au Conservatoire, un universitaire, un critique d'art, un artiste dramatique, un écrivain. Ainsi peut-on espérer offrir aux auditeurs des conférences une image de l'activité française dans toute sa variété et toute son actualité.

*On ne résiste pas
à l'Alliance française*
GENERAL DE GAULLE

Une ascension ininterrompue (1950 - 1967)

U ne fois remise en selle, l'Alliance va connaître, pendant une vingtaine d'années, **une ascension irrésistible**. Il faudra les « événements » de mai et de juin 1968 pour interrompre un moment, sans l'arrêter vraiment, une expansion dont les éléments les plus spectaculaires peuvent être ainsi dénombrés : agrandissement des locaux du siège central ; développement incessant de l'École de Paris ; multiplication et croissance des filiales de l'étranger, notamment en Amérique latine ; mise en place d'une politique linguistique et scolaire dont le succès le plus apparent sera la réussite universelle du « Mauger » ; effort entrepris en faveur du livre, du film, du disque français, et, plus généralement, de tous les moyens de diffusion dont dispose la culture moderne.

La vie du siège central

L e premier fait à noter, c'est que, pendant toute cette longue période marquée du sceau impérial de Marc Blancpain, l'Alliance ne sera conduite, au sommet comme à la base, que par une poignée d'hommes entreprenants et décidés. Pendant douze ans, de 1949 à 1961, *Emile Henriot* sera un président aimable, disert, souriant, mais aussi prodigue de sa personne, ne craignant pas de se déplacer, de multiplier les conférences, toujours prêt à mettre son généreux humanisme au service d'une cause qu'il aura défendue pour ainsi dire naturellement. Son successeur, en 1962, sera un homme tout différent, nourri non plus au sein des lettres, mais de la haute administration. Ancien régent de la Banque de France, ancien ministre des Finances du général de Gaulle, *Wilfrid Baumgartner*, déjà sollicité d'aider l'Alliance à l'occasion d'un des nombreux emprunts qu'elle a dû contracter, sera un président à

*Une
ascension
ininterrompue*

mi-chemin de l'action et de la pensée, un président sur qui l'ambitieux secrétaire général pourra s'appuyer chaque fois qu'il aura besoin d'acheter des terrains, d'agrandir ou de construire des bâtiments indispensables au développement de l'Association. Car, de 1950 à 1967, Marc Blancpain va être un bâtisseur intrépide : à Paris, il rehaussera l'immeuble du boulevard Raspail et l'assortira d'une vaste résidence ; puis il fera élever, sur un terrain voisin, le Centre Georges Duhamel, qui doublera les possibilités d'accueil de l'Ecole ; ailleurs, c'est-à-dire un peu partout dans le monde, notamment au Brésil, au Chili, au Pérou, au Mexique, à l'île Maurice, il construira des Alliances, des collèges, des écoles, montrant que l'institution dont il conduit les destinées est capable d'avoir pignon sur rue pour peu qu'on veuille bien l'y aider.

Autour de lui, le secrétaire général ne réunit qu'un petit nombre de collaborateurs, en qui il a confiance et à qui il laisse volontiers la bride sur le cou. Certes, le bureau, à partir de 1949, compte 5 vice-présidents au lieu de 3 (le gouverneur général Delavignette et l'ambassadeur Léon Noël sont venus rejoindre Firmin Roz, Maurice Garçon et André Gillon qui sont là depuis la Libération)[1] ; mais il n'a toujours qu'un trésorier général, Maurice Masson, et un trésorier général adjoint, Achille Ouy, professeur au lycée de Saint-Germain-en-Laye (qui sera remplacé, en 1959, par Jeanne Carpentier-Cirier). Et s'il a existé un secrétaire général adjoint, Gabriel Rémond en 1949 et en 1950, le poste n'a pas tardé à être supprimé et ne sera rétabli qu'en 1967, au bénéfice de Roger Gouze, connu pour son action à l'Alliance française d'Argentine. Quant aux différents services sis au 101, boulevard Raspail, ils n'ont à leur tête qu'une seule personne : Gaston Mauger à l'Ecole, à qui succédera Maurice Bruézière en 1959 ; Roger Gouze, déjà nommé, à la Maison de l'Alliance,[2] ; Hélène Besson, à l'enseignement à l'étranger ; Georges Lerminier aux conférences ; Jean Laguens, à la comptabilité ; Mlle Chambon, puis Mme Le Pesqueur aux envois de livres ; Colette Thévenau, puis Yves Rey-Herme (qui est en même temps Directeur des Cours d'été) au Cercle Cinématographique.

Les membres du Conseil d'administration, eux, sont toujours nommés (ou réélus) avec soin. Certes un âge trop avancé empêche certains d'entre eux d'assister régulièrement aux réunions. Mais il

1. Certains de ces vice-présidents auront, à leur tour, des remplaçants : Jean Delay, de l'Académie française et de l'Académie de Médecine ; Louis Leprince-Ringuet, de l'Académie des Sciences ; André Chamson, de l'Académie française ; Pierre Clarac, de l'Institut ; Georges Portmann, de l'Académie de Médecine et de Chirurgie.

2. Léonce Clément en sera directeur-adjoint pendant quelques années.

en est d'autres dont le manque d'assiduité est en quelque sorte sanctionné, lors de l'Assemblée générale extraordinaire du 2 juin 1961, par une révision des statuts. Le nombre des membres actifs du Conseil, ayant voix délibérative, est ramené à 40, et, pour les affaires courantes, le quorum à réunir ne dépasse plus le quart de l'effectif total.

D'année en année, on assiste donc à un renouvellement du Conseil opéré de façon à y faire entrer des représentants vraiment actifs. Au nombre des personnalités les plus marquantes, il convient de citer, par ordre de nomination successive : l'inspecteur général Pierre Clarac, le ministre plénipotentiaire Jean Baillou, le professeur Jean Delay, de l'Académie de médecine, François Mitterrand, ministre de la France d'outre-mer (1950) ; le philosophe Gaston Berger, directeur général de l'Enseignement supérieur, et l'angliciste Raymond Las Vergnas, professeur à la Sorbonne (1951) ; Emile Servan-Schreiber, directeur des *Echos,* et Paul Vialar, président de la Société des gens de lettres (1953) ; François-Albert-Buisson, chancelier de l'Institut (1954) ; Wilfrid Baumgartner, gouverneur de la Banque de France, le général Catroux, grand chancelier de l'ordre de la Légion d'honneur, Louis Leprince-Ringuet, de l'Académie des sciences, René Vaubourdolle, directeur des éditions classiques de la Librairie Hachette (1955) ; le R.P. Carré, dominicain, Lucien Paye, directeur du Service des relations universitaires avec l'étranger, et futur ministre de l'Education nationale (1956) ; le professeur Grassé, membre de l'Institut (1957) ; Marcel Bizos, inspecteur général de l'Enseignement français à l'étranger (1958) ; André Chamson, de l'Académie française (1959) ; Julien Cain, administrateur général de la Bibliothèque nationale ; Claude Bellanger, directeur du *Parisien Libéré* ; Léopold Sédar Senghor, président du Sénégal (1960) ; André Maurois et Jacques Chastenet, de l'Académie française ; le professeur Georges Portmann, vice-président du Sénat (1962) ; Pierre Daure, recteur de l'Académie de Caen et président du comité de cette ville (1963) ; Jacques Moser, directeur adjoint de la Banque française du commerce extérieur (il sera trésorier général à partir de 1965) ; Henry Blanchenay, président-directeur général de la Société générale alsacienne de banque (1965) ; Georges Gusdorf, professeur à la faculté des lettres de Strasbourg (1966) ; Maurice Grangié, secrétaire général de la Mission laïque française (1967).

Toutes ces désignations soulignent le souci permanent, de la part du Conseil d'administration, d'associer à l'œuvre de l'Alliance des personnalités de tous ordres, non seulement représentatives, mais également conscientes d'avoir à prendre réellement part à la vie et à la prospérité de l'Association.

Cinq dates mémorables

De leur côté, les pouvoirs publics ne manquent pas, au long des années, de manifester leur intérêt pour les travaux d'une institution qui travaille au renom — sinon à la grandeur — de la France. Du moins est-ce ainsi qu'on peut interpréter la présence des plus hauts personnages de l'Etat à des journées mémorables, dignes de figurer dans le livre d'or de la maison. Telles sont les dates du 23 mai 1954, des 27 et 28 mars 1956, du 2 décembre 1958, du 5 février 1963, du 16 juin 1967.

Le 23 mai 1954, l'assemblée générale est ouverte sous la présidence effective de René Coty, élu depuis peu président de la République. Accueilli par Emile Henriot et Marc Blancpain, il est conduit au 4e étage de l'immeuble récemment agrandi afin d'y visiter des classes et les bureaux du secrétaire général. Puis, après avoir entendu le rapport annuel, il remet un livre de prix à deux élèves de l'Ecole pratique : Raoul Magana Garcia, de nationalité mexicaine, 60 000e étudiant fréquentant l'établissement depuis la Libération, et Helena Anniki Kattib, une Finlandaise, qui a pris, le 1er mai, la 110 000e des inscriptions enregistrées depuis 1945. Le président prononce alors une aimable allocution et exprime sa satisfaction d'avoir pu lire, sur le planisphère mural où sont indiqués les Comités d'Alliance, des centaines de noms qui témoignent concrètement de l'omniprésence de l'Association.

Les 27 et 28 mars 1956 est célébré, à Paris, le **Ve congrès mondial de l'Alliance française** (le précédent datait de 1937). La cérémonie d'ouverture est présidée par René Billières, ministre de l'Éducation nationale, et la séance de clôture par François Mitterrand, ministre de la Justice et membre du Conseil d'administration de l'Association. Si l'anniversaire qui est célébré est le 73 e, le choix de ce numéro un peu insolite s'explique par le fait que le bâtiment appelé Résidence vient d'être terminé et qu'on consacre en quelque sorte son baptême officiel par la convocation du congrès. « Cette année, dit Marc Blancpain, c'est essentiellement pour marquer une étape de notre développement que nous sommes rassemblés ici. » La Résidence, avec ses 8 étages, ses 125 chambres, son restaurant, son bar, son théâtre, est une véritable cité universitaire, qui symbolise la santé désormais florissante d'une Alliance définitivement sortie des sombres jours d'après-guerre. Le Congrès, avec ses neuf commissions, dont chacune couvre une partie du monde, apparaît comme la preuve vivante d'une expansion universelle et exemplaire.

Une ascension ininterrompue

Congrès mondial de 1956. Au premier rang de gauche à droite :
Marc Blancpain, Émile Henriot, René Billières,
Georges Duhamel, A. François-Poncet, le Prince de Broglie.

Le 2 décembre 1958, l'Alliance compte alors 75 ans, c'est le
général de Gaulle en personne qui vient conforter de sa présence
et de son verbe inimitable une Association dont il est devenu le
président d'honneur. C'est ce jour-là qu'il prononce la fameuse
parole : « On ne résiste pas à l'Alliance française. » Et il explique
les raisons de sa présence : « On ne ferait pas, on n'aurait pas fait
le monde sans la France. On ne le fait pas aujourd'hui sans elle,
sans sa pensée, sans son action. L'Alliance française m'apparaît
comme une ambassadrice permanente de ce qu'il y a au-dessus de
la politique, au-dessus du « au jour le jour », au-dessus des difficultés, des divisions, des critiques, de ce qu'il y a de moderne dans
son action et dans cette pensée-là plus moderne que jamais (...) Il y
a beaucoup d'ombres sur le monde où nous vivons aujourd'hui.
Gloire aux lumières, gloire à la lumière de la France ! Merci à
l'Alliance française qui se fait un devoir et un honneur de la présenter partout ! »

Une
ascension
ininterrompue

Georges Pompidou serre la main du 350 000ᵉ étudiant
inscrit à l'École de Paris depuis la Libération.

Le 5 février 1963, c'est Georges Pompidou, alors Premier ministre, qui, accompagné de Christian Fouchet, ministre de l'Education nationale, franchit la grille du 101, boulevard Raspail et vient présider une sorte de fête de famille, puisqu'il s'agit de célébrer le 350 000ᵉ étudiant inscrit à l'Ecole de Paris depuis sa réouverture en 1945. Le sort a bien fait les choses : cet étudiant est un Américain, Darwin Fakold, venu de Californie en compagnie de sa femme et de ses quatre enfants. Par souci de courtoisie, on décide d'honorer également une jeune Indienne, en sari rose et vert, Mlle Indira Nair, arrivée chez nous avec le numéro 350 001. Après avoir remis un prix à l'un et à l'autre, le chef du gouvernement écoute, l'œil mi-clos sous des sourcils broussailleux, les discours où le secrétaire général lui explique les raisons de la remontée du français comme langue universelle et le directeur de l'École l'originalité humaine de son établissement : « C'est l'O.N.U., les chamailles en moins. » Répondant aux orateurs, le Premier ministre exalte, dans sa péroraison, « l'œuvre de rapprochement qui est celle de l'Alliance », œuvre « conforme à ce que la France considère comme

Une ascension ininterrompue

le plus important, et qui est de substituer aux heurts et aux conflits éternels de l'humanité la compréhension par la connaissance réciproque. »

Quatre ans plus tard, le 16 juin 1967, est inauguré le **Centre Georges Duhamel**, qui dresse fièrement ses sept étages flambant neuf au 34 de la rue de Fleurus. La cérémonie est présidée par Alain Peyrefitte, ministre de l'Education nationale, qui, après avoir coupé le ruban symbolique, se fait expliquer le fonctionnement des principaux services de l'établissement. Ensuite, il gagne le théâtre, où, après les discours de bienvenue du président et du secrétaire général, il rend à son tour hommage à « la double mission de l'Alliance », qui est d'abord de « faire rayonner la langue, la culture, la pensée françaises à l'étranger, bref d'enseigner le français hors de France » ; ensuite d'« enseigner aux étrangers en France la langue française, la pensée française, la civilisation française. » Cette seconde mission, il suffit de regarder le nouveau bâtiment pour comprendre qu'elle est en bonnes mains, puisqu'elle est confiée à l'Ecole de Paris maintenant à son apogée.

L'École de Paris : une usine à français

Dans les rapports d'assemblée générale, une même constatation — assortie d'un même regret — revient d'année en année : l'Ecole de Paris est trop exiguë pour recevoir les élèves sans cesse plus nombreux qui se pressent dans ses murs. Il faut à tout prix découvrir ou aménager — ou, mieux encore, construire — des locaux nouveaux. Faute de quoi on brisera l'expansion « à laquelle l'Ecole semble (heureusement) condamnée »...

En 1950, un premier palliatif, tout provisoire, consiste à installer quatre classes dans le grand amphithéâtre, qui est prévu pour d'autres activités et dont la superficie se trouve amputée d'autant. Et, dès 1951, on décide — sans interrompre les cours — de surélever le bâtiment du boulevard Raspail, haut de deux étages seulement, de façon à offrir à l'enseignement deux étages supplémentaires, cependant que le secrétariat général, fort à l'étroit lui aussi, profitera de l'occasion pour occuper un cinquième et dernier étage. En attendant cet espace, à la lettre, vital, on travaillera et on enseignera, les pieds « dans les plâtres et dans les gravats », les oreilles, elles, étant régalées du bruit des bétonneuses et des machines à percer. Ces inconvénients sont impuissants à décourager le zèle des candidats étudiants : on en enregistre chaque mois

Une ascension ininterrompue

de 150 à 200 de plus qu'au mois correspondant de l'année précédente. En 1953, le secrétaire général peut enfin annoncer l'ouverture prochaine d'une « école élégante », dotée de 28 classes, soit le double d'avant et, du même coup, capable d'accueillir un jour 2 500 inscrits mensuellement. Pour le moment, le nombre des étudiants (1 600 par mois) et celui des professeurs (il est de 60) ont *triplé* en cinq ans. A la rentrée de septembre 1953, quand le rehaussement du bâtiment est terminé, l'Ecole est riche de 32 salles de classe : mais déjà, en novembre, on dénombre 2 170 inscriptions, soit une augmentation de 27% en une seule année ! A un tel taux de croissance, les nouveaux locaux ne tarderont pas, à leur tour, à se révéler insuffisants.

Bientôt, en effet, l'afflux des étudiants, dû en grande partie au formidable succès qui salue la publication du tome I du *Cours de langue et de civilisation françaises*, de Gaston Mauger, se fait de mois en mois plus pressant. De 17 000 inscriptions en 1953, on passe à 19 000 en 1954, dont 2 500 pour le seul mois de mai : le point de saturation est atteint moins d'une année après la mise en service du bâtiment rénové.

En 1955, on compte 25% d'élèves de plus (c'est-à-dire 3 fois plus qu'avant-guerre) et, en novembre de cette année-là, est enregistré le chiffre record de 3 000 inscrits. En novembre 1956, ce chiffre est de 3 600, soit encore 20% d'augmentation ! En 1958, le total des inscriptions mensuelles s'élève à 37 000 (contre 24 000 en 1955 et 31 000 en 1956), celui de novembre, qui chaque année est le mois de pointe, atteignant, lui, 4 000 élèves, qu'à certaines heures on héberge tant bien que mal et plutôt mal que bien.

Certes, au fond de la cour, s'élève fièrement le bâtiment tout neuf, désigné sous le nom de *Résidence*. Mais avec son restaurant, son bar, ses chambres, son théâtre, il a lui-même trop à faire pour porter secours à l'Ecole. C'est alors qu'on songe à construire une seconde maison, sise cette fois *sur la rive droite*, afin de permettre à beaucoup d'étudiants de trouver un établissement plus proche de leur domicile, donc leur faisant perdre moins de temps et occasionnant de moindres frais de transport. A cet effet est constituée, en 1957, une *Société civile immobilière*, dont le capital espéré est de 200 millions obtenus par l'émission de 20 000 actions de 10 000 francs. En attendant de réunir cette somme, on crée un « horaire » à midi et demi (c'est le septième d'une journée bien remplie) et on installe des Cours du Soir (ce sont alors les plus fréquentés) au lycée Carnot. Le directeur de l'Ecole, d'octobre 1957 à janvier 1958, se voit obligé d'engager 18 nouveaux professeurs pour faire face à

Une ascension ininterrompue

la croissance d'effectifs sans cesse plus nombreux. De tous les points du globe et tout spécialement d'Allemagne, où la remise en honneur sur le plan politique du couple franco-allemand est prise au sérieux et fait florès (1 élève sur 4 vient d'outre-Rhin), la jeunesse accourt vers le 101 du boulevard Raspail, qui bénéficie maintenant d'une notoriété universelle : 86 nationalités différentes n'y sont-elles pas représentées ?

En 1958-1959, l'expansion se poursuit, à un rythme soutenu. Les inscriptions mensuelles sont toutes supérieures à 4 000 et, en 1959-1960, à 4 500, avec, en novembre, une pointe, jamais encore atteinte, de 6 350 élèves. Au 31 décembre 1958, ce sont 250 000 étudiants qui auront suivi les cours de l'Ecole pratique depuis la Libération. Pour ne refuser personne, on loue et aménage de nouveaux locaux, rue de la Sourdière, dans le quartier de l'Opéra. Quand Gaston Mauger quitte la direction fin octobre 1959, le secrétaire général rend hommage à son œuvre : « L'Ecole, à son arrivée, commençait seulement à reprendre vie ; elle connaît à son départ une merveilleuse prospérité. »

Sous la conduite de son successeur et ami, Maurice Bruézière, agrégé des Lettres et, lui aussi, professeur au lycée Condorcet, qui, en octobre 1963 sera mis à la disposition de l'Alliance et pourra donc consacrer tout son temps à ses absorbantes fonctions, cette prospérité ne se dément pas. Un des tout premiers gestes du nouveau directeur sera d'obtenir du secrétaire général la libération, par les services administratifs (comptabilité, conférences, enseignement à l'étranger), du 5e étage de l'immeuble central du boulevard Raspail afin d'ouvrir les classes nouvelles réclamées par la voracité tentaculaire de l'Ecole. Les services visés, eux, émigrent vers la Résidence où ils occupent, sur l'étendue d'un demi-étage, quelques chambres d'étudiants hâtivement transformées en bureaux d'une commodité et d'une fonctionnalité discutables... Comme le déclare, mi-figue, mi-raisin, Marc Blancpain, on a « dépouillé Roger » (Gouze) pour « vêtir Maurice » (Bruézière), tout heureux, lui, d'avoir récupéré sept nouvelles salles, même si celles-ci n'ont pas toujours un gabarit exactement scolaire.

C'est que, depuis quatre ans, les effectifs ont tout simplement doublé (et, depuis dix ans, quadruplé). En 1960, la moyenne mensuelle des inscrits s'établit à 5 600, avec, en novembre, mois traditionnel de pointe, une poussée de 7 250. Pour célébrer ce succès planétaire (97 nationalités sont représentées en 1961), il est d'ailleurs décidé de rehausser l'éclat de l'Ecole ex-« pratique » en la baptisant d'un vocable plus prestigieux : elle prendra en 1966, le *Une ascension ininterrompue* nom d'*Ecole internationale de langue et de civilisation françaises*, un titre qui se réfère explicitement au fameux ouvrage de Gaston Mauger.

Ce développement est encore favorisé par la création d'activités parascolaires : par exemple, boulevard Raspail, est fondée une section d'Alliance des *Jeunesses musicales de France*, et surtout, hors de France, il se forme douze *Amicales des anciens élèves de l'Ecole de Paris* (en Allemagne, en Autriche, en Angleterre, en Espagne) destinées à resserrer encore les liens avec les pays et les centres qui envoient le plus grand nombre de jeunes gens étudier le français à Paris. En 1962, ces amicales aboutissent à la naissance d'une *Association internationale des élèves et anciens élèves*, qui a pour président un jeune ingénieur allemand, Hermann Tröndle, et pour animateur Jean Allix, un professeur connu de tous, non seulement pour son aptitude à diriger des chorales, mais aussi pour sa capacité d'organiser des voyages et de donner vie et forme aux différentes activités culturelles. Récréative, l'Association entend également faciliter l'existence des étudiants en leur procurant, par la mise sur pied d'un *service social,* le logement ou le travail dont ils peuvent avoir besoin. Le restaurant de l'Alliance, de son côté, sert des centaines de milliers de repas, pour le prix modique, vers les années 1960, de 3 francs. Un *service d'accueil*, qui a pour président le dévoué M. Le Bourgeois, tente même de faire recevoir, par des familles françaises de bonne volonté, des étudiants et des étudiantes que leur existence à Paris laisserait un peu esseulés. Sans doute, beaucoup de celles et de ceux qui font ainsi leurs études ont-ils parfois le ventre un peu creux et regrettent-ils de devoir camper, pour ainsi dire, sous les combles, dans des mansardes qui n'ont pas toujours l'eau courante ; mais ils sont nombreux, ceux qui garderont la nostalgie du temps où ils étaient jeunes et où ils voyaient briller, du haut des toits, les lumières balzaciennes de Paris... De toute façon, l'École mérite bien son nouveau nom puisque de plus en plus elle a tendance, en effet, à devenir « un foyer de l'amitié internationale par le truchement de la langue française. »

D'année en année, jusqu'aux « événements » de mai et de juin 1968, l'expansion va se poursuivre régulièrement et presque impitoyablement. En 1961, 24 000 personnes différentes se seront inscrites aux cours ; en 1962, elles auront été 27 000 ; en 1964, 30 000 ; en 1965, 31 000 ; en 1966, 32 000 ; en 1967, 33 000, représentant 120 nationalités. Depuis 1945, ce sont environ 500 000 étudiants et étudiantes (celles-ci constituent les deux-tiers de l'effectif) qui seront venus apprendre notre langue ou en perfectionner le

Une ascension ininterrompue

maniement et la connaissance à l'Ecole de Paris, devenue, en quelque sorte une « usine à français ».

Pour parvenir à intégrer cette population sympathique, mais envahissante, il a fallu - éternel problème - se procurer de nouveaux locaux. On a trouvé d'abord, rue Notre-Dame-des-Champs, à 100 mètres de la maison-mère, un rez-de-chaussée, qui a été loué en 1960 et où ont été installées six salles de classe, dont la principale utilité a été, aux horaires de pointe du matin ou de l'après-midi, de soulager le bâtiment central surchargé. Ensuite et surtout, un pavillon et deux immeubles, un peu vétustes il est vrai, ont été acquis aux 33 et 35 de la rue de Fleurus, juste derrière l'édifice principal, et des travaux ont permis de les faire communiquer avec l'immeuble du boulevard Raspail : ce sont dix classes de plus qui, en 1962, sont aménagées dans ces lieux de fortune et qui vont permettre d'attendre le temps nécessaire pour construire, exactement en face, sur un terrain de 400 mètres carrés, sis au 34 de la même rue de Fleurus, un immeuble moderne et disposant de l'équipement nécessaire en matière d'enseignement audio-visuel.

Ce bâtiment tout neuf, il aura fallu vingt-trois mois de démarches pour obtenir le permis de le construire et dix-sept seulement pour l'édifier et l'installer, de fond en comble. Haut de sept étages, dont les six premiers contiennent une trentaine de classes et dont le dernier héberge le collège américain de Sweet-Briar, pourvu, en outre, de deux sous-sols, dont l'un sera utilisé pour les réceptions, muni d'un laboratoire de langues de 24 cabines et d'un laboratoire de phonétique corrective, il apparaît, ainsi que le déclare le secrétaire général, justement fier de son édification, comme « le plus moderne, le mieux équipé et le plus accueillant des établissements d'enseignement destinés aux étudiants étrangers. » Il est inauguré, le 16 juin 1967, par Alain Peyrefitte, alors ministre de l'Éducation nationale, et reçoit l'appellation de *Centre Georges Duhamel*, en souvenir d'un des plus grands présidents de l'Alliance, du « Président de la Résurrection », à qui va tout naturellement cet honneur mérité.

L'École de Paris : une université populaire

L e succès croissant et persistant de l'École de Paris s'explique essentiellement par la manière dont y est conçu et conduit l'enseignement, par les facilités et les avantages de toutes sortes qu'elle offre pour l'apprentissage de la langue.

Une ascension ininterrompue

L'enseignement y est structuré de la façon la plus logique et la plus cohérente, surtout depuis la publication, qui a commencé en 1952, du *Cours de langue et de civilisation françaises*, déjà maintes fois évoqué. Il est réparti selon cinq degrés : le premier et le second, d'une durée d'environ trois mois chacun, et dont la matière est couverte par le tome I du manuel ; le troisième et le quatrième, d'une durée à peu près égale, et où est enseigné le contenu du tome II ; le cinquième enfin, ou degré supérieur, qui s'étend généralement sur cinq mois, au cours desquels sont réutilisées, brassées, perfectionnées, élaborées, complétées les connaissances acquises dans les quatre degrés antérieurs, conformément au plan adopté dans le tome III. Une initiation aux textes littéraires est également amorcée pendant cette session de perfectionnement, à la fois par la lecture de deux œuvres complètes, l'une de l'époque classique, l'autre de l'époque moderne, et par la pratique du tome IV qui, sous la forme d'une anthologie thématique, introduit à l'étude de la littérature et de la civilisation.

A l'issue du quatrième degré, c'est-à-dire au bout d'un an, les élèves sont capables de soutenir une conversation sur tous les principaux aspects de la vie matérielle et sociale, de lire un journal, un hebdomadaire, une revue, de rédiger une lettre ou de composer un récit d'une vingtaine de lignes sur un sujet concret.

A la fin du degré supérieur, où les connaissances élémentaires de la première année se sont considérablement amplifiées et affinées, les élèves s'initient aux difficultés propres à l'expression du sentiment et de la pensée abstraite, et sont aptes à présenter une dissertation de caractère littéraire, psychologique ou moral.

La possession de ces différents acquis est, du reste, sanctionnée par des examens, qui sont organisés trois fois par an, en janvier, en juin et en août, c'est-à-dire au terme des trois sessions dont se compose l'année scolaire (deux sessions de cinq mois et une session d'été, accélérée, de deux mois seulement). A l'issue du quatrième degré, se passent le Certificat de français parlé (C.F.P.), qui donne lieu à trois épreuves orales et le Diplôme de langue française, (D.L.), auquel on ne peut être candidat sans avoir obtenu au préalable le C.F.P., et qui comporte dictée, questions de sens et de grammaire, et rédaction d'une brève narration. A la fin du cinquième degré, les étudiants sont en état de subir les épreuves du Diplôme supérieur d'études françaises modernes (D.S.), comprenant dictée et questions d'une part, dissertation d'autre part, ainsi que des interrogations orales permettant de vérifier le niveau des postulants en matière de vocabulaire, de grammaire et de phonétique.

Une ascension ininterrompue

La progression, claire et précise, que suivent les élèves est, en outre, affinée et diversifiée grâce à la subdivision des cinq degrés fondamentaux en mois d'enseignement. Ainsi y a-t-il un premier degré premier mois, un premier degré deuxième mois, un premier degré troisième mois, un second degré premier mois, etc. Au total, ce sont une quinzaine d'échelons successifs que parcourent les élèves avant de parvenir au terme de leurs études. Un échelonnement aussi élaboré présente maints avantages : d'abord, il permet aux élèves, en cas de changement d'horaire ou d'interruption momentanée de leur scolarité, de ne souffrir d'aucune solution de continuité dans l'acquisition systématique de leurs connaissances ; ensuite, il facilite l'inscription des nouveaux étudiants *à n'importe quel moment de n'importe quel mois de l'année*, un « test d'orientation » à leur entrée à l'école rendant possible leur intégration immédiate dans une classe correspondant à ce qu'ils savent de la langue parlée et écrite (seuls les « débutants absolus » ne peuvent s'inscrire que le 1er ou le 15 du mois, dates auxquelles sont ouverts des cours organisés à leur intention) ; enfin, il fait progresser tous les élèves de la même façon en même temps, suivant un rythme moyen calculé conformément aux aptitudes moyennes de la grande majorité des étudiants.

A cet enseignement de la langue, qui concerne l'immense majorité des élèves, s'en surajoutent quelques autres, dispensés dans ce qu'on appelle les « cours spéciaux » (sans compter ceux qui sont consacrés à la simple « conversation » et dont le nom même indique assez les limites de leurs ambitions).

Le plus important de ceux-ci est sans doute le *Cours de professorat*. Il s'adresse à des étudiants d'un niveau déjà élevé (celui du baccalauréat français ou du diplôme supérieur, obtenu avec mention) à qui, au cours d'une formation accélérée de cinq mois, on donne le minimum de connaissances linguistiques et de pratique pédagogique nécessaire pour enseigner honorablement notre langue. Ce cours aboutit à un examen sanctionné par un diplôme — le Brevet d'aptitude à l'Enseignement du français hors de France, — titre qui évoque assez explicitement les capacités de ses détenteurs. Le succès de ce cours grandit d'année en année : créé en 1948 et ne réunissant d'abord qu'une douzaine d'élèves, il provoque un intérêt croissant jusqu'au point de rassembler en 1967-1968 quelque chose comme deux cents étudiants à chacune des deux sessions de janvier et de juin.

Un autre cours qui exerce un attrait certain sur les élèves qui ont un emploi dans telle ou telle entreprise, c'est le *Cours de français commercial*, qui peut se suivre au niveau du quatrième degré de l'Ecole et qui permet, moyennant une scolarité de cinq mois à raison de quatre heures par semaine, d'acquérir assez de connaissances pour déchiffrer correctement un document se rapportant aux affaires et pour rédiger une lettre de commerce. Ce cours, lui aussi, aboutit à un examen, donnant lieu à l'attribution du certificat de français commercial, dont les épreuves se déroulent à la fin de chacune des trois sessions annuelles.

A ces activités payantes (l'inscription se fait mensuellement, pour éviter aux étudiants d'avoir à débourser d'un coup des droits trop élevés) s'en joignent d'autres, nombreuses et utiles, qui, celles-là, sont entièrement gratuites. Telles sont, notamment, les conférences de littérature classique et contemporaine, de grammaire supérieure, de phonétique, d'histoire de l'art et de la musique, qui sont dispensées à raison de dix ou douze heures par semaine, les « séances de travail » où sont expliquées en détail les œuvres littéraires figurant au diplôme supérieur, les visites de musées, de lieux historiques, d'usines et d'entreprises importantes. Au meilleur sens du terme, l'École de Paris apparaît sous les traits d'une véritable *Université populaire*. En témoignent les progrès accomplis par de nombreux élèves qui y auront reçu une culture leur ouvrant, pour la suite de leur carrière, des possibilités à peine entr'aperçues lors de leur arrivée à Paris[3].

L'École de Paris : un centre de direction et de recherche pédagogiques

S i l'École de Paris est d'abord un établissement d'enseignement, son rôle peu à peu cesse de se borner à cette tâche. Elle se transforme, tout naturellement, en Centre pédagogique, qui, non seulement prépare des étudiants à devenir un jour professeurs, mais aussi qui reçoit des professeurs déjà en fonction, notamment au cours des stages d'été. Ceux-ci, conçus dès 1955 à l'initiative de Charles Bouton, un psycho-linguiste qui fut longtemps adjoint au directeur de l'École, obtiennent très vite un succès croissant et, au bout de quelques années, réunissent plusieurs centaines (460 en 1967) d'enseignants de français, qui, attirés par la réputation de l'École de Paris et désireux de se recycler, viennent y renouveler et y compléter leur formation initiale. A ces stages d'été s'ajoutent, en 1963, des stages de Pâques, et, en 1964, des stages

Une ascension ininterrompue

3. L'une de ces élèves est aujourd'hui professeur en titre dans une grande Université française.

d'Hiver, réservés ceux-là aux professeurs de l'hémisphère sud dont les vacances se situent en janvier et en février. De plus en plus, notamment à partir du moment où il a enrichi son équipement audio-visuel, l'établissement de Paris a tendance à devenir un foyer pédagogique international, ou, comme on dit plus volontiers à l'époque, une sorte d'École normale, promotrice de techniques et de méthodes, exerçant un rôle directeur (plutôt que directif, car les Alliances à l'étranger ont toujours eu le libre choix de leurs manuels et ont recouru en particulier aux méthodes du C.R.E.D.I.F., notamment à *Voix et Images de France*), un rôle d'incitation, d'impulsion, un rôle de guide, de phare, dans l'action enseignante. C'est ce que déclare, dès 1957, le secrétaire général, en des termes qu'il nuancera dans la suite, mais qui traduisent, d'emblée, le fond de sa pensée : « L'École de Paris est pour nous, au premier chef, l'école centrale et l'école modèle de l'Alliance française. C'est elle qui doit inspirer, et qui inspire véritablement, cet enseignement du français que l'Alliance distribue aujourd'hui dans le monde entier. » Et il renchérit en 1965, quand, tandis que s'édifie le futur Centre Georges Duhamel, il l'annonce et le définit comme devant être un « centre de recherches et d'applications pédagogiques ». Il ne s'agit pas de procéder à « un simple agrandissement de l'École », mais de l'utiliser « comme un fer de lance » : « Nous y formerons aux méthodes nouvelles, dans les meilleures conditions, un professeur de l'étranger et les professeurs à l'étranger. »

Ce rôle de direction souple et ouverte, tournée vers la communication et la concertation avec l'extérieur, rien ne le met mieux en lumière que la publication du modeste bulletin pédagogique mensuel qui, sous le titre de *l'Enseignement du français aux étrangers*, commence à paraître en 1948 sous l'impulsion de l'inventif Gaston Mauger. Ne comportant d'abord que quatre pages, il s'étoffe bientôt, en compte huit à partir de novembre 1951, et accroît son tirage avec une régularité qui manifeste éloquemment son succès : quand il cessera d'être publié, trente ans plus tard, il aura atteint 17 000 exemplaires, servis gratuitement chaque mois aux professeurs qui en ont fait la demande.

Il est composé d'articles, généralement assez brefs, portant le plus souvent sur des problèmes de la pédagogie du français langue étrangère. On ne citera que quelques titres, tirés des premiers numéros et tous suffisamment indicatifs de leur contenu : *La leçon de vocabulaire aux débutants* ; *Une explication de texte au cours supérieur* ; *La Grammaire dans la classe élémentaire du 2ᵉ degré.* Pour la plupart, ils sont rédigés par des professeurs, soit de l'École

Une ascension ininterrompue

de Paris, soit d'autres établissements plus ou moins lointains, et expriment, de la façon la plus concrète, les résultats d'une précieuse expérience. A partir d'octobre 1952, ils sont précédés d'une rubrique, *La vie des mots*, fidèlement fournie par l'incomparable Georges Gougenheim qui, avec la simplicité et la modestie propres aux plus grands, propose à des lecteurs de plus en plus attentifs un condensé de savoir sur telle ou telle question de vocabulaire (*Les dénominations expressives de l'avare, familles étymologiques et familles de sens, talent et génie*, etc.) aussi riche de substance que facile (et même agréable) à assimiler. Chez ce savant, qui a une maîtrise totale des subtilités et des difficultés de la langue, la pédagogie exclut le pédantisme. Le fait est presque unique et explique le succès remporté par ces humbles chroniques, qui, dans leur quasi-totalité, ont été publiées chez l'éditeur Privat.

A ces articles s'ajoutent enfin — mais ce n'est pas la partie la moins attractive du *Bulletin* — des *Corrigés de sujets d'examens* (brevet d'aptitude, diplôme supérieur, diplôme de langue, certificat de français commercial), apportant aux professeurs des modèles précis de réponses aux questions posées aux différents examens de l'Alliance.

Établissement d'enseignement, l'École de Paris se trouve être, en effet, le centre d'organisation du plus grand nombre des examens passés dans les Alliances du monde entier. Elle n'est pas le seul : l'Université de Nancy, par exemple, est chargée de préparer les épreuves passées au Brésil et de fournir les diplômes correspondants ; beaucoup d'Alliances (en Argentine notamment) ont leurs propres examens et délivrent les diplômes qui en sont la sanction. Néanmoins, surtout depuis la refonte, en 1958, du Conseil pédagogique, qui se réunit à Paris sous la Présidence d'un membre de l'enseignement supérieur (Raymond Lebègue, de la Sorbonne) et qui comprend le directeur de l'Ecole, vice-président, deux représentants du secrétaire général (Roger Gouze et Léonce Clément) et quatre ou cinq professeurs de l'établissement du boulevard Raspail, c'est à cet organisme qu'il appartient de proposer les sujets des examens passés dans les centres de l'étranger, lesquels, après avoir fait corriger les écrits à Paris, ont encore la charge de faire passer les oraux. Les résultats, après collation des notes obtenues dans les différentes épreuves, sont proclamés par le siège parisien qui, de plus, fait établir les diplômes et les donne à contresigner au ministère de l'Education nationale (dont ils portent le visa) avant de les renvoyer individuellement aux intéressés.

Une ascension ininterrompue Il s'agit là d'une lourde tâche, qui nécessitera la constitution, à côté du Conseil pédagogique, d'un *Service des examens ;* mais cette procédure a l'immense avantage de conférer aux examens de l'Alliance la double garantie que les sujets sont établis avec soin et les copies corrigées avec sérieux en même temps qu'elle consacre la valeur universelle des diplômes proposés.

On ne dira qu'un mot des efforts entrepris pour permettre à des professeurs ou à des étudiants étrangers de faire un séjour en France : bourses des Alliances de Buenos Aires, de Rio de Janeiro, de New York, de La Havane, de Manille ; bourses attribuées sur les donations Léon Lejealle et Gaston Mauger ; **concours européen,** rassemblant, chaque année, plusieurs dizaines de grands écoliers, venus de Grande-Bretagne, de Scandinavie, d'Espagne, du Portugal, de Suisse, d'Italie, de Grèce, et conviés à résider gratuitement, pendant deux semaines, dans le pays dont ils sont en train d'apprendre la langue. Précisons que tous les bénéficiaires de ces initiatives sont réunis à l'École de Paris, qui décidément joue le rôle d'aile marchante au sein d'une Alliance en état d'expansion universelle.

Le « Cours de langue et de civilisation françaises »

Dans l'histoire, non seulement de l'Ecole de Paris et de l'Alliance en général, mais aussi de l'enseignement du français, langue étrangère, le *Cours de langue et de civilisation françaises*, plus communément connu sous le nom de « Mauger bleu » (par opposition au « Mauger rouge », qui paraîtra une vingtaine d'années plus tard) – aura joué un rôle déterminant. Marc Blancpain qui, dès 1945, a attiré l'attention du Conseil d'administration sur l'absence d'un manuel spécifique et a reçu mission d'en mettre un en chantier, qui en a choisi l'auteur sur le conseil de Marcel Abraham et en a fermement soutenu la publication, le rappellera à maintes reprises dans ses discours, notamment lors du Congrès mondial de 1956 : « Je ne suis pas loin d'estimer quelquefois que c'est peut-être la contribution la plus utile apportée par notre maison à la cause de la diffusion du français dans le monde. » Il ne pouvait mieux dire et on comprend sa satisfaction d'avoir eu une idée si heureuse et de la voir réalisée avec un tel succès.

En réalité, cette méthode, élaborée pour planifier et unifier l'enseignement dispensé à l'Ecole pratique et éventuellement dans les autres écoles d'Alliance, n'est pas, telle la Minerve antique, sortie tout armée du cerveau de son créateur. Elle est d'abord le fruit d'une expérience déjà ancienne : celle qui, au fil des ans, a été

Une ascension ininterrompue

LEÇON 26

— *GRAMMAIRE* —

Le pluriel des noms (*voir leçon 2*)

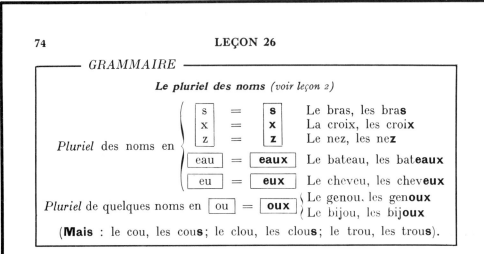

s	=	**s**	Le bras, les bra**s**
x	=	**x**	La croix, les croi**x**
z	=	**z**	Le nez, les ne**z**
eau	=	**eaux**	Le bateau, les bat**eaux**
eu	=	**eux**	Le cheveu, les chev**eux**

Pluriel des noms en

Pluriel de quelques noms en eu = **oux** ⟨ Le genou, les gen**oux** / Le bijou, les bij**oux**

(**Mais** : le cou, les cou**s** ; le clou, les clou**s** ; le trou, les trou**s**).

La famille Vincent débarque au Havre

Voici un grand port avec des bateaux ; c'est *Le Havre*. Le paquebot *France* **s'est arrêté** devant **le quai** et les passagers **débarquent.**

Voici maintenant un train. Il va **transporter** à Paris les voyageurs d'Angleterre et d'Amérique. Ce n'est pas un **omnibus,** c'est un **express :** il s'arrêtera seulement à Rouen. Les **moteurs tournent** déjà. Ce train a six **wagons** de voyageurs, un **wagon-restaurant** et un **fourgon** pour les **bagages** (m.).

Sur la troisième image vous voyez quatre voyageurs. Ils viennent de passer à la **douane** et vont

monter dans un wagon de seconde **classe. Reconnaissez-vous*** la famille Vincent ? Voyez-vous les cheveux noirs de Pierre et les cheveux blonds d'Hélène ? M. Vincent et son fils portent des **valises** (f.), Hélène tient une **poupée** dans ses bras. Où sont les malles de la famille ? Elles sont déjà dans le fourgon.

*Verbe *reconnaître :* comme *connaître* (leçon 25).
Présent: Je reconnais.   **Futur:** Je reconnaîtrai.   **Passé composé:** J'ai reconnu.

acquise au contact des étudiants étrangers depuis la fondation de l'Ecole, c'est-à-dire depuis 1919. Elle ne s'appuie pas sur des a priori psycho-linguistiques, comme on a commencé à dire un peu plus tard. Elle préfère répondre très étroitement aux besoins, aux vœux des élèves désireux, bien sûr, de parler le français, mais aussi de le lire et de l'écrire ; elle se fonde sur l'observation prolongée de ce qu'ils sont en mesure d'assimiler, et à quel rythme ; elle est un effort pour systématiser et rationaliser les leçons héritées de la pratique la plus quotidienne et la plus concrète. En un mot, elle se présente, selon l'exacte définition de son préfacier, comme le résultat d'un « empirisme réfléchi ».

Dès l'origine, le Mauger bleu est conçu sous la forme d'une méthode complète, allant des premiers rudiments jusqu'à une connaissance approfondie de la langue. Elle doit comporter trois tomes, correspondant le premier au cours élémentaire, le deuxième au cours moyen, le troisième au cours supérieur. Un quatrième volume, composé de textes choisis et groupés par thèmes, entend offrir un tableau synthétique de la civilisation française. Le cinquième sera une grammaire, conçue pour répondre aux questions que se pose un étranger devant les innombrables difficultés d'une langue peut-être plus apparemment que réellement claire et logique.

Une des originalités essentielles de la méthode est de présenter un cours en même temps de langue et de civilisation (d'où son titre), c'est-à-dire que, pour la première fois, une étude précise de la France et des Français est associée à celle du vocabulaire et de la grammaire. Pour donner une unité à ces différents éléments, l'auteur imagine qu'une famille étrangère vient visiter la France, famille qui, par ses réactions, suscitera et coordonnera les réactions des étudiants. Afin de rendre plus vraisemblables les propos de ces visiteurs, il choisit une famille canadienne (composée de quatre personnes : M. et Mme Vincent, leur fils Pierre et leur fille Hélène), où le français est très bien connu du père. Celui-ci, correspondant de presse, est chargé d'une enquête en France pour son journal. D'où le voyage de longue durée qu'il entreprend avec les siens dans notre pays, où il retrouvera des amis français, habitant à Paris : les Legrand. Le nom même des héros de l'histoire — les *Vincent* — est retenu parmi d'autres possibles, parce qu'il est à la fois français, canadien et américain, et aussi parce qu'il compte deux nasales que les élèves prendront tout naturellement l'habitude de prononcer correctement. On admire, au passage, que l'auteur ait pensé à tous (ou presque tous) les problèmes posés par l'apprentissage de notre langue.

Une ascension ininterrompue

Le succès du *Cours de langue et de civilisation françaises*[4] a été immédiat et foudroyant. Il a, par sa brusque nouveauté, relégué dans l'ombre les manuels antérieurs avant de susciter, à son tour, plusieurs émules. Il s'est vendu à des millions d'exemplaires et, un peu partout dans le monde, il conserve, aujourd'hui encore, de nombreux fidèles, en raison de la facilité et de l'efficacité de son utilisation. Le tome I a fait l'objet d'une adaptation audio-visuelle par Charles Bouton et d'un *Guide pédagogique*, dû à René Geffroy. Après avoir été longtemps accompagné d'un disque souple, il comporte aujourd'hui une cassette qui en modernise l'emploi.

Un autre ouvrage, qui a été également commandé à Gaston Mauger, ce fut le *Manuel du français commercial*, publié, lui, à la Librairie Larousse en 1954. L'auteur s'acquitta de cette besogne en grande partie grâce à l'active collaboration de Jacqueline Charon, professeur à l'Ecole supérieure de commerce de Paris et spécialiste avérée de la discipline considérée. Le livre permet, à ceux qui en possèdent le contenu et qui ont fait les exercices pratiques proposés aux lecteurs, de s'initier à toutes les grandes transactions de commerce qui ont lieu en français et d'apprendre à tenir le courrier commercial d'une entreprise grande ou petite. Un tome II, intitulé *Textes d'Etudes*, paru en 1967 sous la signature de Jacqueline Charon et de Maurice Bruézière, a essayé d'illustrer les principaux aspects de la vie économique et commerciale au moyen d'extraits empruntés le plus souvent à des économistes ou à des sociologues, plus rarement à des écrivains, le but étant de vivifier et de compléter un enseignement parfois réduit au simple exposé de la théorie.

Si l'on ajoute à ces ouvrages la publication, toujours sous la direction de l'infatigable Gaston Mauger, en 1952, d'un *Manuel de français élémentaire* composé avec la collaboration du grand linguiste Georges Gougenheim, et en 1964, d'un *Manuel de français accéléré*, élaboré en compagnie de Maurice Bruézière, on concevra sans peine que cette activité éditrice vaudra à l'Alliance, dans le domaine de l'enseignement de la langue, une réputation, un prestige de premier ordre.

La politique de rayonnement culturel

Si l'Ecole est une ruche où vient confluer toute la jeunesse du monde, elle n'est que le signe le plus visible d'une activité qui n'est guère moins fiévreuse dans tous les autres services du

4. Le tome I a été publié en 1952, le tome II en 1954, le tome III en 1959, le tome IV en 1957, la *Grammaire* en 1968.

siège central. Et d'abord dans tous ceux qui, on l'a vu, sont les compléments indispensables de l'Ecole elle-même : la Résidence, où sont hébergés de préférence les professeurs étrangers en séjour à Paris ainsi que les élèves de la classe de Professorat ; le Restaurant, qui réussit à servir, en 1966, plus de 600 000 repas ; le Bar, où les étudiants viennent, avant ou après les cours, prendre un rafraîchissement ou un café, avaler un sandwich ou un gâteau réparateurs ; le service social qui, bon an, mal an, fournit 4 000 emplois à ceux qui cherchent du travail et place à peu près le même nombre de « jeunes filles au pair » ; le cercle d'accueil, fondé en 1957, qui s'évertue à mettre les jeunes gens inscrits à l'École en contact avec des familles françaises ; le Comité de rayonnement, qui organise des « expositions-ventes » et dont la vice-présidente, Mme Andrieux, reçoit chez elle les plus illustres de nos hôtes étrangers ; l'Association internationale des élèves et anciens élèves de l'Ecole de Paris, qui fait paraître une brillante revue mensuelle *101, Boulevard Raspail* ; le Foyer des étudiants, qui multiplie les activités récréatives (chorale, visites de musées et d'entreprises, excursions aux Châteaux de la Loire ou au Mont-Saint-Michel) ; le théâtre enfin, dont la scène offre à de jeunes compagnies un lieu d'expression, où sont organisées chaque semaine des émissions de la Radio-Télévision française (*Le Masque et la Plume, Banc d'essai du Théâtre, Forums sonores* de la poésie)[5], où se déroulent, pour le public scolaire, des *Jeudis Classiques*. Tout cela est regroupé au sein d'un plus vaste organisme, la *Maison de l'Alliance française*, dont le directeur, Roger Gouze, lors de chaque assemblée générale, explique et résume les résultats obtenus.

Dans le même état d'esprit, le *Cercle cinématographique*, créé en 1954, établit, annuellement, le bilan des envois de films (150 par an environ) et des circuits qu'ils empruntent (de 15 à 17) à travers les différentes Alliances du monde, et procède à des achats de bandes, les unes récentes, les autres représentatives des classiques du cinéma français, qui pourront, de ce fait, être distribuées dans tous nos centres de l'étranger. A cet effet, le Cercle procure des centaines d'appareils permettant les projections de films ou de diapositives dont ont besoin tant de comités.

Le *Service du livre*, lui, est considéré comme un des plus importants de la maison. Il fournit aux Alliances de l'étranger des ouvrages de trois sortes : les « nouveautés », les manuels scolaires, les volumes destinés à enrichir ou à reconstituer les fonds de

5. Des émissions régulières, sous le nom de *Paroles de France*, sont également diffusées par quelques 25 ou 30 postes de radio. Et une collection de disques aide à faire connaître hors de France les *Français de notre temps*.

bibliothèque. Les « nouveautés » sont envoyées, en général à raison de six, par colis mensuels : ceux-ci, de 60 en 1950, passeront à près de 800 en 1967. Les « manuels », surtout à partir de la publication du *Mauger*, partent chaque année par milliers. Quant aux « bibliothèques », qui n'étaient que 200 peu après la guerre, on en compte 750 quinze ans plus tard. L'attribution la plus spectaculaire, à cet égard, aura été celle qui a permis la reconstitution du fonds français de la faculté de médecine de Santiago du Chili où l'Alliance a fait parvenir 23 000 volumes, dont 7 000 entièrement neufs. C'est aussi avec une générosité croissante que sont distribués les livres de prix, qui ont pour but de récompenser les lauréats des examens et des concours. Au total, pour la seule année de 1967, ce sont environ 100 000 volumes que le Service de Mme Le Pesqueur, pourtant étroitement logé, aura réussi à faire parvenir dans les 800 centres de l'étranger. C'est un chiffre qui multiplie par 13 ou par 14 les meilleurs d'avant la guerre. Encore convient-il d'ajouter à ces envois, dont les frais sont assumés, en majeure partie, par le secrétariat général, les quelque 3 000 abonnements à des périodiques français (*Elle, Paris-Match, Réalités, Revue des Deux Mondes*, par exemple) servis par l'Alliance de Paris à ses filiales de l'étranger et les disques qu'elles reçoivent également en grand nombre (de 3 000 à 4 000 par an). Ce n'est pas tout : le *Bulletin pédagogique*, publié par l'Ecole de Paris, est envoyé gratuitement à tous les professeurs de français qui en font la demande (le tirage, pour chaque numéro mensuel s'élève à 12 000 en 1967), et le siège central, depuis 1962, distribue dans tous les Comités un *Bulletin mensuel d'information* [6] contenant un éditorial du secrétaire général et des nouvelles relatives à la vie de toutes les Alliances du monde, fussent-elles les plus petites ou les plus reculées. Ce double lien a pour effet d'entretenir un étroit contact avec et entre tous ceux qui, présidents et membres des comités, directeurs et enseignants de nos écoles, participent, d'une façon ou d'une autre, à ce grand élan collectif en faveur de notre langue accompli sous la bannière de l'Alliance française.

A l'égard de la Conférence, de la « Conférence littéraire » surtout, dont on a peut-être abusé à une certaine époque, le secrétaire général a toujours manifesté des réserves, pour ne pas dire une antipathie marquée [7]. Après l'avoir, peu après son entrée en fonctions, remise sévèrement à sa place (la troisième, loin derrière l'enseignement et la diffusion du livre français), il l'a, après 1950,

6. De 1952 à 1962, un *Bulletin d'information*, encarté dans 700 numéros du *Mercure de France*, dont le Directeur est Georges Duhamel, a permis de diffuser les nouvelles, grandes et petites, qui seront ensuite propagées par la *Lettre Mensuelle*.

7. cf. *Voyages et Verres d'eau* (Paris, 1952 la Passerelle édit.).

reléguée à la quatrième, la construction et l'aménagement des locaux ayant, dans l'intervalle, occupé le second rang parmi les préoccupations majeures du siège central. Mais c'est surtout à l'endroit des « professionnels de la salive » que Marc Blancpain, pourtant orateur lui-même et d'un rare brio, exerce sa verve satirique, en particulier lorsqu'il fait effort, au long de ses interminables rapports d'assemblée générale, pour égayer un peu ses auditeurs, accablés de chiffres et de statistiques. Il raille alors les émules de « M. Buissonnet », le conférencier type, qui brûlent de faire entendre à l'univers impatient le discours révélateur de leur science ou de leur philosophie. En réalité, trop souvent, ces maniaques de l'éloquence ont grande envie de sillonner la planète et de séjourner dans de confortables hôtels... aux frais de la princesse. Hélas ! celle-ci n'est pas riche et, si elle fait pendant beaucoup d'années voyager en 1ère classe ses orateurs officiels et les héberge mieux qu'honorablement, elle leur alloue, en revanche, des cachets de la dernière modicité. De plus, pour amortir le prix de revient de l'unité-conférence, il est demandé aux « missi dominici » de la Maison d'accepter des tournées de plus en plus longues (allant jusqu'à dépasser deux mois) et d'y multiplier les discours (dont le nombre peut atteindre 50 ou 60). Finalement, le secrétaire général consent à rendre hommage au dévouement et à la résistance physique dont font preuve certains orateurs fourbus. D'une année sur l'autre, on compte 70 tournées et un bon millier de conférences prononcées. Les sujets les plus variés, parmi lesquels ceux qui ont trait à la littérature ne sont pas plus de 25%, sont proposés aux comités qui reçoivent les conférenciers et qui sont surtout heureux de faire entendre à leur auditoire d'un soir une voix, qu'elle soit celle d'un historien ou d'un juriste, d'un écrivain ou d'un explorateur, parlant « clairement et distinctement un français de qualité »...

Enseigner et construire

En province comme à Paris, à l'étranger aussi bien qu'en France, la politique du secrétaire général tient en deux mots : enseigner et construire.

Enseigner

Pourquoi ? Parce que c'est le meilleur moyen de propager le français, d'en maintenir l'usage comme langage réellement vivant, de lui assurer, derrière l'anglais, « une honorable seconde place[8]...

8. cf. Marc Blancpain : *L'honorable seconde place du français.*

au palmarès des langues internationales, de lui permettre, à l'époque du déclin des humanités classiques, de prendre le relais du latin et d'être un instrument de culture en même temps que de communication. » Dans tous ses rapports annuels, dans bon nombre de ses éditoriaux du *Bulletin d'information*, le secrétaire général ne manque pas de revenir avec insistance sur cette nécessité de l'enseignement, priorité des priorités, et de montrer, chiffres à l'appui, que partout où progresse le nombre des élèves des Alliances, celles-ci fleurissent à leur tour et enfoncent plus profondément leurs racines dans le terroir local. Aussi gare à ceux qui, envoyés de France pour enseigner et développer l'enseignement, ont tendance à consacrer trop de temps à leurs tâches administratives ou qui, dans « le culturel », cherchent une dérivation et n'y trouvent qu'une déviation à leur mission essentielle. Même la recherche pédagogique, si utile et souhaitable qu'elle soit, ne doit pas faire oublier l'ardent devoir d'enseigner : tous les séminaires du monde, où trop souvent on use d'un langage approximatif, mâtiné d'anglais et d'allemand, ne valent pas une classe, une vraie classe de français, où on apprend à parler, à lire et à écrire notre langue.

Construire

De l'obligation d'enseigner découle tout naturellement celle de posséder des locaux qui soient à la hauteur des circonstances. Il y a trois manières de s'en procurer : soit en louant, soit en achetant, soit en construisant. C'est cette dernière façon de faire qui, de loin, a la préférence du secrétaire général. Tout en se défendant d'être atteint de la « maladie de la pierre », que Saint-Simon reproche à Louis XIV, il s'écrie, en 1966, au retour d'une longue tournée en Amérique du Sud, où il a visité tant d'Alliances en plein essor : « Bâtissez. Ou tout au moins, tenez-vous prêts à bâtir. Dans le monde moderne, les loyers sont chers et la construction bon marché. Bâtissez « en pierres vives », en continuant d'attirer à vous des milliers d'étudiants ; efforcez-vous de bâtir aussi en pierres de taille, en béton et en verre, ces maisons bruissantes de vie et toujours trop petites, qui sont la force et la gloire de notre association. » Au crédit de cette politique, il faut placer les **90 immeubles** élevés de 1946 à 1976 et donner leur plein relief à de magnifiques réalisations : le lycée Saint-Exupéry de Santiago du Chili, élevé sur un terrain de 44 000 mètres carrés en 1957 et inauguré, deux ans plus tard, par André Malraux en personne ; le bâtiment de sept étages, véritable maison de la Culture, dont s'enorgueillit la filiale de São Paulo (1959) ; les agrandissements considérables des locaux

Une ascension ininterrompue

À l'Alliance française de Hong Kong

qui abritent les Alliances de Lima (1963) et de Buenos Aires ; le collège de Guadalajara, au Mexique ; le collège La Bourdonnais, à l'île Maurice (1962) ; l'Ecole de Diré-Daoua, en Ethiopie : autant d'exemples consacrant une politique hardie et réaliste.

Chaque année, le nombre des élèves reçus dans les diverses Alliances du monde est comparé fièrement à celui de l'année précédente : de 55 000 en 1950, il passe à 65 000 en 1953, à 72 000 en 1956, à 80 000 en 1959, à 100 000 en 1961, à 117 000 en 1963, à 175 000 en 1967. Si l'on ajoute à ce dernier chiffre celui des inscrits à l'Ecole de Paris, l'effectif global atteint et même dépasse les *200 000*. La progression moyenne est estimée à 10 % par an. Au palmarès du rapport annuel figurent les filiales qui ont ouvert ou ouvrent des écoles : il y en a 208 en 1962, dont 144 en Amérique latine, 28 en Asie, 28 en Afrique. On se réjouit qu'il apparaisse des Alliances enseignantes dans les territoires les plus lointains : à Hong Kong, à Vientiane, à Pnom Penh, à Karachi, à New Delhi, à Manille, à Asmara, à Nairobi, à Kampala, à Accra, à Lagos, à Durban, au Cap, etc. On désigne, pour les féliciter, celles qui hébergent de plus en plus d'étudiants : à Dublin, de 700 en 1961, ils sont 900 en 1963 ; à Hong Kong, de 340 en 1960, ils sont 818 en 1964 et 1 333 en 1965 ; à Bangkok, où l'Alliance cohabite avec le Centre Culturel,

Une ascension ininterrompue

ils ne sont pas moins de 1 100 en 1965. On relève, avec satisfaction, l'accroissement régulier du nombre des professeurs « détachés » (une quinzaine de plus chaque année), mis à la disposition du siège central par le ministère des Affaires étrangères : de 50 en 1950, ils ne sont pas moins de 300 en 1965. On peint en termes chaleureux l'exaltante mission dont ces détachés sont chargés.

L'épopée des professeurs

Beaucoup de ceux-ci sont des instituteurs ou des licenciés en début de carrière qui, ayant demandé à pratiquer un métier plus prenant que celui qui consiste à faire classe à de jeunes Français peu motivés, accèdent à l'ivresse d'avoir à aménager des locaux, à refaire une toiture vétuste, à creuser un parking qui fait défaut, à créer des cours, à recruter des professeurs, à dresser un emploi du temps, à établir un budget, enfin à avoir des responsabilités les transformant, eux, des fonctionnaires, en véritables petits chefs d'entreprises. Et ce n'est pas tout : ils ont à recevoir des conférenciers, à organiser des dîners, à préparer des spectacles, des projections de films, des expositions, à animer souvent toute une Alliance tout en respectant les volontés du comité, qui ne voit pas toujours d'un œil favorable des initiatives jugées un peu hardies. Expatriés, ils découvrent la patrie, la douceur d'y vivre, les vertus, la grandeur dont ils savaient mal qu'elle était pourvue.

A l'autre bout de la chaîne, les quelques agrégés et capétiens, qui sont délégués ou secrétaires ou inspecteurs généraux des grandes fédérations (Argentine, Brésil, Mexique, par exemple), ont des fonds importants à gérer, des terrains à acheter et à bâtir, d'immenses territoires à parcourir ; ils sont reçus couramment à l'ambassade, eux-mêmes sont tenus de recevoir ; ils sont des personnages, des notabilités que leur nouveau métier transforme complètement.

Quelle belle aventure, quelle promotion humaine et sociale pour tous ces déracinés que d'avoir ainsi l'occasion de se dépasser, de se réaliser, et d'entrer dans la grande famille de l'Alliance un peu comme on entre en religion : *in aeternum !* Pour ces petits « pédagos » ou ces jeunes couples qui, un jour, sont venus, un peu timides, rencontrer le patron à haute stature, puis son égérie pédagogique, l'exigeante, mais irremplaçable Hélène Besson, quelle récompense de savoir qu'on apprécie leurs efforts et qu'à chacun de leurs retours en métropole ils seront accueillis à bras ouverts dans l'Eglise laïque — ô combien ! — du boulevard Raspail.

Une ascension ininterrompue

Les grandes zones d'influence

Ce prosélytisme enseignant n'est pas sans conséquence pour le fonctionnement des Alliances, où les activités mondaines, déjà en net recul depuis plusieurs années, vont tendre à s'effacer davantage encore. Ainsi voit-on les comités de province (leur nombre, voisin de 90, va rester stable), dont trois seulement ont organisé des cours (c'est le cas à Nancy, à Strasbourg et à Marseille), perdre un peu de leur importance d'autrefois et limiter leurs relations avec le siège central aux tournées de conférences (dont il existe cinq ou six circuits, au reste fort bien organisés) et aux colis de livres mensuels, toujours reçus avec un vif intérêt. Il en est un peu de même pour les Alliances de l'étranger qui, si elles n'enseignent pas, offrent un peu moins d'intérêt aux yeux de la maison de Paris. Quant aux 200 qui se sont ouvertes à l'enseignement, elles ont une vie différente selon qu'elles disposent ou non d'un directeur des cours : s'il y en a un, il oriente fatalement l'action du comité, car, tout en restant soumis aux volontés et décisions de celui-ci, il joue un rôle d'animateur qui fait de lui un personnage essentiel. Le paysage des Alliances se transforme donc assez sensiblement, les unes, presque toujours celles qui enseignent, prenant un large essor, les autres se repliant un peu sur elles-mêmes et devenant moins indispensables qu'autrefois. Au reste, le secrétaire général, en 1951, confirme cette sorte de partage entre les filiales du premier rang et les autres, quand il définit les zones d'influence qui lui paraissent prioritaires :

1. « La frontière linguistique de la France » (Alsace, Suisse, Belgique) ;

2. « L'Europe Continentale », dont la langue française doit rester « une des clefs ».

3. L'Afrique, « l'immense et profonde Afrique », devenue, depuis la décolonisation, le « continent du parler français ».

4. L'Amérique latine, où le grand fait, depuis cinq ans, est la remontée des anciennes Alliances et le magnifique développement de nos Alliances nouvelles ;

5. L'Amérique du Nord, enfin, « où la langue et la pensée de la France sont présentes, grâce d'abord à plus de quatre millions de Canadiens et de Franco-Américains ».

Europe

Aux « frontières linguistiques » du Nord et de l'Est, on travaille avec énergie à la cause de l'Alliance. Dès les années 1950 et suivantes, la Belgique ne cesse d'ouvrir des classes de français

Une ascension ininterrompue

dans les villes de Flandre : Zelzuete, Dénize, Courtrai, Hasselt, Malines, Hoboken, Eckloo, Alost, Diest, Grammont. Et en 1957, le nombre des comités est suffisant pour justifier la création d'une fédération belge, dont le premier secrétaire général (avant d'en être le président) sera l'actif et dévoué Victor Decroyère. Aux Pays-Bas, 3 500 élèves suivent les cours patronnés par l'Association et le Comité central de Hollande, sous la houlette de l'infatigable Mme Hoogendijk, « affirme la présence française dans la moindre des localités. » En Alsace, le Comité fédéral de Strasbourg, qui, sous la présidence de l'admirable J.-A. Jaeger, regroupe trente cercles locaux, manifeste une grande activité enseignante et dépense, en une décennie, plus de cent millions de francs pour faire voyager annuellement 10 000 jeunes gens qui se sont distingués dans l'étude du français. En Suisse, l'Alliance de Zurich (954 membres) célèbre avec éclat son 75e anniversaire en mars 1964.

En pays britannique, la fédération, longtemps présidée par le grand poète T.-S. Eliot, puis par John Lehmann, voit augmenter sans cesse le nombre de ses groupes : 65 en 1952, 83 en 1961. En Irlande, des créations d'Alliances ont lieu à Cork, à Athlone, à Sligo (1952), plus tard à Limerick, à Enniscorthy, à Kilkenny, et le nombre des élèves qui fréquentent les cours des 9 cercles de la grande île s'élève à 1 800 en 1967.

En Scandinavie, les comités sont nombreux et bien vivants : une vingtaine au Danemark, dont certains (Copenhague, Aalborg, Randers) sont fort anciens ; une dizaine en Norvège ; vingt-cinq environ en Suède, regroupant 3 300 membres, les uns (Stockholm, Upsala, Norrköping) fort vénérables, d'autres (Karlsbad, Bofors) beaucoup plus récents, celui de Skelleftea, créé en 1956, se distinguant comme étant le plus septentrional du monde. De son côté, l'association France-Finlande s'affilie à l'Alliance en 1952. Et, en Islande, le cercle de Reykjavik, dont le président, Albert Gudmunsson, est un ancien footballeur professionnel du Racing Club de Paris, fête son 25e anniversaire en 1962.

En Europe méridionale, le statut des Alliances d'Espagne est approuvé par le gouvernement espagnol dès 1951. Et des groupes importants, dont la plupart enseignent le français, se forment à Santander, à Almeria, à Luarca, à Oviedo, à La Corogne, à Saint-Jacques-de-Compostelle, à Vigo, aux Baléares, aux Canaries. Les cours créés dans les Alliances du Portugal réunissent 3 500 élèves en 1966 et des Cercles s'ouvrent à Almada, Barreiro, Guimaraes.

Une ascension ininterrompue

En Italie, des comités se constituent à Lucques, à Livourne, à Aoste, à Merano, à Tarente, à Catane, à Gela, à Noto. A Chypre, il

s'en implante à Limassol (1959), à Famagouste, à Larnaca (1960).
Au total, aux environs de 1960, l'Europe compte 340 comités, dont ceux qui enseignent reçoivent 13 000 étudiants par an.

Afrique

Si au Proche-Orient les positions de l'Alliance ont reculé (mais les congrégations enseignantes, la Mission laïque, l'Alliance israélite universelle, la direction des Relations culturelles sont là pour prendre la relève), le secrétaire général compte, en revanche, développer vigoureusement son action sur le continent africain, où, sur 190 millions d'habitants, 120 « n'ont pas d'autre langue commune que le français » et où, si la francophonie perd la partie, « ce ne pourra être qu'au profit de l'anglais ou, plus sûrement encore, de la langue de l'Islam. »

L'étendue et l'efficacité de cette action se mesurent d'abord au nombre de comités nouveaux qui s'implantent en Afrique et dans les îles voisines de l'océan Indien : Madagascar, les Seychelles, la Réunion, Maurice. Ces implantations, dès 1949-1950, sont multiples et diversifiées : Luanda (Angola), Léopoldville, Matadi, Lesumbura, Elizabethville (Congo belge), Tantah, Assiout (Egypte), Bathurst (Gambie), Nairobi (Kenya), Salisbury (Rhodésie), Fort-Lamy (Tchad), Pretoria, Bloemfontein (Afrique du Sud), Mahé (Seychelles), Saint-Denis (la Réunion)[9]. Et ce mouvement de création se poursuit dans les années suivantes : à Safi (Maroc), à Stanleyville (Congo belge), à Bulawayo (Rhodésie) en 1952 ; à Accra (Ghana), à Cap Coast (Gold coast) en 1954 ; à Ouagadougou (Haute-Volta), en 1956. Dans le même temps, d'autres Alliances sont réorganisées et remises en route : à Brazzaville, à Dakar, à Madagascar, notamment. Au Mali[10], Jean-André Cousso fonde un « Comité fédéral » (présidé par Léopold Sedar Senghor), chargé de coordonner l'action sur l'ensemble du territoire. Au Maroc, une fédération, sous la présidence de l'écrivain Ahmed Sefrioui, ne réunit pas moins de 22 cercles disséminés à travers tout le pays. En Ethiopie, on voit également se fédérer les groupes d'Addis Abeba, d'Asmara et de Diré Daoua qui, tous les trois, ont ouvert des cours de français. Ainsi, du nord au sud, de l'ouest à l'est, de Rabat et d'Asmara au Cap, de Dakar à Nairobi, jusqu'à Tananarive et à Curepipe (où se trouve le collège La Bourdonnais), l'Alliance est omniprésente.

9. Plus exactement, c'est la Société Arts et Lettres qui s'est affiliée. Mais de ce fait, elle joue le même rôle qu'une Alliance locale.

10. La Fédération du Mali comprenait alors la République Soudanaise et le Sénégal.

Une ascension ininterrompue

Avec ses 70 comités, ses 9 000 élèves, elle présente un bilan des plus honorables dans un continent où l'action culturelle est loin d'être facile.

Amérique latine

Autre continent « jeune », autre « continent de l'espérance » : l'Amérique latine. Elle est la fille chérie du secrétaire général. Il faut avouer que les résultats qui y sont obtenus en ont fait, depuis la fin de la seconde guerre mondiale, la terre d'élection de l'Alliance française. N'est-ce pas là que sont groupés le plus grand nombre de comités (400), le plus grand nombre d'élèves (107 000), le plus grand nombre de professeurs (1 650), le plus grand nombre de « détachés » (180) ?

De tous les pays d'Amérique du Sud, l'Argentine est peut-être celui où la réussite de l'Alliance est la plus éclatante. En quinze ans, de 1951 à 1966, on y est passé de 60 comités à 150, de 7 000 élèves à 26 000. Dans beaucoup de villes (à Rosario, à Cordoba, par exemple) un gros effort a été entrepris pour doter les cercles de locaux plus spacieux et mieux adaptés : c'est ainsi qu'à Buenos Aires l'immeuble du siège central, après avoir été maintes fois agrandi, abrite, depuis 1959, l'Institut français et la bibliothèque de 40 000 volumes que celui-ci y a transférée.

L'autre grand, le Brésil, n'a cessé, lui aussi, de se développer, de rattraper les effectifs argentins et même a fini par les dépasser légèrement. En 1965, les 60 comités brésiliens accueillent 25 000 élèves et l'Alliance de Rio est devenue la plus grande du monde. Mais celle de São Paulo, qui a édifié un immeuble de sept étages, soutient aisément la comparaison : elle possède, entre autres avantages, un superbe théâtre où se multiplient les activités culturelles : expositions, séances de cinéma, conférences d'art et de littérature. De moindre envergure que les Alliances des deux métropoles, celle de Brasilia, la jeune capitale, n'a pas tardé à sortir des limbes : la première pierre en a été posée en 1961, en présence de M. Wilfrid Baumgartner (photo ci-contre), et le 26 septembre 1963 on a pu en célébrer l'inauguration.

Une ascension ininterrompue Les progrès ne sont pas moins notables dans les autres pays sud-américains, que, pour éviter toute arrière-pensée hiérarchisante, on présentera par ordre alphabétique. En Bolivie, on trouve des Alliances à La Paz, à Cochabamba, à Santa Cruz. En Colombie, où il n'y a que 4 comités en 1951, on en dénombre 16 (avec 5 000

élèves) en 1965, et ce chiffre permet d'envisager de les grouper dans une fédération colombienne, dont le siège sera évidemment à Bogota : un très beau terrain a été, en effet, acquis dans la capitale et, depuis 1966, l'Alliance y a fait élever un bâtiment dans lequel elle s'est installée. En Équateur, l'Alliance de Quito, en 1963, compte 550 élèves et celle de Guyaquil 370. Le petit État du Paraguay, depuis 1952, possède une excellente Alliance à Assuncion. Au Pérou, les deux comités de Lima et d'Arequipa ont 600 élèves dès 1951 ; mais, quelques années plus tard, on construit, dans la capitale péruvienne, un important bâtiment où, en 1963, on parvient à enseigner le français à 3 500 personnes et à présenter 1 100 candidats aux examens. En Uruguay, l'Alliance de Montevideo, en 1951, compte déjà 17 filiales et reçoit 2 000 élèves : pour amplifier encore ce brillant résultat, on envisage ensuite de l'établir dans un ensemble immobilier où elle figurera en bonne place et pourra ainsi rivaliser avec ces grandes sœurs de Buenos Aires, de Rio, de Saint-Paul, de Lima ou de Bogota. Au Venezuela, l'Alliance de Maracaïbo, située dans une région pétrolifère, a ouvert ses portes en 1952. Quant au Chili, il occupe un rang un peu à part du fait que, s'il a des Alliances enseignantes à Valparaiso, à Curico, à La Serena, il s'enorgueillit bien davantage du lycée Saint-Exupéry de Santiago qui, en 1960, a remplacé le vieil établissement de Pedro de Valdivia, devenu trop exigu, et des beaux collèges de Concepcion et d'Osorno, lesquels, après avoir été détruits par le tremblement de terre du 22 mai 1960, ont relevé leurs murs peu d'années plus tard.

En Amérique centrale et dans les Antilles voisines, les Alliances pullulent également. On en trouve à Managua (Nicaragua), à Tegucigalpa (Honduras), au Salvador, au Guatemala, à San José (Costa Rica), à Willemstad (Curaçao), à Georgetown (Guyane britannique), à Bridgetown (La Barbade), à Port-d'Espagne (Trinité), à Kingston (Jamaïque), à San Juan (Porto Rico), à Ciudad Trujillo (Saint-Domingue). La plus importante se situe à La Havane : fondée en 1950 (elle comptera bientôt d'autres filiales à Caibarien, à Cienfuegos, à Santiago), elle a 1 175 élèves en 1958 et 3 000 en 1966. Sous la direction de l'inégalable Suzanne Martinez, elle reçoit souvent des visiteurs ou des professeurs de l'Ecole de Paris (Gaston Mauger, Maurice Bruézière, Yves Rey-Herme, Jeanine Caillaud, Jacqueline Charon, Jacques Garelli), dont la présence indique assez la vitalité — sociale et pédagogique — de cette Alliance cubaine, véritable perle des Caraïbes.

Une ascension ininterrompue Le Mexique, enfin, malgré la proximité des États-Unis, est terre latino-indienne et mérite beaucoup plus, par ses liens ethniques et culturels, d'être rattaché aux États du Sud qu'à son grand

voisin du Nord. Par le nombre des comités (15 en 1951, 30 quinze ans plus tard) et par son action enseignante (17 000 élèves en 1966), il est l'un des pays du monde où l'Alliance est le mieux et le plus profondément implantée. A Mexico, l'association ne cesse de s'étendre et de multiplier ses antennes, puisqu'en 1962 on y compte une quatrième filiale et qu'en 1965 un terrain a été acheté en vue de la construction d'une cinquième Alliance et d'un local fédéral. En province, elle possède le magnifique collège de Guadalajara (inauguré en 1962) et des cercles très prospères tels ceux de Monterey, de Pueblo, de Mérida, de Tampico, de Vera Cruz.

Amérique du Nord

Dans le nord du continent, les Alliances connaissent aussi une grande prospérité, comme en témoigne, en 1952, l'éclat donné par la puissante fédération américaine à la célébration de son cinquantenaire. D'une soixantaine qu'elles étaient en 1949, les filiales sont plus de 100 en 1958 et atteignent le chiffre de 240 en 1965. Plusieurs d'entre elles se sont mises à enseigner. Les premières à s'engager dans cette voie ont été celles de Halifax, de New York et de San Francisco. Et puis, cet exemple a été suivi à Edmonton, à Calgary, à Vancouver pour le Canada, à Houston et à Kansas City pour les États-Unis. Au total, ce sont bientôt 10 000 personnes (dont 2 600 pour la seule ville de New York et 1 200 pour celle de San Francisco) qui ont ainsi l'occasion d'apprendre le français dans les Alliances américaines. Celles-ci se sont, du reste, rajeunies : si elles sont toujours très friandes de livres (on y découvre 245 bibliothèques contre 173 en Amérique latine), elles essaient, comme le groupe de Providence en a pris l'initiative, de profiter de l'élan imprimé à l'apprentissage des langues depuis la promulgation du *N.D.A.*[11], pour créer, dans les Collèges et les Universités, des Junior Alliances rassemblant les étudiants de français.

La fédération américaine, en 1962, a, pour la première fois un secrétaire général : George Duca, qui en coordonnera l'action. Et, en 1962, elle quitte enfin sa trop modeste installation de la Ve Avenue pour s'établir, provisoirement (car depuis le legs Fribourg, elle espère construire bientôt ou au moins acheter un local

11. *National Defence Act* décidé après le lancement du Spoutnik (1957) dans l'espace, les Américains ayant pris conscience que, sur le plan scientifique et technique, d'autres nations existaient aussi.

mieux proportionné à son importance), dans le beau quartier qui avoisine Madison. De leur côté, les filiales canadiennes qui, sans faire sécession, se sont regroupées dans l'Union des Alliances françaises au Canada, manifestent une remarquable activité. La plus entreprenante est peut-être celle de Vancouver, dont le président, Bloch-Bauer, entend édifier une Alliance flambant neuve et commence à réunir des fonds pour la réalisation de son œuvre.

Asie et Océanie

Pour lointaines qu'elles soient, les terres d'Asie et d'Océanie ne sont pas oubliées, tant s'en faut. Les pays asiatiques, notamment, se verront affecter, à partir de 1956, les crédits consacrés jusqu'alors à l'Egypte, d'où il a fallu se retirer après l'expédition de Suez. On assiste donc à la constitution, ou à la reconstitution, d'Alliances au Pakistan (il y en a 7, en 1967), en Inde (16, en 1964), à Ceylan, en Thaïlande, au Viêt-nam, au Laos, au Cambodge, en Malaisie, à Singapour, en Indonésie, aux Philippines, au Japon, où, à l'initiative du Président Sato, se forme, en 1952, un groupement de huit filiales (dont Yokohama, Kamakura, Hiroshima, Sapporo). Si l'Alliance de Shangaï, qui a encore 300 élèves en 1951, a fermé ses portes, un nombre de plus en plus grand de comités entreprennent d'ouvrir des cours de français : c'est le cas à Karachi, Lahore, Bombay, Calcutta, Colombo, Dalat, Vientiane, Kuala Lumpur, Singapour, Jakarta, Manille. Des « détachés » commencent même à être envoyés dans certains de ces centres enseignants. Les résultats les plus spectaculaires sont enregistrés à Bangkok (1 500 élèves), Hong Kong (1 800) et Pnom-Penh (2 000). Au total, en 1967, on ne compte pas moins de 20 000 étudiants dans les Alliances d'Asie, dont le succès et la vitalité sont un élément neuf et spécialement intéressant dans l'histoire de l'Association durant ces vingt ou trente dernières années.

En Australie et en Nouvelle-Zélande où, comme en Angleterre, la première langue étrangère enseignée dans les lycées est, de loin, le français, l'Alliance a une solide implantation. En Australie, elle compte des comités dans une vingtaine de villes, les unes très importantes (Perth, Adélaïde, Melbourne, Sydney, Brisbane), les autres moins peuplées, mais actives (New Castle, Mac Kay, Toowomba). Certains de ces comités ont ouvert des cours ; on commence même d'y envoyer des « détachés » : c'est le cas à Sydney en 1966, puis à Melbourne peu de temps après. En Nouvelle-Zélande, *Une ascension ininterrompue* du nord au sud, d'Auckland et Wellington à Christchurch et à

Dunedin, l'Alliance est également bien représentée. Dans l'ensemble de l'Océanie (on notera avec intérêt la création d'une filiale enseignante en Nouvelle-Calédonie en 1961), ce n'est pas moins de 5 000 personnes qui apprennent le français grâce à elle.

On laissera au secrétaire général le soin de dégager les raisons de cet « affermissement » et de cet « élargissement » de l'action de l'Alliance à travers les différentes parties du monde : « Ce sont la qualité et l'ardeur à l'ouvrage de nos collaborateurs, ici et à l'étranger ; la bonne renommée d'une association qui compte 83 ans d'âge et de fidélité à elle-même sans s'être jamais laissé aller à la prudence conservatrice ; l'aide plus généreuse que nous accorde chaque année la direction des Affaires culturelles ; l'estime que les élites continuent à porter à la langue et à la pensée françaises ; la légitimité incontestable et la justesse de notre formule qui associe librement de libres esprits »[12].

12. Rapport d'assemblée générale de 1966.

La fin d'un long règne (1968-1978)

Après les « événements » de 1968, qui porteront un coup très dur à l'École de Paris et qui pourront, un instant, faire douter de l'avenir de l'Association, Marc Blancpain va s'appliquer à maçonner les lézardes et à rendre au siège parisien sa stabilité antérieure. Puis il s'évertuera à lui faire reprendre le chemin d'une expansion qui, jusqu'en 1978 (année au cours de laquelle il quittera le secrétariat général), se poursuivra sans relâche, malgré l'apparition d'une crise économique internationale de plus en plus menaçante. La dernière décennie d'un long règne de 34 ans n'en sera pas la moins glorieuse.

Stabilité du siège central

Au sein des instances dirigeantes, malgré les modifications inéluctables apportées par l'écoulement du temps et la disparition de certaines personnalités, on constate très peu de changement. C'est ainsi que, des quatre vice-présidents en fonction en 1968, trois sont encore en place dix ans plus tard : seul, *Pierre Clarac*, secrétaire perpétuel de l'Académie des Sciences morales et politiques, renonce, en 1977, à un poste qu'il occupe depuis très longtemps et où il est remplacé par Raymond Las Vergnas, angliciste notoire et maintenant Président honoraire de la Sorbonne nouvelle. Au siège même, le principal changement consiste dans l'entrée en fonction, en 1969, à la place de Jean Laguens, parti en retraite, de Jean-André Cousso, comme chef du Service administratif et financier.

Le Conseil d'administration, lui, se renouvelle tout doucement, en général à raison de deux ou trois personnes par an, les membres « actifs » passant souvent au rang de membres « d'honneur » avant de s'effacer définitivement. Le principe qui régit la cooptation reste celui de la plus grande diversité possible, le souci majeur étant de faire figurer au Conseil des notabilités venues de tous les horizons.

On y trouve donc des personnalités du monde politique (le député Xavier Deniau, 1970, le sénateur Jean Legaret, 1974), diplomatique (les ambassadeurs René Massigli, 1970, et Roger Seydoux, 1973), académique (Etienne Wolf, 1975), universitaire (Henri Gouhier, 1970, Pierre Monbeig, 1970, le recteur Robert Mallet, 1975, Michel Bruguière, rapporteur au Haut-Comité de la langue française, 1978). Sont également élus des représentants de la magistrature (Robert Schmelck, 1978), de l'édition (Jean-Louis Moreau, 1969, Claude-André Aspar, 1974, Gérard Lilamand, 1976), de la banque (Louis Flaive, qui succède à Julienne Carpentier-Cirier au poste de trésorier général adjoint, 1977), des milieux d'affaires (Raymond Brissaud, 1973), d'organismes voisins, tels que la Mission laïque française (Jean-Daniel Herrenschmidt, 1972, Daniel Malingre, 1976) et le comité central du rayonnement français (Georges Riond, 1975). A ces noms, il convient d'ajouter ceux de nombreux présidents et présidentes des comités de Province, que leur long dévouement et leur expérience ont désignés à l'attention générale : Daniel Hamm, de Strasbourg (1970), Mme Bar, de Dieppe (1971), Monique Fiolle, de Marseille (1973), Simone Vedrenne, de Tulle (1976), Mme Fatome, de Cherbourg (1978), sans oublier Jacques Lebourgeois, qui a présidé longtemps le Cercle d'accueil de l'Alliance française de Paris (1976). Doivent enfin être cités ceux qui portent le titre de Membres d'Honneur : Maurice Genevoix, et Jean Mistler, secrétaires perpétuels de l'Académie française ; le sénateur Jacques Habert, représentant des Français de l'étranger ; Pierre Messmer, ancien Premier ministre ; l'éditeur Jean-Jacques Nathan ; Léopold Sedar Senghor, président de la République du Sénégal. La liste est éloquente et suffit à prouver le prestige de l'Association.

« Faire du nombre »

Si, à Paris, le secrétaire général doit régler les problèmes dus aux « événements » inopinés de 1968, sa politique, hors de France, ne cesse d'être guidée par les mêmes principes que lors des décennies précédentes.

La fin d'un long règne

Autrement dit, il continue d'accorder à l'enseignement la priorité des priorités. A l'occasion, il lui advient de rappeler quelques vérités de bon sens : par exemple, qu'il ne faut pas faire trop de place aux « orienteurs » et autres « recycleurs » qui auraient parfois tendance, plutôt que d'enseigner eux-mêmes, à « passer le relais à des collègues étrangers ». Avec beaucoup de réalisme, il souligne la nécessité de « faire du nombre », la meilleure façon de contenir un éventuel déclin du français (menacé dans beaucoup de pays par la suppression de la seconde langue vivante dans les établissements secondaires) ne consistant pas seulement à lutter pour obtenir des « horaires un peu moins étroits » ou « des méthodes plus modernes », mais surtout à « attirer chez nous des jeunes gens et des jeunes filles réellement désireux de parler et de lire notre langue ».

Ses appels en ce sens reçoivent un large écho : les Alliances de Hollande, en 1976, modifient leurs structures de façon à orienter vers l'enseignement l'essentiel de leur effort ; l'assemblée générale de la fédération américaine, qui se tient à San Francisco en 1977, adopte des résolutions identiques ; au total, sur 1 160 filiales, 750 ont une activité enseignante. Les résultats obtenus prouvent le bien-fondé de cette politique, puisque « le nombre » des étudiants inscrits dans les Alliances de 86 pays, ne cesse d'augmenter : de 78 000 en 1957, il passe à 162 000 en 1967 et à 247 700[1] en 1977. Le nombre des professeurs suit une progression parallèle : 462 « détachés[2] et 4 202 « recrutés locaux » en cette même année. Quant aux bâtiments, rendus de plus en plus nécessaires par l'afflux des élèves, il s'en construit ou s'en agrandit chaque jour, et de belles « maisons » se dressent maintenant dans de nombreux endroits : à Rio, à Sao Paulo, à Buenos Aires, à Lima, à Mexico, à Hong Kong. Mais elles ne font pas oublier le millier d'autres où souvent un simple professeur, avec des moyens plus que limités, consacre sa vie à la diffusion de notre langue et de notre culture.

La vitalité générale des Alliances se reconnaît à de nombreux signes. Le premier, et peut-être le plus important, est l'affluence des candidats dans nos quelque 150 centres d'examens : de 4 000 en 1968, leur nombre atteint près de 7 000 en 1973, et le Conseil pédagogique qui, à Paris, propose les sujets des épreuves, organise la correction des copies et fait confectionner les diplômes, assume

1. Amérique du Sud : 109 000. Europe : 38 000. Amérique Centrale : 31 000. Asie 29 500. Amérique du Nord : 15 000. Afrique : 13 000. Antilles : 7 200. Océanie : 5 000.
2. Seuls vingt d'entre eux n'enseignent pas.

une tâche qui s'alourdit chaque année. Le **Concours européen,** qui se passe dans une vingtaine de pays, réunit des milliers de candidats et permet aux 80 lauréats qui résident à Paris pendant une dizaine de jours et font ensuite un voyage en province, d'apprendre à mieux connaître la France et d'apprécier les vertus nationales de leurs compagnons de voyage[3]. Les bourses, soit de long séjour, soit de participation aux différents stages de l'École, aident les professeurs peu fortunés, qui trop souvent enseignent notre langue sans avoir jamais vu le pays où elle se parle, à découvrir ce pays et ses habitudes. De son côté, l'université de Nancy délivre, au Brésil, des diplômes qui permettent à leurs détenteurs d'entrer directement en dernière année d'université, année consacrée à la didactique.

Dans le domaine culturel, la diffusion des livres et des périodiques, des disques et des films, tout en restant à un niveau fort honorable, a tendance à baisser, notamment en raison de l'élévation constante des frais de transport et d'affranchissement : de 100 000 volumes envoyés lors des années 1970, le chiffre tombe à 60 000 cinq ans plus tard (il remontera un peu ensuite) et les colis de nouveautés, après avoir été longtemps mensuels, deviennent trimestriels à partir de 1975. Néammoins, ce sont environ 850 bibliothèques qui se trouvent alimentées par les envois du siège parisien, et 2 500 abonnements à des journaux ou à des hebdomadaires qui sont servis aux différentes Alliances du monde. Quant aux conférences, qui ont pu passer, un moment, pour démodées, elles se poursuivent à un bon rythme, puisque bon an, mal an, elles se chiffrent à 750, réparties en une soixantaine de « missions ».

Les « événements » de 1968

Depuis près de vingt ans, la vie ou, au moins, la prospérité du siège central est étroitement associée à celle de l'École de Paris. C'est en faveur de celle-ci qu'on a édifié, ou agrandi, ou acquis des locaux ; c'est grâce à elle, grâce aux droits d'écolage qu'elle rapporte, qu'on peut faire face aux emprunts considérables qui ont été consentis pour construire et aménager les nouveaux bâtiments. Il y a là comme un échange de services rendus, tout à fait naturel au sein d'une association sans but lucratif, dont l'École, après n'en avoir été qu'un rouage, est devenue la pièce maîtresse, en tout cas la principale pourvoyeuse d'argent. Dans chacun de ses rapports annuels, le secrétaire général constate, avec une mélancolie

3. Voir p. 247.

*La fin
d'un long
règne*

croissante, la part... décroissante de l'État dans le budget parisien, part qui tend fâcheusement vers zéro, puisque, après avoir atteint près de 50% après la Libération, elle n'est plus que de 3,92% en 1978[4]. Il est vrai que les pouvoirs officiels soutiennent l'action de l'Alliance hors de France, d'abord en mettant à sa disposition quelques centaines de « détachés », dont le nombre augmente d'une quinzaine chaque année, ensuite en accordant des subventions d'investissement et de fonctionnement, qui permettent de loger certaines Alliances ou d'en secourir d'autres momentanément en difficulté. Il n'empêche que, contrairement à ce que pense l'opinion publique, mal informée et trop souvent portée à croire que l'Alliance est un organisme officieux, grassement aidé par l'État, l'équilibre financier de l'Association reste fragile et qu'elle paie chèrement son indépendance. « La liberté est un loup maigre », répète volontiers Marc Blancpain, avec l'amertume teintée d'humour de celui qui sait de quelles difficultés elle s'achète.

Aussi les orages de mai et de juin 1968 ébranlent-ils, jusque dans ses assises, le siège de Paris. L'année avait pourtant bien commencé : jamais l'École n'avait accueilli autant d'élèves. Et puis, en deux mois, voilà qu'elle perd un grand nombre de ses étudiants, dont beaucoup, inquiets, voire affolés, reprennent en hâte le chemin de leur pays. Pourtant, si la salle de spectacles ferme ses portes, l'École, la Résidence et le restaurant restent constamment ouverts. Aucun raid parti du Quartier latin dangereusement proche (il suffit de traverser le Luxembourg pour venir du boulevard Saint-Michel au boulevard Raspail) ne vient troubler la paix de nos locaux, où la plupart des professeurs et des employés administratifs continuent à se rendre chaque matin, souvent en usant courageusement la semelle de leurs souliers sur les trottoirs d'une capitale privée de moyens de transport. A la fin de l'année, le bilan est désastreux : 3 000 élèves de moins qu'en 1967, soit une diminution de 11%, licenciement pour raisons économiques de 18 professeurs (un douzième de l'effectif), chute de plus de 100 000 du nombre des repas servis au restaurant. Le coût global des « événements » est estimé à 70 millions (d'anciens francs). C'est beaucoup pour une institution dont on a pu constater qu'elle ne roulait pas sur l'or.

Pourtant, dans cette année difficile, tout n'est pas négatif. Ce sont surtout les étudiants des pays européens (2 500 environ) qui ont quitté la France ou hésité à y revenir ; mais ceux d'Extrême-Orient et d'Afrique sont plus nombreux que l'année précédente. Le

4. Quand des subventions exceptionnelles interviendront (par exemple un million de nouveaux francs en 1974), elles seront englouties dans la mise en conformité des bâtiments.

nombre des candidats aux examens s'est bien maintenu. Le stage d'été a été fréquenté par 300 professeurs, représentant 40 nationalités. Paul Gibert, ancien directeur de l'Alliance de Bombay, puis directeur des études au French Institute de New York et enfin attaché culturel de France à Los Angeles, a regagné la France et mis sa précieuse connaissance de l'enseignement à l'étranger au service de la direction de l'École ; l'Amicale des Étudiants a organisé 44 manifestations, tiré sa revue à 26 000 exemplaires ; le Foyer a fait voyager 2 000 élèves ; le Service social a traité heureusement près de 8 000 « cas » délicats ; un office des Hôtes Payants a été créé avec succès. Une fois passé le premier choc, on peut espérer bientôt refaire surface : un des signes qu'on y parviendra sans doute est le réengagement progressif des professeurs licenciés au plus dur moment de la crise.

De fait, d'année en année, la situation de l'École s'améliore. En 1969, le nombre des inscrits est de 32 000 ; en 1970, de 33 239 ; en 1971, de 33 677, chiffre record. S'il y a une baisse continue des Européens, notamment des Allemands et des Italiens (juste au moment où l'Europe des Dix est en train de se constituer !), on note une augmentation du côté de l'Amérique du Nord (5 300 étudiants), de l'Extrême-Orient (3 200), de l'Afrique (2 500), du Proche-Orient (1 330). Il n'y a pas moins de 127 nationalités représentées à l'École qui, plus que jamais, mérite sa réputation d'O.N.U. en miniature.

Le « Mauger rouge »

Il faut bien dire, pour expliquer la prospérité de l'École de Paris, que la pédagogie qui y est pratiquée s'est singulièrement diversifiée et modernisée. Sans doute continue-t-on, en dépit des dogmes chers à certains linguistes, qui les ont d'ailleurs reniés depuis, à y enseigner la « bonne langue » et, malgré la pédagogie « audio-orale » alors à la mode, à ne pas y négliger l'apprentissage, indispensable, de l'écrit. Mais, pour satisfaire le vœu des élèves des classes élémentaires, toujours plus nombreux et plus pressés d'obtenir des résultats pratiques, on crée des cours dits « de français intensif », d'une durée de quatre heures par jour, qui permettent, à ceux qui les suivent, de progresser deux fois plus rapidement. Et surtout, la publication, entre 1971 et 1974, d'un manuel entièrement original, le Français et la Vie, plus connu en raison de sa couverture sous le nom de Mauger Rouge, vient apporter la preuve que l'École est capable d'offrir aux étudiants une méthode adaptée aux techniques « structuralistes » en vogue à l'époque et située

La fin d'un long règne

dans un contexte de civilisation qui est celui de la France des années 1970-1975.

Loin d'être un remaniement du presque trop célèbre *Mauger bleu, le Français et la Vie* est un ouvrage entièrement différent : s'il fait sa place à la réalité française, il tend essentiellement à l'acquisition des structures linguistiques et à leur fixation dans les automatismes de l'élève.

Le livre est accompagné d'un matériel audio-visuel (films, bandes, cassettes et, plus tard, « transparents » pour l'emploi du « rétroprojecteur »), mais il est conçu pour être également utilisé seul, si le professeur préfère garder le contact direct et personnel avec sa classe.

La méthode contient trois degrés qui couvrent la même matière que les deux premiers tomes du *Cours de langue et de Civilisation françaises.*

Le premier degré comporte vingt-huit leçons, toutes conçues sur un modèle rigoureusement identique : un dialogue de vingt répliques, chacune illustrée d'un dessin s'y rapportant directement ; des tableaux structuraux, reprenant systématiquement les structures rencontrées dans le dialogue ; des tableaux de grammaire sans aucune nomenclature ; des exercices oraux et écrits ; des variétés ; et, toutes les sept leçons, une double page de photographies consacrées à la *France en images.*

Le **deuxième** et le **troisième degré**, d'une rigidité beaucoup moins systématique, visent à étendre le vocabulaire et à compléter les connaissances grammaticales, tout en ouvrant à l'étudiant les aspects de la France et même du monde d'aujourd'hui. Le **tome IV**, publié en 1981 sous le titre de **Pages d'auteurs contemporains**, offre, sous la forme d'un recueil de textes tirés d'auteurs de notre époque, une vision aussi diversifiée que possible de la réalité française.

Des **cahiers d'exercices**, conçus pour favoriser le travail des élèves à la maison, ainsi que deux **Livres du Maître**, très détaillés, complètent une méthode qui ne tarde pas à recevoir un accueil favorable et qui, comme le *Mauger bleu*, comporte bientôt une édition à l'usage des écoles italiennes.

La fin d'un long règne

Également en vue de doter les étudiants d'instruments de travail à leur portée, une collection intitulée **Lire aujourd'hui** commence, à partir de 1972, à publier des fascicules destinés à accompagner la lecture et l'étude de grands textes contemporains parus dans la collection de Poche. *La Peste, Les Mots, La Reine Morte, L'Écume des Jours, La Symphonie Pastorale*, comptent parmi les titres qui remportent le meilleur succès.

Prospérité de l'École de Paris

De 1971, année de reprise, à 1979, l'Ecole va connaître une **constante prospérité**, ainsi que l'indique le chiffre des effectifs sans cesse maintenu à un très haut niveau : 32 920 élèves en 1972 et 1973, 33 385 en 1974, 31 865 en 1975, 31 560 en 1976, 32 696 en 1977, 31 535 en 1978, 32 005 en 1979. Cette stabilité est d'autant plus remarquable que la crise internationale commence à faire sentir cruellement ses effets. Mais tandis que ceux-ci se traduisent par une diminution des élèves venus d'Europe et d'Amérique du Nord, ils sont largement compensés par la poussée des étudiants d'Extrême-Orient (800 de plus en 1974) et d'Afrique (800 de plus de 1974 à 1977), comme si le français s'internationalisait chaque jour davantage. Au total, en juin 1978, quand le secrétariat général changera de titulaire, c'est près de 900 000 étudiants qui auront étudié notre langue à l'Ecole de Paris. On peut alors espérer que, l'année du centenaire, le chiffre qui sera atteint dépassera largement le million.

Marc Blancpain ne manque pas l'occasion de souligner l'efficacité des méthodes employées dans l'établissement, puisqu'il déclare dans un de ses rapports annuels : « Force est de lui reconnaître un mérite : *Ceux qui le fréquentent apprennent le français* ». Il conviendrait d'ajouter : « Et l'apprennent à tous les niveaux ». Car l'Ecole n'est pas seulement une « usine à français », où s'entassent les débutants férus d'un apprentissage rapide, mais approximatif, de la langue : en 1977, à l'intention des meilleurs de ses étudiants, de ceux qui, après avoir suivi avec succès la classe de professorat, veulent engager des études plus avancées, elle crée, en accord avec l'université de Paris-Nord, un Certificat d'Aptitude à la Didactique du Français (C.A.D.F.), préparé en deux semestres et ouvrant à ses détenteurs l'accès à un titre tel que la licence ès lettres.

Outre la fidélité des élèves, d'autres signes manifestent clairement la réputation de l'Ecole. L'un des plus frappants est la fréquentation assidue de ses trois stages annuels[5], et notamment du stage d'été qui, bon an, mal an, reçoit de 200 à 250 professeurs appartenant à 40 nationalités. Le nombre des candidats stagiaires est même, parfois, si élevé (c'est le cas en 1974) qu'il faut, avec regret, le limiter. Heureusement, les enseignants de français qui, tout au long de l'année, viennent visiter l'Ecole, ont la possibilité d'y faire un stage « à la carte », c'est-à-dire adapté aux sommes d'argent dont ils disposent et au recyclage dont ils souhaitent bénéficier. Ainsi le « sur mesure » remplace-t-il, souvent avec avantage, le « prêt à porter ».

On note également le succès croissant du *Bulletin pédagogique* mensuel, servi à plus de 10 000 professeurs en 1970 et, en 1977, à 16 000 parmi lesquels, conformément au vœu du docteur Jürgen Olbert, on compte les membres de l'Association des professeurs de français en Allemagne.

Enfin, les efforts entrepris pour faciliter la vie matérielle des étudiants sont aussi méritoires qu'efficaces. La *Résidence*, chaque année, héberge environ 500 personnes, dont une centaine sont des professeurs de français. Le restaurant, s'il voit ses effectifs baisser verticalement (après avoir servi 620 000 repas en 1968, il n'en sert plus que 238 000 en 1977), n'en continue pas moins d'offrir une possibilité de manger à bon marché. Le Service social traite de 7 000 à 8 000 « cas » par an. Le Cercle d'accueil, dont se retire Jacques Le Bourgeois en 1977 et où il est remplacé par Madame Guflet, lance, chaque année, 3 000 invitations. Les bourses, au stage d'été, avoisinent le chiffre de 80. Le Foyer, sous l'impulsion de Jean Allix, crée en 1970, un « Cabaret International » qui offre à certains jeunes l'occasion de faire leurs débuts dans les spectables de variétés, et, surtout, depuis 1974, favorise l'obtention des cartes de séjour des étudiants à leur arrivée à Paris.

Le congrès mondial de 1973

Ainsi qu'il convient à une grande famille unie, mais nombreuse et dispersée, l'Alliance ne laisse passer aucune occasion de réunir ses membres, chaque fois qu'elle a à célébrer une date importante de son histoire. Atteignant ses 90 ans en 1973, elle ne peut faire moins qu'organiser un *congrès mondial*, où elle fêtera à la fois son grand âge et sa vitalité.

La fin d'un long règne

5. Le stage d'hiver est plus spécialement destiné aux professeurs de l'hémisphère sud, celui de Pâques, aux professeurs des pays limitrophes.

Au banquet de clôture du congrès mondial : la table d'honneur.

Conformément à la tradition, qui veut que les cérémonies d'anniversaire soient honorées de la présence des plus hautes personnalités de l'Etat, c'est le ministre de la Culture lui-même, l'écrivain et académicien *Maurice Druon*, qui vient présider la séance d'ouverture du congrès mondial de l'Alliance française tenu à Nice, les 4 et 5 mai 1973. C'est la première fois qu'une réunion de ce genre n'a pas lieu à Paris. Mais c'est de propos délibéré qu'a été prise cette initiative de décentralisation : le Festival du Livre se déroulant à Nice à la même période, la municipalité de cette ville et les responsables de l'Alliance ont jugé qu'il y avait là « un site, un cadre et une occasion d'une exceptionnelle qualité ».

Le congrès, s'il est aussi une fête, est d'abord conçu comme une circonstance propice à une prise de conscience générale des problèmes qui se posent alors à tous ceux qui, d'une façon ou d'une autre, tiennent en main les destinées de l'Association. Les questions qui y sont traitées doivent donc permettre à la fois d'établir un bilan des résultats obtenus et de fixer les objectifs à tenir ainsi que les meilleurs moyens d'y parvenir.

Quatre thèmes de réflexion sont offerts aux Congressistes :
1. Rôle de l'Alliance française dans la vie culturelle du pays où elle est installée ;

La fin d'un long règne

2. Place du français dans les pays où l'Alliance est installée et rôle qu'elle y joue dans sa diffusion.

3. L'Alliance française et les Associations diffusant d'autres langues.

4. Voies et moyens concernant l'enseignement du français, de la civilisation et de la littérature françaises.

Les commissions adéquates se réunissent donc pour étudier chacune l'un de ces quatre thèmes. Elles le font avec le plus grand sérieux, non toutefois sans humour, du moins si l'on en croit la formule d'un des représentants de la fédération britannique, l'Inspecteur général McGowan qui déclare, dans son discours de remerciement, que « tous ses rêves, il les fait en français, et tous ses cauchemars en anglais... »

Les réunions et le banquet de clôture - fort animé - ont lieu au Palais de la Méditerranée. Quant aux manifestations destinées à égayer les séances de travail, elles sont nombreuses et attractives. On citera la réception des congressistes au palais Masséna par le maire en personne, Jacques Médecin ; la visite du Centre artistique des rencontres internationales, et celle du Ve festival international du Livre qui se tient au Palais des Expositions ; la découverte, en autocar, du haut pays niçois. Comme toujours à l'utile se joint l'agréable, au travail le plaisir de connaître un peu mieux le pays dont on propage la langue.

Avènement de Philippe Greffet (1978-1983)

Sous le signe du changement...

Un grand changement intervient dans le haut personnel de l'Association quand, en juin 1978, Marc Blancpain, élu président, quitte le secrétariat général et transmet ses fonctions à Philippe Greffet, ancien conseiller culturel à Montevideo et à Buenos Aires, puis détaché au Haut Comité de la Langue française. Agrégé d'espagnol, le nouveau titulaire de ce poste capital connaît par le menu les Alliances d'Amérique latine, où il a milité dès après la seconde guerre mondiale et exercé d'importantes responsabilités, notamment en Argentine et au Brésil. Homme de terrain et « homme de devoir », comme il se définit lui-même, il se sait voué à une lourde succession, ses propres mots étant qu'« on ne remplace pas Marc Blancpain » qui, en effet, après et avec Pierre Foncin et Paul Labbé, aura été un des trois Grands à avoir fait l'Alliance. Il sera aidé dans ses absorbantes fonctions par Roger Gouze, depuis longtemps secrétaire général adjoint, qui prend le titre de « délégué général ». Il y a changement, c'est vrai, mais dans la continuité.

Dans la foulée, et dans la perspective d'une politique pointée vers « l'horizon 2000 », d'autres rajeunissements surviennent bientôt. En 1979, Jean-André Cousso, chef du Service administratif et financier, cède la place à Jean Dègremont, qui arrive de Téhéran, après avoir pratiqué dans les Alliances du Chili et avoir été Attaché culturel à Montevideo. En septembre 1981, le poste de Directeur de l'Ecole de Paris est supprimé et remplacé par un directoire composé de quatre membres, dont deux, Michel Brossard et Henri Baylard, sont, eux aussi, frais émoulus du continent sud-américain. A la fin de 1982, Hélène Besson, qui a tenu à bout de bras le Service de l'Enseignement à l'étranger depuis 1945, prend sa retraite (la Légion d'honneur récompense alors son inlassable dévouement à la cause) et c'est François Hingue, (il a fait ses classes en Uruguay et au Venezuela) qui lui succède. Le soleil qui brille sur le 101 boulevard Raspail reçoit désormais sa lumière de l'Amérique latine...

Une nouvelle politique culturelle

Philippe Greffet nourrit de vastes projets, notamment dans le domaine, qui lui est cher (n'a-t-il pas joué *le Neveu de Rameau*, ne se plaît-il pas à « dire » Prévert ?), de l'action culturelle et artistique, dont il regrette qu'elle soit restée trop long-temps au stage du « bricolage artisanal » et où il souhaite voir l'Alliance investie de « responsabilités accrues ». Il entreprend deux tâches essentielles dans ce sens. L'une est la réfection du théâtre, l'autre la transformation et l'extension du Service des Conférences.

Le théâtre, qui a connu heurs et malheurs depuis sa fondation, est tombé en semi-ruine. Il est remis en état grâce à l'obtention d'une subvention spéciale et, repeint à neuf, reçoit la visite du ministre de la Culture, qui vient, en octobre 1982, inaugurer offi-ciellement le premier spectacle donné par la *Maison des Cultures du Monde.* Celle-ci désormais prend en charge les dépenses de personnel et de fonctionnement du théâtre ainsi rénové, pour l'en-tretien duquel est allouée une subvention. Mais ce beau local reste à la disposition de l'Association, par exemple les jours de relâche, et va permettre de ressusciter les anciens « lundis dramatiques » de Georges Lerminier, qui deviendront, à raison d'une semaine sur deux, les « lundis de l'Alliance ». L'entrée en sera gratuite pour les étudiants de l'Ecole, qui seront également conviés à un pro-gramme « d'animations régulières », telles que prestations de conteurs africains, projections de films, conférences et débats sur l'*Opéra de Pékin*, sur l'*Art en Italie*, sur la *Musique à Florence*, etc.

Avènement de Philippe Greffet

De son côté, le Service des Conférences, transformé en « Ser-vice d'échanges culturels », met en place les CIRCULAF (« Circuits culturels des Alliances françaises »), travaille en étroite liaison avec l'*A.F.A.*, (« Action française d'Action Artistique », organisme dépendant du ministre des Relations extérieures). Sa tâche consiste à envoyer des conférenciers et des artistes (musiciens, chanteurs, mimes, marionnettistes), jusqu'alors confinés à l'Europe, au Maroc, et à l'Amérique du Nord, dans des zones beaucoup plus vastes recouvrant le monde entier : Amérique latine, Afrique, Asie, Océanie. Le nouveau dispositif n'offre pas seulement une diffusion beaucoup plus large à l'action culturelle française, mais il est aussi plus économique : les voyages (internationaux et intérieurs) sont désormais financés par l'A.F.A., et les frais de séjour et d'hébergement, ainsi que les cachets payés aux bénéficiaires, sont pris en charge par les Alliances qui reçoivent artistes et conférenciers. Le Service culturel parisien ne remplit plus, en quelque sorte, qu'un rôle d'intermédiaire ou d'impresario bénévole. D'importants résultats sont bientôt obtenus puisque, pour la seule année 1981, sont organisées 367 manifestations qui attirent 86 683 spectateurs.

Réaménagement de la Résidence...

A utre préoccupation essentielle du nouveau « patron » : restructurer le siège central et l'Ecole de Paris. Déjà l'ancien « Cercle cinématographique » avait été rattaché au secrétariat général en 1973. Peu après l'arrivée de Philippe Greffet, c'est la Résidence tout entière qui fait l'objet d'un complet remaniement. Ne logeant plus qu'un nombre chaque année plus restreint de professeurs étrangers, pour l'hébergement desquels elle avait d'abord été conçue, et n'étant plus que d'un rendement financier médiocre, elle est carrément fermée et ses vastes locaux sont affectés à de nouveaux usages. Les trois étages supérieurs (elle en comporte huit) sont occupés par le secrétariat général et ses principaux services (enseignement à l'étranger et comptabilité notamment). Et les cinq autres ou bien abritent différents organismes (Sweet Briar College, A.D.E.A.C., Le Français aujourd'hui) ou bien sont affectés au regroupement d'autres services éparpillés dans la maison (médecine, cercle d'accueil, service culturel). Le Restaurant, lui, est maintenu et réaménagé avec un certain succès. Mais l'hôtellerie proprement dite, d'une rentabilité qui s'amenuise d'année en année, est abandonnée.

Avènement de Philippe Greffet

... et de l'Ecole de Paris

L'Ecole de Paris, après avoir vaillamment maintenu ses effectifs jusqu'en 1979 (32 000 inscrits), voit le nombre de ceux-ci baisser sensiblement. Elle en perd près de 2 000 en 1980, plus de 4 000 en 1981, et sa fréquentation journalière, en 1982, est de l'ordre de 4 500 étudiants. Les raisons de cette relative désaffection sont multiples : crise internationale, qui tarit les moyens financiers des élèves, difficulté d'obtenir un visa, élévation sensible des droits d'écolage rendue nécessaire par l'augmentation des salaires du personnel, concurrence accrue des cours pour étrangers ouverts par les universités. A ces difficultés s'ajoutent celles qui sont dues aux rapports avec les professeurs de l'Ecole, pendant longtemps sous-rémunérés, il est vrai, et désireux d'obtenir un statut plus avantageux, soit par la signature d'une « convention collective », soit par un rattachement ou une assimilation au personnel enseignant de l'Education nationale. Pour la première fois dans l'histoire de la maison, deux grèves d'avertissement et de protestation ont lieu en février et en juin 1982 : des subventions, attribuées peu après par les pouvoirs publics, permettent heureusement d'améliorer le sort des intéressés.

Sur le plan de l'enseignement proprement dit, on procède à un certain nombre d'innovations. La première consiste à établir des « commissions » et « sous-commissions », qui ouvrent aux professeurs la possibilité de faire entendre leur point de vue et de participer à l'administration pédagogique de l'Ecole. La seconde est d'aménager un « espace » spécialisé, d'abord situé dans l'ex-Résidence et aujourd'hui transféré dans le bâtiment de la rue de Fleurus, où il porte le nom de *Centre de documentation pédagogique* : il offre aux lecteurs intéressés un certain nombre d'ouvrages (de phonétique, de linguistique, de civilisation, de littérature) leur permettant de tenir à jour leur information personnelle. Un organisme nouveau, appelé BANCOPEDAF (« Banque de la concertation pédagogique des Alliances françaises »), est créé en 1979 pour collecter et faire circuler les travaux mis au point par les différentes Alliances enseignantes du monde entier. Une revue bimestrielle, « Reflets », publiée en collaboration avec le C.R.E.D.I.F., tente d'offrir aux professeurs isolés des moyens ou des suggestions pour moderniser leur savoir-faire en même temps qu'elle donne à la « base » l'occasion d'exprimer ses vœux et ses besoins ; elle est, en outre, assortie d'une cassette. Enfin, de nombreux efforts sont entrepris, toujours en liaison avec le C.R.E.D.I.F., pour mettre sur pied une méthode conforme aux plus récentes techniques de l'enseignement du français aux étrangers.

*Avènement
de Philippe
Greffet*

L'Alliance française de Paris : ▲ Le grand escalier. ▼ La bibliothèque.

Institution des « colloques »

Aux yeux du secrétaire général, un des caractères fondamentaux de l'Alliance, c'est d'être « un point de rencontres ». Pour favoriser celles-ci, il organise, peu après son entrée en fonction, un colloque annuel, d'une durée d'une semaine, situé vers la fin de janvier, de façon à permettre aux responsables de l'Amérique latine et, plus généralement, de l'hémisphère sud, alors en vacances, de se retrouver à Paris, où leurs collègues d'Europe les rejoignent, et d'y réfléchir en commun aux problèmes que leur pose leur métier : problèmes de gestion, problèmes pédagogiques, problèmes d'animation culturelle. Cette réunion leur offre au moins trois possibilités :

1. **Compléter leur information** personnelle, soit par le moyen de visites (au centre Beaubourg, à l'Assemblée nationale, à la Maison de la Radio par exemple), soit par le contact avec des intervenants extérieurs, venus les entretenir de sujets tels que « Une nouvelle approche de la littérature », « L'emploi des satellites dans l'éducation, aujourd'hui et demain », « L'évaluation des connaissances », « L'enseignement du français commercial et du français des affaires », etc.

2. **Prendre langue** avec les directeurs des différents services du siège parisien, ainsi qu'avec le directeur et les professeurs de l'Ecole de Paris, afin de s'assurer qu'ils sont dans la « bonne voie ».

3. **Echanger** entre eux l'expérience qu'ils ont acquise dans leurs divers lieux de séjour et de travail et, du même coup, rompre leur isolement, se sentir confortés par la présence de collègues cherchant dans la même direction qu'eux-mêmes.

Depuis 1979, chacun de ces « colloques » rassemble une centaine de participants, issus de quelque 25 pays différents et tous volontaires, qui ne sacrifient pas seulement une semaine de vacances, mais qui paient de leurs deniers un voyage onéreux et un séjour à Paris, lui aussi dispendieux. Le but profond est le suivant : il s'agit de « désenclaver » une organisation forcément un peu stratifiée et de faire partager à chacun des présents le sentiment d'appartenir à une sorte de confrérie laïque dont la religion est l'amour du français.

Avènement de Philippe Greffet

Les résultats obtenus à l'issue de ces contacts réguliers et chaleureux peuvent être regardés comme particulièrement positifs, puisque c'est aux « résolutions » finales de ces rassemblements successifs qu'on doit des initiatives et des réalisations qui marqueront dans l'histoire de l'Association : ne citerait-on, entre autres, que l'institution de la Bancopedaf et des Circulaf, la création de l'*Institut itinérant des sciences humaines*, l'organisation d'un *Colloque de la recherche pédagogique dans les Alliances d'Amérique latine*, le projet de *Revue Alliance-Credif.*

Les Alliances de province

C e n'est pas médire des Alliances de province que de constater, même si c'est avec regret, presque avec chagrin, leur inéluctable déclin.

Certes, à l'époque héroïque, elles avaient fait un immense effort pour assurer à l'Association naissante, puis grandissante, de puissantes assises nationales. Mais la défaite de 1940 et ses séquelles leur ont été presque fatales et si, grâce aux courageuses interventions de Georges Duhamel et de Marc Blancpain, qui ont sillonné le territoire en tous sens, une centaine d'entre elles ont ressuscité au lendemain de la Libération, leur survie réelle n'a pas toujours correspondu à leur trop souvent éphémère renaissance. Ce n'est pas qu'elles n'aient point lutté : Marseille a créé des cours de français ; Dieppe a commémoré, en juin 1974, la tentative de débarquement des troupes canadiennes en 1942 et organisé, en mai 1976, une croisière sur la Seine et dans la Manche qui a réuni 600 participants ; Strasbourg a donné maintes réceptions en l'honneur des étudiants étrangers résidant dans l'académie ; Tulle a engagé de grandes dépenses pour faire venir Haroun Tazieff et Tabarly. Les comités de Tulle et de Périgueux ont pris en charge, en 1982, les frais de séjour de 9 des 86 lauréats du « concours européen[1] ». Mais l'Université « tentaculaire », en ouvrant un peu partout des cours pour étrangers, et la toute-puissante télévision, en clouant à leur domicile les gens qui naguère encore auraient quitté leur douillette maison pour aller entendre — et applaudir — les conférenciers de l'Alliance, ont ruiné de nombreux efforts et découragé les bonnes volontés. En mettant sur pied, à Tulle, les 23 et 24 mai 1981, le premier *Colloque des Alliances françaises en France*, le nouveau secrétaire général sait bien qu'il a rassemblé « les combattants du dernier carré ». Seuls, en effet, 17 Comités ont répondu à l'appel (Caen, Cherbourg, Clermont-Ferrand, Grenoble, Le Touquet, Limoges, Marseille, Nancy, Nice, Périgueux, Poitiers, Strasbourg, Tulle, Valenciennes, Verdun, Vichy) et

Avènement de Philippe Greffet

---

1. Il a réuni 6 500 candidats en 1982, contre 5 500 en 1981.

plusieurs d'entre eux soulignent la modestie de leurs ressources et de leurs activités. Pour remédier à une telle situation, trois résolutions sont alors adoptées :

1. Ouvrir, à l'exemple de Marseille, des *cours de français pour étrangers*, hors cursus universitaires ;

2. Mettre sur pied des *dîners-débats*, comme on fait à Valenciennes et à Tours, afin de renouveler les conférences de type académique et de leur donner un aspect plus social, plus chaleureux.

3. Assurer, comme le fera Tulle, le relais, à travers la province, des *Spectacles des Nations* et organiser des *voyages d'amitié* offrant aux membres des différentes Alliances de province l'occasion de se rencontrer, de se connaître, de sympathiser et, mieux encore, d'accueillir les membres des Alliances de l'étranger en séjour dans notre pays.

Célébration du centenaire

Parmi toutes les tâches qui incombent au nouveau secrétaire général, il en est une qui, tout en étant ponctuelle, retient toute son attention et tous ses soins : la préparation du **centenaire** de l'Association. On regrette d'avoir à annoncer les mesures prévues plutôt qu'à les décrire, comme on pourra le faire quand ce livre sera réédité. Du moins, à leur nombre et à leur variété, on pourra juger de l'importance accordée à ce grand événement. il n'y en a pas moins de 15, qu'on reproduit ici dans l'ordre même où elles sont énumérées dans le *Bulletin mensuel* de janvier 1983 :

1. Emission d'un timbre commémoratif, réalisé par Decaris, qui réalisa naguère notre grand Diplôme d'honneur, et tiré à dix millions d'exemplaires. D'autres pays, parmi lesquels le Portugal, Chypre, Cuba, l'Equateur, Saint-Domingue, émettront également un timbre pour célébrer l'événement.

2. Tirage d'une *affiche du centenaire*, dessinée par le peintre équatorien Guyasamin.

3. Création d'un *logotype*, sorte de lettrine, symbolisant l'Alliance toujours ouverte.

4. Un *livre d'or*, retraçant l'histoire de l'Association depuis ses origines jusqu'à nos jours.

5. Création d'un *rosier Alliance*, due à la célèbre maison Meilland.

6. *Voyages d'amitié* où les Alliances de France recevront leurs amis des Alliances du monde entier.

7. Publication d'un livre de *Recettes de cuisine*, réunissant celles que les différentes Alliances ont envoyées au siège central.

Avènement de Philippe Greffet

8. Vente d'*articles de Paris* (chemisettes, sacs, cartes postales, stylobilles).

Des étudiants dans le hall de l'Alliance en 1983.

9. *Annuaire* regroupant les renseignements relatifs à toutes les Alliances du monde.

10. Concours des *vingt plus belles façades*, dont les photographies figureront dans une exposition.

11. Mise en vente d'une *Cuvée de champagne*, préparée par la Maison Castellane.

12. Un *Grand échiquier*, célèbre èmission de Jacques Chancel.

13. Un *disque du Centenaire* ainsi qu'une chanson (mise au concours) à la gloire de l'Alliance.

14. Frappe d'une *médaille* commémorative, réalisée par Pierre-Yves Tremois.

15. *Congrès mondial* les 17, 18 et 19 octobre 1983, le président de la République et le maire de Paris ayant d'ores et déjà accepté de recevoir personnellement les congressistes.

Avènement de Philippe Greffet

La langue française
est la langue
de la maturité des peuples.
JEAN AMROUCHE

Une dimension planétaire

L'action véritable, l'action en profondeur de l'Alliance française ne saurait se juger seulement sur ce que fait, à Paris et de Paris, le siège central : s'il s'efforce de donner et de coordonner l'impulsion, il remet à chaque comité l'initiative d'agir et de s'administrer comme il l'entend.

La vocation de l'Alliance est **inter-nationale**, au sens strict du terme, et aujourd'hui plus que jamais, où la notion d'**inter-culturel** est la notion prédominante et où l'exportation du français ne cache plus, ne peut plus cacher une volonté secrète d'expansion politique ou de colonialisme diffus. La vraie dimension de l'Alliance est planétaire et ne peut être appréciée que dans cette perspective universaliste, qui est d'ailleurs conforme à la tradition de la pensée française. D'où ce tableau, un peu schématique, mais aussi global que possible, qui relate l'histoire des Alliances dans le monde durant ces quinze dernières années et qui vise à tracer leur portrait dans ce qu'il a à la fois de commun et de multiforme.

Europe

Iles Britanniques et Irlande

Dans les **îles Britanniques,** où l'Alliance est implantée depuis si longtemps, la solidité de l'institution se mesure à la fidélité avec laquelle les représentants des quelque 60 comités du Royaume-Uni se réunissent en assemblée générale annuelle. Ces rencontres, dont le siège (Edimbourg en 1969, Londres en 1974, Bournemouth en 1975, Brighton en 1977, Leicester en 1979) varie avec un souci de décentralisation exemplaire, sont l'occasion, pour

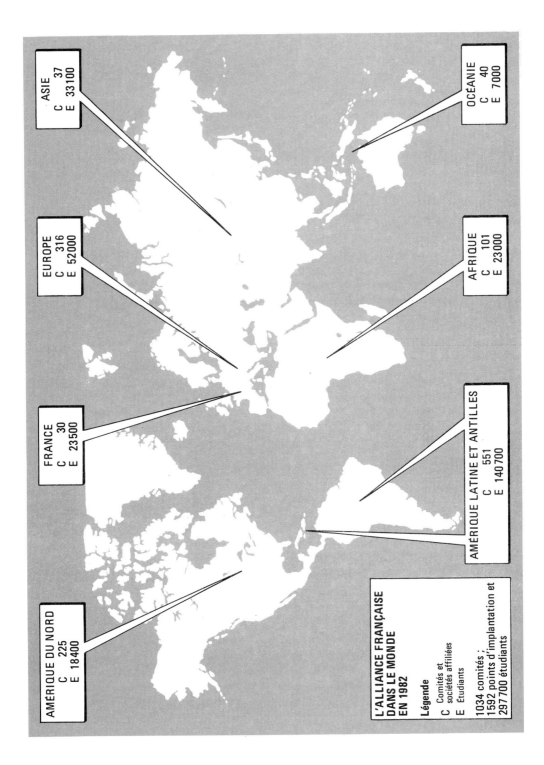

ASIE
C 37
E 33100

OCÉANIE
C 40
E 7000

EUROPE
C 316
E 52000

AFRIQUE
C 101
E 23000

FRANCE
C 30
E 23500

AMÉRIQUE DU NORD
C 225
E 18400

AMÉRIQUE LATINE ET ANTILLES
C 551
E 140700

L'ALLIANCE FRANÇAISE
DANS LE MONDE
EN 1982

Légende

C   Comités et
    sociétés affiliées
E   Étudiants

1034 comités ;
1592 points d'implantation et
297 700 étudiants

les assistants, de confronter leurs problèmes[1], avant de se retrouver, en smoking et en robe du soir (tradition oblige), autour d'une table de banquet, à l'issue duquel les orateurs font valoir l'humour propre à leur langue et à leur esprit. Le caractère solennel de la cérémonie est souligné par le choix de la personnalité appelée à la présider : en 1976, cet honneur revient à la princesse Anne en personne, l'année suivante conjointement à Wilfrid Baumgartner et à Jean Sauvagnargues, alors ambassadeur de France à Londres.

En **Irlande,** où l'implantation de l'Alliance est beaucoup plus récente (le centre le plus ancien, celui de Limerick, fête son 25e anniversaire en 1969), on travaille avec beaucoup de bonheur sous le vigilant contrôle de Pierre Le Dillicoq, de Claude Gentier et de David Weckselmann qui se succèdent à la délégation générale. Dans les dix comités (Athlone, Cork, Curragh, Dublin, Enniscorthy, Galway, Kilkenny, Limerick, Sligo, Waterford) on fait de grands efforts en faveur de l'enseignement (en 1978, l'Alliance de la capitale compte près de 2 000 élèves) et, un peu partout, on multiplie les signes d'activité : en 1973, les professeurs et les étudiants de Dublin donnent une représentation des *Femmes savantes* devant plus de 1 000 spectateurs ; en 1974, l'immeuble de Kildare Street est inauguré en présence de Jacques Chirac, alors Premier ministre ; en 1975, toujours à Dublin, une exposition du livre français reçoit 800 visiteurs ; en 1977, le concours dramatique annuel, organisé par l'Alliance française, revient au Cercle de Sligo, qui a mis en scène *Les Bonnes* de Jean Genet ; au cours de la saison 1978-1979, la deuxième exposition de la Galerie d'Art de l'Alliance, consacrée à la tapisserie irlandaise, est ouverte à Dublin par Son Excellence Patrick Hillery, président de la République d'Irlande, en présence de 400 invités ; en 1981, le comité de Galway s'installe dans une nouvelle maison, tandis que celui de Dublin acquiert à Dura Laoghaire, dans la banlieue de la ville, un appartenant destiné à loger une filiale.

Benelux

Dans la trilogie du Benelux, les Alliances poursuivent leur chemin avec assurance.

En **Belgique,** la fédération, conduite depuis longtemps par le très francophile Victor Decroyère, ne cesse de progresser. Déjà forte en 1970 de 24 comités, dont beaucoup sont de création toute

Une dimension planétaire

1. Le principal est celui du développement des activités enseignantes, inaugurées à Londres en 1977 et étendues, un peu plus tard, à Manchester et à Glasgow.

récente (Mons, Dons, Saint-Ghislain, Quaregnon, Pecq, Flobecq, Ottignies), elle en compte 31 en 1973. Comme pour les Pays-Bas voisins, elle fait un effort particulier en direction de l'enseignement : c'est ainsi que l'Ecole de Bruxelles, qui a 2 000 élèves en 1970, en compte 3 150 en 1979.

En **Hollande,** nombreuses sont les Alliances assez anciennes pour fêter des anniversaires qui en disent long sur leur solidité : celle de Nimègue célèbre ses 60 ans en 1971 ; celle de Rosendaal a 35 ans et celle de Hengelo 60 ans en 1972 ; Terneusen 25 et Zutphen 45 en 1976 ; Zwolle 50 en 1976. A elles toutes, elles forment une fédération très unie[2], qui sait s'adapter aux nécessités de l'heure. C'est ainsi que, dès 1972, elles accordent la priorité à l'enseignement et développent des cours un peu partout à Arnhem, à Devanter, à Dordrecht, à Ede, à Eindhoven, à Den Helder, à Hengelo, à Hilversum, à Meppel, à Nimègue, à Rosendaal, à Zwollen, à Zutphen. La liste est assez longue pour prouver le dynamisme et l'unanimité des comités hollandais qui, en 1983, auront reçu près de 6 000 étudiants et qui, d'autre part, auront multiplié les manifestations culturelles.

A **Luxembourg,** l'Alliance fête son 70e anniversaire en 1974, la section d'Echternach son 25e. En 1975, c'est le tour des « Amitiés françaises » de Belvaux Soleure de fêter leurs dix ans d'existence ; riches de 400 membres (non compris une section de jeunes), elles organisent, en 1975, une douzaine de réunions, dont la plus brillante est, en décembre, une inoubliable soirée Gilbert Bécaud.

Suisse

Chez nos voisins et amis de **Suisse,** on compte sept comités : Berne, Fribourg, Locarno, Lucerne, Lugano, Saint-Gall et Zurich. Le plus en vue et d'ailleurs le plus ancien, car il a été fondé aux temps héroïques, est celui de Zurich qui, sous la direction de M. et Mme Pierre Zbinden, réunit plus de 1 000 membres ; il donne des conférences, des bals, des après-midi culturels et récréatifs, des thés, des dîners, organise des voyages, ouvre des cours, publie, à partir de janvier 1974, un *Bulletin trimestriel* qui est un organe à la fois de liaison et d'information.

A Lucerne, le Comité fête son 25e anniversaire en 1972 ; à Locarno (400 membres), on multiplie les activités culturelles (concerts, spectacles de danse et de mime, saisons théâtrales) ; à

2. Le secrétariat général, assumé par un fonctionnaire français depuis 1974, est transformé en délégation générale en juillet 1980 et un second professeur détaché est mis à sa disposition.

Une dimension planétaire

Fribourg, on ouvre une filiale en 1976 ; à Lugano c'est un « Cercle de langue française » qui tient lieu d'Alliance ; à Berne, à Saint-Gall, on reçoit chaleureusement les conférenciers venus apporter un peu d'air de France.

Scandinavie

En Scandinavie, où existent quelques-unes des plus anciennes Alliances du monde (celle de Copenhague fêtera son centenaire en 1984 et celle de Stockholm n'a que quelques années de moins), les positions de l'Alliance demeurent à peu près inchangées.

Au **Danemark,** une vingtaine de comités se partagent les 2 000 membres, qui reçoivent, depuis 1970, un *Bulletin d'information* publié à Copenhague à leur intention. Dans la capitale (410 membres et 200 élèves en 1980) on fait, en faveur de l'enseignement, un grand effort que facilite, en 1976, l'emménagement de l'Association dans un local plus spacieux. De son côté, le prince Henrik, qui a lui-même enseigné notre langue à l'Alliance de Hong Kong, a, depuis 1968, accepté d'être le « Protecteur des Alliances françaises du Danemark », qui se sont trouvées honorées et confortées d'un tel patronage. Un peu partout, on célèbre des anniversaires : 25 ans d'existence à Sönderborg, en 1972 ; 60 à Haderslev, en 1981 ; 70 à Aalborg (que préside depuis un demi-siècle Age Schousgaard), en 1974 ; 75 à Randers en 1979. S'ils témoignent tous de la fidélité danoise à la cause de l'Alliance, la création très récente de nouveaux Comités, à Hjörring en 1977, à Skive en 1978, à Vordingborg, à Köge et à Roskilde en 1979, prouve une fidélité qui ne se dément pas.

En **Suède** également, on multiplie les cérémonies commémoratives : Jonköping a 50 ans d'âge en 1978 ; Falun et Linköping 60 en 1979 ; Stockholm 90 la même année ; Skelleftea 35 en 1982. Mais cette longévité ne contrarie pas l'esprit d'initiative d'une Alliance qui compte 24 comités, dont l'un des derniers-nés, celui de Västeras, a vu le jour en 1972. Au cœur du dispositif, l'Alliance de Stockholm, forte de ses 1 000 membres, joue, sous la brillante présidence de Karin Fallenius, un rôle décisif : elle crée une section de « jeunes », qui compte 80 adhérents en 1973 ; elle organise des soirées de gala et des conférences (dont 3 données par des académiciens français pendant l'hiver 1976-1977), où se presse une élégante société ; elle reçoit le prince Bertil et la princesse Lilian lors de la célébration de son 90e anniversaire ; enfin, elle peut se flatter, comme celle de Copenhague, d'avoir un

Une dimension planétaire

« sponsor » du plus haut niveau en la personne du roi Karl Gustav, qui accepte, en 1977, le titre de « Protecteur de l'Alliance française de Stockholm ». Quant aux activités pédagogiques, elles sont loin d'être oubliées : en témoignent l'hommage rendu, en novembre 1978, à Marc Chesneau, poète et professeur, qui a longtemps assuré l'enseignement de la littérature et de la civilisation françaises du cours supérieur, à Stockholm, et la fête donnée à Norrköping, en 1979, pour le 10e anniversaire de l'École de l'Alliance, fondée par Henri Hallot et toujours dirigée par lui.

En **Norvège** aussi, où il y a une dizaine de comités, on célèbre les dates glorieuses : l'Alliance de Bergen célèbre ses 75 ans en 1973, celle d'Oslo ses 80 en 1976. Mais surtout, les différents centres s'efforcent de multiplier les occasions d'entendre du français, voire de le pratiquer : d'où les représentations théâtrales, les discussions relatives à de grands thèmes, les conférences, les soirées-conversations qui sont organisées un peu partout.

En **Finlande,** l'Alliance est représentée par le comité « France-Finlande » qui a son siège à Helsinki et qui est en liaison avec une vingtaine de cercles (Turku, Vaasa, Kotka, Tempéré, par exemple) disséminés à travers la province et chargés, lors des tournées faites par les conférenciers, de préparer l'accueil et le séjour de ceux-ci. Le comité d'Helsinki manifeste de nombreuses activités dont la principale consiste, chaque mercredi, à organiser à la « Maison de France » une soirée où se rendent de nombreux et fidèles habitués.

En **Islande,** le Comité de Reykjavik demeure bien vivant. Il a eu l'honneur d'avoir à sa tête la Présidente de la République, Mme Vigdis Finnbogadottir, qui parle remarquablement notre langue. Il célèbre sa fête annuelle, le 26 mars, avec beaucoup de ponctualité, donne des soirées, des spectacles en français, et reçoit dans ses cours 150 élèves en 1982.

Espagne et Portugal

En **Espagne,** la situation de l'Alliance peut être considérée comme satisfaisante. Si elle évite de rivaliser avec les instituts français qui occupent le terrain dans les villes les plus peuplées (Madrid, Barcelone, Valence notamment) et si elle crée peu de centres nouveaux (un à Grenade en 1968 et un à Gibraltar en 1969), elle possède, dans maintes parties du territoire, de solides implantations.

Une dimension planétaire

En Galice, le comité de Vigo (qui organise une première « semaine française » en avril 1980, puis une « semaine Jules Verne » en décembre de la même année et qui a 750 élèves) et ceux de Saint-Jacques-de-Compostelle et de La Corogne dispensent l'enseignement du français avec un réel succès. A Oviedo, qui fête son 20e anniversaire en 1980, on met sur pied un programme culturel important et le nombre des inscrits aux cours (près de 800) ne cesse d'augmenter. A Lerida, on passe de 400 élèves en 1970 à plus de 800 cinq ans plus tard et on accueille un stage de recyclage pour les instituteurs enseignant au niveau II. A Sabadell, les représentants de Tarrasa, de Lérida et d'Ibiza tiennent, en 1975, une première réunion visant à regrouper les Alliances de Catalogne et des Baléares et à confronter les expériences acquises par les unes et par les autres.

C'est précisément dans les Baléares, centre de tourisme abondamment fréquenté par les Français, que les meilleurs résultats sont enregistrés. Sous la direction de René Vuibert, Ibiza reçoit 800 élèves en 1968, 1 400 en 1970, et maintient, au long des années, des effectifs considérables ; la qualité de l'enseignement, dispensé par une quinzaine de professeurs, est assez bonne pour permettre, en 1973, de présenter aux examens 460 candidats, dont 383 sont reçus. A Palma de Majorque, où le Comité a près de 900 membres en 1980, on ne compte pas moins de 700 inscrits aux cours, dont 200 dans les annexes de Soller, d'Inca, de Llumajor, de Manacor et de Mahon.

Aux Canaries, l'Alliance de Las Palmas a 200 élèves dans les cours d'adultes et 250 enfants venant des classes primaires. De son côté, celle de Santa-Cruz de Ténériffe possède des élèves assez avancés pour qu'ils puissent être présentés au diplôme supérieur.

Au **Portugal,** où le travail tenace de Paul Hinterlang, délégué général de 1945 à 1978, puis de Raymond Cadorel, aura porté ses fruits, l'Alliance ne cesse de se développer. En 1981, elle ouvre trois centres nouveaux (Torres-Vedra, Guarda et Bragance), portant ainsi à 19 le nombre de ses comités. Autre signe de bonne santé : l'affluence des élèves, qui se chiffre à 11 700 pour l'ensemble du pays. Enfin, le ministre portugais de l'Education rehausse le prestige de l'Association en titularisant dans l'enseignement secondaire les détenteurs du diplôme supérieur délivré par l'Alliance française de Paris (arrêté du 29 janvier 1980).

Une dimension planétaire

S'il y a des comités efficaces un peu partout (on ne citera que celui de Braga, dont les cours sont fréquentés par plus de 900 étudiants), on mettra en relief les résultats obtenus par deux d'entre eux : celui de Lisbonne et celui de Coimbra. Dans la capitale, où il n'y a pas moins de cinq points d'implantation, les manifestations culturelles abondent (trois expositions et deux cycles de cinéma en 1981), mais l'accent est mis davantage encore sur l'action enseignante, et cela avec le plus grand succès : de 4 500 en 1979, le nombre des élèves passe à 6 500 (dont la moitié dans des sections extérieures) deux ans plus tard. Quant à la célèbre ville universitaire de Coimbra, son Alliance qui, en 1978-1979, vient de créer trois cours (traduction, civilisation, préparation au diplôme de hautes études françaises), compte 1 340 étudiants, d'un niveau assez élevé pour que 158 d'entre eux, en 1981, soient reçus aux examens de l'Alliance de Paris.

Italie, Malte, Grèce, Chypre

En **Italie,** si le nombre des Comités reste relativement élevé, la liste de ceux qui sont vraiment actifs ne dépasse guère la dizaine.

On se bornera donc à citer les Alliances, d'origine récente, dont le fonctionnement donne satisfaction. Celle de La Spezia, fondée en 1953, compte, en 1980, 135 membres et réunit un bon public d'étudiants. Celle de Messine, qui existe depuis une vingtaine d'années, renouvelle ses locaux, entretient des rapports étroits avec l'Institut français et la Faculté des lettres, et dispense un enseignement suivi par 200 auditeurs. Celle de Foggia, créée en 1971, donne, dix ans plus tard, des cours dans les classes élémentaires, tant au sein de la ville même que dans les localités avoisinantes et rassemble ainsi un effectif de 2 000 élèves. A Tarente, on multiplie les initiatives : en 1973, le comité met sur pied une exposition du Livre de Poche couronnée de succès ; en mars 1977, il organise un colloque, auquel participent 200 professeurs favorables à l'introduction d'une seconde langue étrangère dans les établissements italiens et qui aboutit à la construction d'une fédération des Associations francophiles italiennes. A Bari, (1 400 membres), l'élection du recteur Luigi Ambrogi à la présidence du comité a pour effet de resserrer les liens avec l'Université et permet de dresser un intéressant programme de rencontres pédagogiques. A Bologne, l'Alliance culturelle franco-italienne, qui est affiliée à l'Alliance, présente un bilan tout à fait positif : non seulement elle a 1 200 membres et enseigne à plus de 500 élèves, mais elle organise également deux cycles de films, en hommage, l'un à Jean Gabin, l'autre à Alain Robbe-Gillet, et elle offre, aux enseignants de français de la province, trois stages de recyclage aux-

Une dimension planétaire

quels coopère le Service pédagogique de l'ambassade de France à Rome. Au Val d'Aoste, enfin, une Alliance tout récemment créée parvient, dès sa première année d'existence, à réunir près de 100 membres et à rassembler 60 élèves pour ses cours.

A **Malte,** l'Alliance locale inaugure, le 10 avril 1980, son nouveau siège. Forte de 310 étudiants, répartis sur 11 classes, et d'une action culturelle de qualité, elle présente l'aspect d'une association vivante et utile.

En **Grèce,** l'Alliance s'est depuis longtemps effacée devant l'Institut français d'Athènes, pour éviter toute concurrence inutile, mais elle est brillamment représentée à **Chypre,** où elle possède, à Famagouste comme à Larnaca, à Limassol comme à Paphos, des relais qui lui font réellement le plus grand honneur.

Europe de l'Est

En Europe de l'Est, la représentation de l'Alliance est limitée à deux pays : la **Hongrie** et la **Pologne**[3]. Et encore le premier d'entre eux ne compte-t-il qu'un comité : celui de Budapest, fort actif, il est vrai, puisque les effectifs y atteignent, bon an mal an, 700 étudiants. La fin de chaque année scolaire est l'occasion de festivités variées, telles que buffet, bal et tombola. On observera qu'en 1977 le *Mauger rouge* a été introduit dans les cours jusqu'alors restés fidèles à son homologue de couverture bleue.

En Pologne, après une longue absence, le retour de l'Alliance s'opère, en 1970, par la création d'un *comité de coopération* avec l'Alliance française, présidé par Zygmunt Rubicki, recteur de l'université de Varsovie.

Les réalisations dues au comité (extension du concours européen aux établissements polonais, envoi chaque été de 15 professeurs qui participent au stage pédagogique de l'Ecole de Paris) aboutissent, le 21 mars 1974, à l'inauguration officielle de l'Alliance de Sosnowiec : dirigée par Roman Wyborski, vigoureusement épaulée par l'action de Mme de Bénouville, qui porte le titre de déléguée générale, pourvue d'un bon équipement (laboratoire de langue, salles de lecture et de classe, appareils de projection de diapositives), elle accueille dans ses cours, dès la saison 1975-1976,

3. On peut y ajouter la Yougoslavie, si l'on tient compte de l'Association Culturelle « Yougoslavie-France » qui a deux points d'implantation : l'un à Belgrade avec une bibliothèque, une salle de spectacles et 756 élèves pour l'année 1982, l'autre à Zagreb.

220 adultes et 30 enfants. Sa fondation est bientôt suivie de celle d'un second cercle à Wroclaw (360 étudiants en 1977), d'un troisième, en octobre 1976, à Gdansk (419 élèves à la rentrée de 1977-1978) et d'un quatrième à Lodz en 1978. Les premiers résultats obtenus sont flatteurs et promettent un bel avenir aux Alliances polonaises.

Amérique du Nord

Le Canada

L e **Canada** — qui s'en étonnerait ? — a toujours été une terre d'élection pour l'Alliance française, qui s'y est implantée dès 1902. Aussi est-ce avec une fierté légitime que les cercles de Montréal et de Toronto en 1977, celui de Vancouver en 1979, et celui d'Ottawa en 1980, peuvent célébrer leur 75e anniversaire. De son côté, en 1976, la fédération canadienne, qui a acquis son autonomie en 1951 et qui groupe maintenant, sous la présidence de Mme de la Tour-Fondue-Smith, 17 comités, a pu fêter avec éclat ses 25 ans d'existence.

Si des manifestations spectaculaires (la dernière en date étant, en 1977, le « déjeuner-causerie » auquel l'invité d'honneur est l'académicien Jean d'Ormesson) ont lieu à Montréal, qui est, rappelons-le, la seconde ville francophone du monde, elles ne doivent pas faire oublier les efforts accomplis sur toute l'étendue du territoire canadien. A Vancouver, où le souvenir du grand bâtisseur qu'a été Charles Bloch-Bauer reste très vif, on agrandit les locaux et l'on y reçoit, bon an, mal an, quelque 800 ou 900 élèves. A Victoria, qui compte une centaine de membres, on donne des concerts, des conférences, des thés-causeries et on crée même, en 1976-1977, deux bourses annuelles de 100 dollars chacune en faveur des étudiants qui se spécialisent dans notre langue. A Edmonton, à Régina (où on a ouvert des cours), on monte des « semaines françaises ». A Calgary (175 membres), le comité se met à enseigner, en 1980, dans diverses sociétés de la ville et, en 1981, organise des cours de langue à l'intention des débutants. A Windsor, la jeune Alliance fondée par le docteur Alphonse Le Blanc en 1967, met chaque année sur pied une « journée francophone » à l'occasion de la Saint-Jean-Baptiste, mais n'omet pas, pour autant, de commémorer la prise de la Bastille... A Winnipeg, l'université de Manitoba et le collège Saint-Boniface rejoignent, en 1969, le comité local, qui, en 1980, ouvre à son tour des cours pour adultes. A Ottawa, dans

Une dimension planétaire

les nouveaux locaux inaugurés en 1969, on installe, quatre ans plus tard, un laboratoire audio-visuel, qui permet d'offrir un enseignement modernisé aux fonctionnaires canadiens désireux d'apprendre notre langue et aux élèves qui fréquentent les cours du soir. A Rivière du Loup, la nouvelle maison, ouverte en 1968, est une des plus belles réalisations de notre association. A Toronto, Mme Lightfoot organise avec bonheur des classes de français suivies par des centaines d'élèves. Bientôt sont ouverts des cours extérieurs et le succès est tel qu'aujourd'hui l'Alliance (qui possède, en outre, une galerie d'art et une salle de spectacle) compte deux détachés. En 1977, à Halifax, le comité célèbre son 30e anniversaire par une soirée de gala fort réussie. A Saint-Jean-de-Terre-Neuve, enfin, cette même année, « l'Association francophone », qui n'a pas moins de 200 membres, vient s'affilier à l'Alliance française et renforcer une fédération qui s'étend désormais sur un espace de 8 000 kilomètres.

Les États-Unis

Pour écrire la seule histoire des quelque 250 comités aux États-Unis et de la fédération américaine qui les rassemble depuis 1902, il ne faudrait pas moins de tout un ouvrage. On soulignera d'abord une nouveauté capitale : la création, en 1982, d'une délégation générale, sise à Washington et confiée à **Jean Harzic,** ancien délégué général en Argentine et au Brésil. Puis on se bornera à citer l'action des Centres le plus en vue et à mentionner, ici ou là, tel Cercle moins connu qui se sera singularisé par ses innovations ou ses manifestations culturelles ou pédagogiques.

A New York, l'Alliance, qui siège au plein cœur de la grande cité, ne cesse de voir augmenter l'effectif de ses membres (1 000 en 1971) et de ses étudiants (1 800 à la même date). Trois ans plus tard, le chiffre des étudiants a doublé, grâce d'une part à la gestion active et ingénieuse de son directeur Jean Vallier, grâce d'autre part à l'heureuse fusion qu'elle a opérée avec le French Institute, dont le président Robert Goelet et le directeur exécutif, Vincent Miligan, sont des managers avisés et fervents. Rien ne traduit mieux cette prospérité que le chiffre actuel des élèves, qui s'élève à plus de 5 500. A Washington, depuis 1970, l'Alliance est installée dans une confortable maison, sise Wyoming Avenue, en plein quartier des ambassades, et progresse à grands pas : en dix ans, le nombre de ses membres passe de 200 à 2 000 et, grâce à ses cours, à ses cycles de conférences, à sa bibliothèque de 5 000 volumes, elle attire un vaste public. Sous la houlette vigilante de son Président,

Une dimension planétaire

Robert La Follette, et de sa femme, elle ne tarde pas à devenir une Alliance modèle. A San Francisco, sous l'impulsion vigoureuse et agissante de Mrs Thompson, que son mari aide généreusement de ses deniers personnels, la prospérité n'est pas moins impressionnante. Non seulement, le comité crée des annexes à Redwood City, et à Palo Alto, mais aussi il organise des réunions pédagogiques, auxquelles assistent un grand nombre de professeurs de français de toute la Baie et qui mettent en vedette le rôle moteur de l'Alliance en matière d'enseignement. En 1972, un directeur des cours, détaché de France, vient renforcer le dispositif pédagogique de ce centre important, qui, en 1976, fonde une Junior Alliance, à l'intention des personnes âgées de 20 à 40 ans. Au total, c'est un bon millier de membres et un bon millier d'élèves que compte cette Alliance exemplaire, laquelle, de surcroît, entretient les meilleurs rapports avec ses voisines d'East Bay, de Saratoga (créée en 1971) et de la péninsule de Monterey.

L'activité est également multiple et efficace dans les cercles de nombreuses grandes villes dont beaucoup se mettent à enseigner : Houston (500 élèves en 1968, 600 personnes présentes au banquet du 50e anniversaire en 1974), Saint-Louis (250 membres), Los Angeles, Detroit (où Donat Gauthier, longtemps président, et Mme Kruse auront fait de valeureux efforts), Minneapolis (qui, en 1969, organise un festival français d'une durée de deux mois), Denver (400 membres en 1972), Cincinnati (226 membres en 1981), Pittsburgh, Boston, etc. Quant aux comités de moindre envergure, on notera, parmi beaucoup d'autres : Portsmouth, El Paso (qui ouvre des cours en 1971, à l'occasion de son 40e anniversaire), Nashua (où 250 étudiants de River collège, affilié à l'Alliance, ont suivi des cours de français en 1971), Tiffin, Wakefield, Springfield, Palm Beach, Fort Lauderdale, Spartenburg, Honolulu (où, malgré l'éloignement, on ne manque pas, chaque année, de célébrer avec entrain le 14 juillet). Tous travaillent à la cause commune avec un élan qui mérite estime et considération.

Mexique

Au fil des années, le **Mexique** devient un des principaux fiefs de l'Alliance sur le continent américain. Au cours d'une tournée qu'il vient d'y faire, Marc Blancpain ne déclare-t-il pas, en 1973, que ce pays est celui de « l'expansion » ? Déjà, en 1968, alors que Jean-Max Moussineaux tient en main les destinées de la fédération mexicaine dont il est secrétaire général depuis quatre ans, la situa-

Une dimension planétaire

tion de celle-ci est excellente puisqu'elle compte 23 comités et 8 centres d'enseignement réunissant 18 225 élèves. Mais cette prospérité ira sans cesse croissant, puisque le nombre de ces élèves aura dépassé 25 000, quand J.M. Moussineaux, en 1976, transmettra ses fonctions à René Gouédic, qui arrive de Lima.

Dans la ville même de Mexico, il n'y a pas moins de 5 filiales, dont les cours, en 1980, sont suivis par près de 16 000 personnes (18 000, si l'on y ajoute les cours extérieurs) et dont chacune est d'importance : Insurgentes, Lindavista, Palma, Polanco, dont la splendide maison, devenue le siège de la Fédération, est inaugurée en 1969, et San Angel, à qui ses nouvelles installations (un bâtiment de trois étages, 19 salles de classe, un auditorium, une bibliothèque) permettent, en 1975, de quadrupler ses effectifs (4 400 élèves) par rapport à ceux qu'elle avait dix ans auparavant. Dans cette cité immense, destinée à être peuplée de 20 millions d'habitants à la fin du siècle et où la circulation est particulièrement difficile, la dissémination des centres enseignants est un élément décisif du succès ; c'est dans le sens de cette politique que sera d'ailleurs créée, en 1977, une sixième antenne à Satellite qui, son nom l'indique assez, vient s'intégrer, comme en queue de liste, à l'immense agglomération de la capitale mexicaine. Aujourd'hui, avec ses 20 000 élèves, Mexico est, d'assez loin, la plus grande Alliance du monde.

En province, les résultats sont également très bons. A Guadalajara, le collège franco-mexicain, qui vient d'être reconstruit, abrite, en 1978, 1 500 élèves tandis que les cours d'adultes n'en reçoivent pas moins de 2 500. Le comité local, de son côté, multiplie les initiatives culturelles : une « semaine française » en 1972, une « exposition du Livre » en 1975, cinq représentations de *L'Amour médecin,* de Molière, l'année suivante. A Mérida, où l'on inaugure des locaux spacieux et bien aménagés en 1975, on compte 1 200 élèves. A Monterrey, y compris les antennes de Padre Mier et de Valle, il y en a un bon millier ; à Toluca, où un nouveau bâtiment a été construit en 1970, environ 700. San Juan, en 1973, se loge dans une maison « propre comme un sou neuf et souriante de blancheur » (Marc Blancpain). Des Alliances se créent à Vera Cruz (1970) et à Jalupa (1971). Celle de San Luis Potosi, rouverte en 1970, dispose, dix ans plus tard, de quatre salles de classe où, en 1981, 400 personnes viennent suivre les cours. A Hermosillo, qui a un ciné-club, on compte 200 élèves, et à La Laguna-Torreon, 140. Panama et Mazatlan, à partir de 1976, s'abritent dans des locaux tout neufs. A Celaya, on organise une semaine culturelle française à l'occasion de l'ouverture, en 1981, d'une Alliance dans cette ville.

n Amérique centrale, les Alliances sont assez nombreuses et assez vivantes pour se réunir, à partir de 1977, en congrès annuels. Le premier a lieu à Tegucigalpa et permet à neuf directeurs des cours de la région de confronter leurs problèmes :

Le collège franco-mexicain de l'Alliance, à Guadalajara.

**Une
dimension
planétaire**

organisation des classes de français, gestion et administration d'une Alliance, communication avec les filiales des pays avoisinants. On voit se développer là un esprit nouveau, qui correspond à un réel besoin de réflexion et d'échange d'idées, puisque ce congrès initial est suivi, en 1978, d'une réunion du même genre à San José de Costa Rica et, en 1979, d'une troisième à Guatemala-City.

Les principaux centres en activité dans cette partie du monde, on les trouve : au **Guatemala,** où l'Alliance de la capitale, relevée de ses ruines après un terrible tremblement de terre, fête son 60e anniversaire en 1980 et reçoit 1 200 étudiants, tandis que celle de Quetzaltenango en rassemble un bon nombre dans ses 18 cours ; au **Salvador,** où les classes sont fréquentées par 250 personnes ; au Honduras, où l'Alliance de Tegucigalpa accueille, dans son vaste immeuble, près de 500 élèves en 1976, et où celle de San Pedro Sula en reçoit à peu près autant ; au **Nicaragua,** où Managua et Léon comptent environ 300 inscrits ; au **Costa Rica,** où San Jose en a 420 pendant l'année scolaire 1979-1980 ; à **Panama,** où, de 1974 à 1979, le nombre des élèves passe de 600 à plus de 1 200 et où, en 1980, la nouvelle maison est inaugurée par le président de la République panaméenne ; au **Surinam** (ex-Guyanne hollandaise), où Paramaribo, doté de nouveaux locaux en octobre 1981, a une centaine d'étudiants.

Dans l'archipel Caraïbe, on peut parler d'un véritable fourmillement des Alliances. On citera, parmi les plus importantes : à **Cuba,** celle de La Havane, d'existence déjà ancienne, qui, en 1971, a 2 000 élèves ; en **Haïti,** celle de Port-au-Prince, dont l'activité est considérable, et les filiales, de création toute récente, des Cayes, des Gonaives, de Jérémie (1978) et du Cap Haïtien (1981) ; à **Saint-Domingue,** celle de la capitale, qui a sous sa responsabilité l'enseignement du français dans deux collèges de la ville, dont les nouveaux locaux, en 1977, ont été inaugurés par le président de la République dominicaine lui-même et dont les 3 657 élèves, en 1980, disent éloquemment la prospérité, ainsi que les six antennes provinciales de Santiago de los Caballeros (500 étudiants en 1981), de Higuey, de Monte-Cristi, de San Pedro de Macoris, de la Romana et de Puerto Plata, la dernière née ; à **Porto Rico,** celles de San Juan (862 élèves en 1979), de Ponce (206 membres, 502 élèves en 1981), et de Mayaguez, fondée en 1979 ; à la **Jamaïque,** celle de Kingston (elle a 30 ans en 1981), qui est forte de 300 membres et dont les cours attirent plusieurs centaines d'auditeurs.

Une dimension planétaire

Dans les Petites Antilles, enfin, l'Alliance la plus en vue est celle de Port d'Espagne (638 membres et 412 élèves en 1979) dans l'île de la **Trinité,** qui a un autre centre à San Fernando. Mais elle

ne doit faire oublier ni celle de Bridgetown **(La Barbade)**, ni celle
de la Antigua, ni celle d'Aruba, ni celle de Nassau **(Bahamas)**, ni
celle de Castries, à **Sainte-Lucie,** qui, en 1981, a 82 membres et 50
étudiants.

Amérique du Sud

Argentine

L'**Argentine** est sans doute la nation du monde qui compte le
plus d'Alliances par rapport au nombre de ses habitants : fin
novembre 1975, on y trouve 141 comités « qui inscrivent chaque année à leurs cours de français 28 000 élèves, auxquels s'en
ajoutent 4 500 autres appartenant à 24 collèges affiliés ». Le pays
est couvert par « 15 délégations régionales, ayant pour tâche de
diffuser la documentation et les informations qui peuvent intéresser membres et élèves des Alliances, de mettre sur pied des stages
pédagogiques, d'organiser les examens qui sanctionnent des études
étalées sur huit ans. »

Chacune des quinze zones d'influence, entre lesquelles sont
répartis les comités argentins, « est placée sous le contrôle pédagogique d'un délégué régional, qui est en même temps le directeur
des cours de l'Alliance la plus importante de la zone. Tournées
d'inspection et d'examens, stages, recyclage, conférences les entraînent, comme les responsables de la délégation générale, à parcourir plus de 100 000 kilomètres par an. »

« C'est à Buenos Aires que se trouvent réunis la moitié des
élèves du pays[4]. Entre les neuf centres de l'Alliance française de
cette ville et les Alliances autonomes du grand Buenos Aires, c'est
au total dans vingt points d'implantation qu'est dispensé l'enseignement du français dans la capitale argentine. »

« Parmi les Alliances du grand Buenos Aires, celle de Martinez
réunit plus de 300 élèves au collège et 620 à l'Alliance même. C'est
en partie grâce à une subvention du gouvernement français qu'un
très beau terrain, jouxtant celui du collège, a pu être acheté. Ainsi
l'Alliance possède-t-elle plus de 4 000 mètres carrés dans une banlieue résidentielle de Buenos Aires. »

Ces larges extraits du *Bulletin mensuel d'information,* publié
par le secrétariat général de Paris, expriment mieux que n'importe
quel commentaire la prospérité et la vitalité d'une des plus anciennes Alliances de la planète (en 1968, Buenos Aires fête déjà son

4. En 1981, il y en a plus de 10 000 à Buenos Aires même, auxquels il faut en ajouter 2 000
dans le grand Buenos Aires et les collèges affiliés.

*Une
dimension
planétaire*

75ᵉ anniversaire). Puisqu'il n'est malheureusement pas possible de saluer le travail intense accompli par chacun des 141 centres argentins, on se bornera à inscrire au tableau d'honneur les résultats obtenus par quelques-uns des plus importants.

Si l'on s'en rapporte au nombre des élèves, on mentionnera : Bahia Blanca (600), Cordoba (plus de 1 000), Corrientes (500), La Plata (plus de 1 000), Mar Del Plata (850), Parana (320), Resistencia (370), Rosario (900), San Luis (235), Santa Fe (500), Tucuman (450). Mais il faudrait tenir compte également du nombre des membres : 500 à La Plata, 380 à Mar Del Plata, 400 à Rosario, 250 à Santa Fe. Et, plus encore, des innovations en matière de pédagogie : on citera, parmi les plus récentes, la restructuration du certificat d'aptitude pédagogique à l'enseignement du français (1979), la création du centre d'études supérieures de l'Alliance française à Buenos Aires (1980), l'institution d'un service comportant un duplicateur de cassettes pour la diffusion de documents oraux.

Sur le plan des manifestations culturelles, organisées sur tout le territoire, le nombre et la variété des réalisations ne sont pas moins impressionnants : presque innombrables sont les conférences (pour la seule saison de 1979, Jacques Soustelle et Jean d'Ormesson sont venus parler à Buenos Aires), les expositions de toute sorte (dont une consacrée au centre Georges Pompidou), les concerts et récitals, les « semaines franco-argentines », les projections de films, les représentations théâtrales, les hommages rendus à de grands écrivains. Et les « petites » Alliances ne sont pas moins actives : telle, parmi tant d'autres, la lointaine mais coquette maison de Mendoza, tapie au pied des Andes et chère au cœur de Marc Blancpain, de qui elle porte le nom depuis 1969.

Si l'on situe ici le travail si méritoire des Alliances du **Paraguay,** c'est qu'elles ont été, jusqu'en 1983, administrativement rattachées à la délégation générale de l'Argentine. Celle d'Assunción (elle fête son 25ᵉ anniversaire en 1981) profite du beau local inauguré en 1969 pour faire des progrès considérables : le nombre des élèves inscrits aux cours passe de 350 en 1968, à 610 en 1977, et 76% des candidats qu'elle présente aux examens sont reçus. Quant à ses filiales de Villarica et de Concepcion et à l'antenne dont elle dispose au collège d'Encarnacion, elles sont pour elle un moyen supplémentaire et efficace d'étendre son champ d'action.

Bolivie

Une dimension planétaire

En **Bolivie,** l'Alliance bénéficie d'une situation tout à fait privilégiée. C'est à elle, en effet, notre langue étant enseignée obligatoirement dans les collèges à raison de deux heures par semaine, que revient le soin de former les professeurs boliviens chargés de dispenser cet enseignement. Elle compte plusieurs comités, dont l'activité, sur le plan pédagogique, se traduit par des résultats excellents : à La Paz, dans ses cours, ouverts toute l'année, elle reçoit 1 300 élèves en 1973 ; à Sucre, où un nouveau local a été inauguré en 1969, elle en accueille 300 ; à Santa Cruz, elle en a près de 600, à Cochabamba 350, à Oruro 320 ; et à Vallegrande, dont l'ouverture est toute récente, le démarrage est tout à fait satisfaisant.

Brésil

Avec 31 comités seulement[5], la Délégation du **Brésil** réussit le tour de force d'enseigner le français à 34 000 élèves par an. C'est dire, sans chercher à établir d'inutiles comparaisons ou de vaine hiérarchie, qu'elle se tient au tout premier rang des Alliances du monde.

Pourvue de 60 professeurs détachés de France et de 475 recrutés locaux, elle accorde à l'enseignement une importance primordiale. Elle donne des cours non seulement dans ses propres locaux, mais aussi à l'extérieur, dans les collèges et les entreprises qui lui en font la demande. Il y a plus : elle assure une sorte d'assistance pédagogique à près de 200 professeurs brésiliens. « Dans de nombreuses villes, des contrats ont été passés avec le secrétariat d'État à l'Éducation et les Universités : ainsi à Brasilia, Aracaju, Joao Pessoa, Manaus, Natal, Porto Alegre, Recife, Santa Maria, Sao Luis, Vitoria, l'enseignement du français, qui n'est plus obligatoire dans les établissements brésiliens, est confié officiellement à l'Alliance. »

D'autre part, « deux centres, dont les activités ont acquis une réelle notoriété, dépendent respectivement des Alliances de Rio de Janeiro et de Sao Paulo ». A Rio a été créé un « centre d'Études Supérieures », où des professeurs du plus haut niveau viennent, de France, donner des conférences. Et, à Sao Paulo, a été inauguré, en 1973, le centre universitaire de diffusion scientifique et technique » (C.U.D.S.T.), « qui s'attache à diffuser et à promouvoir les revues et les livres scientifiques français ».

Les activités culturelles sont également en plein essor. Outre les conférences, les expositions, les représentations théâtrales, qui partout sont accueillies avec chaleur, il faut noter des initiatives

5. Il faut préciser que certains centres comptent plusieurs Alliances : ainsi, celui de Rio De Janeiro en rassemble six à lui seul, et celui de Sao Paulo huit.

Une dimension planétaire

plus rares et couronnées de succès : par exemple, en 1975, une tournée du grand guitariste Turibio Santos et, en 1976, l'envoi dans les Alliances brésiliennes du quintette « Armorial », ainsi que l'intervention généreuse, à Recife, pour reconstituer la célèbre bibliothèque Joaquim Nabuco, gravement endommagée par une inondation.

Dans ce pays, où règne une fiévreuse activité, les Alliances ne cessent de construire ou, au moins, de s'installer d'une façon plus spacieuse. A Belo Horizonte sont inaugurés, en 1970, des locaux (huit salles de classe, un laboratoire de langue, un auditorium, une bibliothèque) qui permettent de recevoir 1 200 élèves. La même année, à Fortaleza, la rénovation des lieux permet d'en accueillir bientôt plus de 400. En 1973, à Santos, l'Alliance (qui, deux ans plus tard, recevra le trophée du centre d'éducation et de culture le plus actif de la ville) déménage et va occuper un local de 530 mètres carrés où plus de 600 personnes viendront suivre les cours. A Rio, on ouvre seize salles de classe à Tijuca en 1973, et on inaugure la maison d'Ipanema en 1976. A Brasilia, où l'on a déjà 2 000 inscriptions (sans compter l'enseignement dispensé à l'École des diplomates), on aménage des installations devenues trop petites et on dispose de sept salles de classe supplémentaires en 1977. A Maceio (600 élèves), à Niteroi (550), on célèbre également l'ouverture de nouveaux locaux en 1976. A Sao Paulo (4 840 élèves, à l'Alliance même, 335 dans les cours extérieurs, et 2 200 dans les collèges et facultés de la ville en 1981), on ne cesse de créer des sections nouvelles (à Santo André, par exemple, en 1977) ou d'accroître les moyens de celles qui existent déjà (tel est le cas à Brooklin en 1980). A Florianopolis (210 élèves en 1980), on change d'emplacement en 1981.

Enfin, il serait tout à fait injuste de passer sous silence les efforts accomplis et les résultats obtenus dans d'autres centres importants, tels que ceux de Belem (700 élèves), de Curitiba (1 200), de Goiania (750) de Joao Pessoa (550), de Natal (700), de Sao Luis de Maranhao (420), de Teresina, lequel, fondé en septembre 1979, compte 240 étudiants quelques mois plus tard[6].

Chili

Au **Chili,** l'Alliance est brillamment représentée par ses six lycées et collèges de Santiago, de Concepcion, d'Osorno, de Curico, de Traiguen et de Vina del Mar. Les liens entre ces établissements

6. Les alliances de Curitiba et de Porto Alegre viennent de construire de nouveaux locaux avec une aide presque symbolique des pouvoirs publics, et celle de Natal d'acheter une maison avec de l'argent prêté par les professeurs détachés dans le pays.

sont assez étroits pour qu'ils aient songé à créer des « Olympiades », qui sont réservées à leurs ressortissants et qui, dès 1970, réunissent 134 athlètes.

A Santiago, le lycée Saint-Exupéry, qui compte 1 700 élèves en 1976-1977, multiplie les initiatives pédagogiques (pratique du bilinguisme, emploi de la « méthode Freinet », recours à la gestuelle) et périscolaires (création de « classes de neige » en 1975). De plus, elle conclut un accord avec l'université de Curico et l'université catholique de Santiago pour la fondation, sur le campus de celle-ci, d'un centre de formation de professeurs chiliens de français (1975).

A Concepcion, le lycée Charles-de-Gaulle, reconstruit après le dernier tremblement de terre, reçoit 900 élèves, dans des locaux constamment agrandis et modernisés, à l'amélioration desquels l'Association des parents a largement contribué : en 1976, l'aménagement des six salles audiovisuelles, d'un laboratoire de langue, d'un amphithéâtre de sciences, d'une salle de dessin et d'une salle de musique, fait de cet établissement un lycée modèle. D'autre part, à l'Institut voisin, dans des locaux complètement remis à neuf, on enseigne le français à 450 adultes et on organise de nombreuses manifestations culturelles.

A Osorno, le lycée Claude-Gay accueille 680 élèves en 1981 ; le collège Jean-Mermoz, de Curico, à peu près le même nombre ; celui de Vina del Mar, qui fête son 20ᵉ anniversaire en 1979, en a environ 500 ; et celui de Traiguen, où le comité a 90 ans en 1981, 300. On ne voit aucun pays au monde qui, en matière d'établissements secondaires gérés par la France, en possède un réseau aussi étendu et aussi moderne. Tous, par exemple, ont des maisons à la montagne pour la pratique du ski.

Colombie

A la fin de l'année 1975, les Alliances françaises de **Colombie,** malgré la rapide élévation du coût de la vie et la suppression de la deuxième langue obligatoire, affichent une belle santé. Cette santé est encore meilleure quelques années plus tard, le français ayant reconquis, en 1979, l'égalité avec l'anglais au titre de première langue dans l'enseignement secondaire.

En 1980, la fédération colombienne regroupe dix comités qui, sur l'ensemble du territoire, accueillent 10 000 élèves, non compris les 2 000 au moins qui sont inscrits dans les sections extérieures. L'effort entrepris par Bernard Sicot, à qui succède Jean Jézéquel,

Une dimension planétaire

va dans le double sens d'une amélioration de la qualité et de l'homogénéité des méthodes (d'où par exemple, la réunion des directeurs de cours à Manizales le 20 octobre 1977), et de l'affirmation de l'Alliance en tant qu'association culturelle.

A Bogota, il n'y a pas moins, en 1980, de 4 000 élèves, répartis entre le bâtiment central, l'annexe de Chico et les cours extérieurs. Et le théâtre est le cadre de nombreuses manifestations de toutes sortes.

A Barranquilla, l'Alliance qui, en 1976, a emménagé dans un immeuble mieux adapté aux exigences de son expansion, est en progrès constants et compte quelque 850 élèves.

A Bucaramanga, qui célèbre son dixième anniversaire en 1976, l'Alliance a souffert d'une baisse momentanée de ses effectifs, mais lutte ardemment pour les ramener à leur niveau antérieur.

A Cali, l'Alliance administre et anime le lycée Paul-Valéry, que fréquentent 700 élèves. Elle possède en outre, au cœur de la ville, une belle maison où elle fête, au début de 1975, sa 30e année. De plus, 600 personnes sont inscrites aux cours d'adultes.

A Carthagène, où elle achète, en 1976, une nouvelle maison, elle a plus de 500 élèves. A Medellin, deuxième ville du pays, elle en a à peu près le même nombre.

A Cucuta, à Manizales, à Pereira (où elle a rouvert après avoir brûlé en 1980) ses effectifs restent stationnaires. Mais à Popayan, où elle ne s'est implantée qu'en 1977, elle fait de rapides progrès et reçoit 250 élèves en 1982. Sa maison est malheureusement détruite par un tremblement de terre en 1983.

Equateur

En **Equateur,** les deux Alliances de pointe sont celles de Quito et de Guyaquil. La première, située dans un beau quartier de la capitale, y a bâti une maison moderne et spacieuse, où elle fait alterner les activités culturelles (elle a un atelier de théâtre, fonctionnant trois fois par semaine sous la direction d'un metteur en scène équatorien) et l'organisation de cours qui, en 1979, réunissent 1 300 élèves. La seconde, toute différente, sise dans la deuxième ville du pays, au bord de la mer, a acheté un pavillon coquet et verdoyant, dans le jardin duquel ont lieu les conférences, et dont les classes sont fréquentées, en 1980, par quelque 700 audi-

Une dimension planétaire

teurs. Les autres centres importants se trouvent à Cuenca, Esme, Zalon et Loja et, par le nombre d'élèves inscrits dans leurs cours (respectivement 170, 70 et 80), prouvent l'efficacité de leur action[7].

Pérou

Au **Pérou,** l'Alliance connaît une remarquable expansion, puisqu'elle n'a pas moins de douze points d'implantation et qu'elle reçoit 15 000 élèves dans ses classes (10 000 dans ses propres locaux et 5 000 dans les sections extérieures). Conformément aux instructions du siège parisien, elle s'est depuis dix ans résolument tournée vers l'action enseignante, domaine dans lequel elle accumule les succès. Le plus éclatant, on l'observe, bien sûr, dans la capitale, à Lima, où le nombre des étudiants (10 000 environ) est en constante augmentation, non seulement dans la maison mère, mais aussi dans la très belle annexe du collège de Miraflores.

En province, les résultats sont également excellents. Au nombre des Alliances les plus entreprenantes, il faut citer : celle d'Arequipa, qui, installée depuis 1974 dans un local « d'une très belle architecture à arcades lui donnant un caractère andalou », compte alors plus de 1 100 élèves et qui, malgré le tremblement de terre de

7. Tout récemment, le gouvernement équatorien a construit deux maisons d'Alliance à Cuonca et à Loja.

Alliance française d'Arequipa, au Pérou.

février 1979, a repris courageusement ses activités ; celle de Cuzco qui, dans son nouveau local, inauguré en septembre 1981, accueille 340 étudiants ; celles de Chiclayo (280 inscrits), de Trujillo (150), de Piara (180), de Chimbote. Une mention particulière doit être décernée à celle de Puno, la plus haute du monde, puisque cette section du comité d'Arequipa culmine à 3 900 mètres, au bord du lac Titicaca.

Uruguay

En **Uruguay,** l'existence de quelque 35 comités dit assez la place occupée par l'Alliance dans ce pays.

A Montevideo, où l'Association, depuis 1969, dispose d'une maison moderne, dotée notamment d'une belle salle de théâtre et dix ans plus tard, d'une galerie d'art, il y a plus de 400 membres et les cours sont suivis par près de 4 000 élèves. Les manifestations culturelles y sont tout spécialement à l'honneur, surtout depuis que le conseiller culturel et futur secrétaire général à Paris, Philippe Greffet, est le premier à en donner le signal. Mais la pédagogie, notamment sous la forme de stages nombreux, organisés un peu partout sur le territoire, n'est pas oubliée pour autant. Précisons que, depuis mars 1970, un Bulletin de liaison permet à toutes les filiales d'entretenir les unes avec les autres des rapports suivis.

La capitale est loin d'avoir le monopole des activités et telles Alliances de province se distinguent à la fois par les semaines « franco-uruguayennes » dont elles prennent l'initiative et par le nombre des élèves inscrits à leurs cours : c'est le cas, entre autres, de celles de Durazno (120 étudiants) de Mercedes (230), de Paysandu (360), de Salto (170), de Melo, de Colonia, de Rosario.

Venezuela

Au **Venezuela,** il faut saluer, après un long effacement, la résurrection, en 1976, du comité de Caracas, qui, propriétaire de ses locaux, prend immédiatement un excellent départ puisque, dès 1977, il a 350 élèves et que, deux ans plus tard, il en compte 500, parmi lesquels, pour la première fois, quelques-uns sont candidats au diplôme de langue[8]. A Maracaïbo, le Centre vénézuélien de français, abrité dans un beau bâtiment de style colonial, se transforme en Alliance le 8 octobre 1979. Quant au Comité de Valencia, le troisième du pays, il accueille 180 étudiants.

Une dimension planétaire

8. En 1981, dans le cadre d'une politique qui cherche à éviter le double emploi, l'Institut franco-venezuelien fait fusion avec l'Alliance.

Du Nord au Sud, du Canada à la Terre de Feu (il y a un comité à Ushuaia), il n'est pas un seul pays du continent américain où l'Alliance ne soit présente.

225

Afrique et océan Indien

Maghreb

Au Maghreb, l'Alliance n'est représentée qu'au **Maroc,** où elle possède un réseau assez dense de filiales relativement actives et visitées régulièrement par les conférenciers venus de Paris. Le centre le plus important se trouve à Rabat, siège de la fédération qui, depuis 1973, dispose de nouveaux locaux. On y organise des cours de tous les niveaux (notamment d'initiation à l'écriture et à la rédaction en français) qui, en 1980, rassemblent 265 élèves. Des cours ont également lieu à Moulay-Idriss, à Marrakech, et à Berkam.

Afrique orientale

En Afrique orientale, où la présence du français est une des clés de son maintien en Afrique occidentale, la situation des Alliances est satisfaisante.

A Addis Abeba, le comité, qui a réintégré ses anciens locaux en 1972, fait porter l'essentiel de ses efforts sur l'enseignement ; sa prospérité se traduit en 1981 par la présence de 600 membres et de 1 000 étudiants. A Asmara, où la situation politique est difficile, l'Alliance a encore 230 élèves en 1971. A Diré-Daoua, jalon important sur la route du chemin de fer qui relie la capitale éthiopienne à Djibouti, son école, en 1974, est fréquentée par 340 enfants et adolescents.

En **Ouganda,** Kampala possède un comité actif et efficace, qui fête ses vingt ans d'existence en 1974. Si le nombre des membres, par suite des événements, tombe de 500 en 1971 à 150 en 1973 et à 100 en 1980, celui des élèves suit heureusement une courbe inverse et passe de 250 en 1969 à 400 en 1973 et à 700 en 1980. L'antenne de Jinja, elle, créée en 1981, reçoit, dès la première année, 67 personnes dans ses cours.

Une dimension planétaire

Au **Kenya,** le comité de Nairobi est un des plus florissants du continent africain : avec 1 000 élèves en 1969, 1 285 en 1970, et encore près de 900 en 1972, il a une clientèle scolaire attentive et fidèle ; sa bibliothèque offre 5 000 volumes à la curiosité de ses lecteurs et ses présentations de films touchent un nombreux public. Dernièrement, il a récupéré les étudiants du Centre Culturel (ses effectifs se montent à près de 2 000) et s'est transféré dans de plus grandes installations. Toute récente, l'Alliance de Mombasa inaugure son premier local le 15 octobre 1975 et en aménage un second dès 1977 ; avec une centaine de membres et 150 élèves, elle fait preuve d'une vitalité de bon aloi.

En **Tanzanie,** le comité de Dar es Salaam peut également se féliciter des résultats obtenus. 340 étudiants en 1970, 500 en 1975, 600 en 1978 : la progression parle d'elle-même. Comptant dans ses cours, en 1980, le président Nyéréré et sa femme, elle ressent avec fierté l'honneur d'avoir été choisie parmi tous les organismes qui enseignent notre langue.

Afrique francophone

En Afrique noire francophone, l'Alliance n'a pas de raison impérieuse d'exister. Aussi y est-elle modestement représentée.

Au **Sénégal,** on compte des comités à Dakar, à Kaolak, à Rufisque, à Saint-Louis, à Thies, à Ziguinchor. Le comité dakarois, le plus ancien du continent africain (il a 98 ans en 1982), s'il compte une centaine d'élèves, se distingue surtout par une bibliothèque de 11 000 volumes et par ses initiatives artistiques de haut niveau. Tel le festival Henri Sauguet organisé, en 1977, par son secrétaire général, Michel Caussade, lui-même fervent musicien.

En **Côte-d'Ivoire,** le comité d'Abidjan, tout en voyant augmenter le nombre de ses étudiants en 1980 et en 1981, fait lui aussi plus de place aux manifestations culturelles qu'à l'enseignement.

Au **Tchad,** on note la présence de deux Alliances : l'une à Abéché (100 membres et 150 élèves en 1970), l'autre, toute récente, créée à Moundou.

Au **Zaïre,** où il y a 12 centres, le plus important est celui de Kinshasa (320 étudiants en 1980), mais il y a de bons cercles aussi à Kolwezi, à Bunia, qui prend un nouvel essor en 1980, à Kananga (250 membres et 400 élèves en 1976) et à Matadi, où l'on change de local en 1977 et où 150 personnes sont inscrites aux cours.

Une dimension planétaire

En Afrique noire anglophone, l'Alliance possède d'importantes implantations.

Au **Ghana,** elle a un centre très actif dans la capitale, Accra, où, logée dans une maison spacieuse et équipée d'un laboratoire de langue, elle reçoit des élèves en nombre grandissant : 250 en 1969, 520 en 1972, 900 en 1980, 1 000 en 1981. A Kumasi et à Takoradi, (110 élèves en 1980), elle a deux filiales bien vivantes.

En **Gambie,** le comité de Banjul (ex-Bathurst) a une cinquantaine de membres et une centaine d'étudiants.

Au **Nigeria,** pays africain le plus peuplé, l'Alliance a fait d'immenses progrès. A Lagos, en 1975, elle a 225 membres et 750 élèves ; elle y présente 130 candidats aux examens ; et trois antennes y sont rattachées au centre principal : Ikeja, Apaka, et Benin City. A Ibadan, où deux anciens recteurs sont inscrits aux cours, son enseignement est suivi, en 1980, par 450 auditeurs. A Kaduna, où elle s'installe en 1981 dans de nouveaux locaux, elle réunit 180 adhérents. A Maiduguri, elle a une filiale toute récente qui prend un excellent départ. Un des résultats les plus notables obtenus au Nigeria est la reconnaissance officielle, par l'État de Lagos, aux titulaires du diplôme de l'Alliance, du droit d'enseigner le français.

A **Sierra Leone,** les cours de Freetown reçoivent 140 élèves en 1980.

Enfin, en Afrique lusitophone, l'Alliance française de **Luanda,** qui a ouvert des classes en 1969, voit ses effectifs scolaires grossir rapidement et atteindre, quatre ans plus tard, le chiffre remarquable de 600 inscrits. Il est aujourd'hui de près de 2 000.

Afrique du Sud

En **République sud-africaine,** l'Alliance est représentée par une quinzaine de filiales, unies par le lien d'un *Bulletin mensuel* tiré à 400 exemplaires. Sur le plan de l'enseignement, elle rassemble plus de 2 200 élèves, dont 800 à Johannesburg (où il y a 225 membres), 700 au Cap, 260 à Pretoria, 250 à Durban, 220 à Port Elizabeth, 75 à Pietermaritzburg, elle a deux annexes à Soweto et à Mitchellsplain pour les milieux non blancs, et elle organise des stages pédagogiques (notamment à Bloemfontein et à Durban) à

Une dimension planétaire

l'intention des professeurs de français du pays, désireux d'employer les méthodes audiovisuelles. Du point de vue culturel, ses activités sont également brillantes : un peu partout, on monte des pièces de théâtre, on projette des films, on donne des concerts, on fait entendre des chansons. Parfois, une occasion exceptionnelle fournit la possibilité d'une réunion inattendue, mais accueillie avec d'autant plus d'enthousiasme : tel est le cocktail offert, en 1971, par l'Alliance de Durban pour fêter l'équipe de France de rugby venue affronter celle des Springboks.

Dans la Rhodésie voisine, devenue le **Zimbabwe,** on relève l'existence de quelques centres actifs à Bulawayo (80 membres en 1975), à Harare (130 étudiants en 1980), à Gwelo. En **Zambie,** l'Alliance a des filiales à Lusaka, où le comité, créé en 1969, a 500 membres en 1973, à Chingola (150 membres et 60 élèves), à Kitwe et à Luanshya N'Dola (200 membres). Au **Botswana,** elle ouvre un cercle à Gaborone, qui, en 1983, réunit plus de 200 étudiants.

Océan Indien

Dans les grandes îles de l'océan Indien, l'Alliance occupe des positions somme toute privilégiées. A **Madagascar,** elle est représentée, en 1975, dans six villes importantes. Au début de 1978, ayant changé de nom pour s'appeler désormais Association culturelle franco-malgache, elle a créé trois nouveaux points d'implantation. Et, fin 1980, elle ne compte pas moins de quinze comités : Ambaja ; Ambatondrasaka (340 membres, 60 élèves) ; Antananarivo, ex-Tananarive (500 étudiants) ; Antsirabé (1 630 membres, 200 élèves) ; Antsiranana, ex-Diego Suarez (1 100 membres, 200 élèves) ; Fianarantsoa ; Mahajunga (plus de 1 000 membres, 180 élèves) ; Maintirano (le dernier-né) ; Manakara (300 membres, 200 élèves) ; Morondava (près de 500 membres) ; Nosy-Bé (50 élèves) ; Sambava ; Toamasina, ex-Tamatave (2 140 membres, 200 élèves) ; Tolagnaro, ex-Fort-Dauphin (2 000 membres) ; Toleara, ex-Tulear (825 membres, 70 élèves). Au total, avec ses 10 500 membres, ses 1 800 étudiants, les 45 000 volumes contenus dans ses bibliothèques, l'ouverture d'un « Bureau d'activités pédagogiques », la création de nombreux stages à l'intention des professeurs, l'*Association culturelle franco-malgache* est devenue une des grandes Alliances du monde.

Une dimension planétaire

Aux **Comores,** le comité de Moroni, en 1971, a 245 membres ; et à Dzaoudzi, une session de formation pour animateur des « Maisons des jeunes et de la culture », qui a lieu du 27 mars au 5 avril

1975, révèle un grand intérêt pour les problèmes que pose aujourd'hui l'éducation populaire. De même, à **Mahé,** aux **Seychelles,** la multiplicité des actions culturelles (soirées de littérature, concours de chant, organisation de bals) prouve que partout l'Alliance est en prise sur son temps.

A **l'île Maurice,** le Comité de Port-Louis (c'est le plus ancien du monde) fête ses 85 ans en 1969 et, s'il perd, en 1973, son président, Philippe Lagesse, une des figures les plus populaires de l'Alliance, il n'en reste pas moins des plus vivaces. A Quatre-Bornes, où le groupe régional a désormais son siège, il y a plus de 100 membres dès 1979. Et à Curepipe, le collège La Bourdonnais, devenu lycée en 1972, depuis que 10 salles de classes nouvelles y ont été construites et qu'un terrain de sport y a été aménagé, ne cesse de prospérer : après avoir ouvert, en 1973, des classes terminales, il compte, en 1976, 1 129 élèves et, en 1980, 1 210. Sa croissance ininterrompue est un des grands motifs de satisfaction pour ceux qui suivent attentivement le devenir du français dans cette partie du monde.

Asie

Un des résultats les plus intéressants, dans l'histoire de l'Alliance de ces quinze dernières années, c'est son expansion en Asie, c'est-à-dire dans la région du monde la plus peuplée, mais aussi la plus éloignée de la France et sans doute la moins préparée (sauf dans l'ancienne Indochine, peut-être) à s'ouvrir au français. Or, un peu partout, qu'il s'agisse du sous-continent indien, de Ceylan, de la Thaïlande, de la Corée, de la Malaisie, ou des pays de la diaspora chinoise, les progrès sont considérables et réconfortants. C'est, sans doute, que notre langue apporte un « antidote » à la langue du business ; c'est aussi que, pour reprendre le mot d'un jeune Ceylanais : « France, sans toi, le monde serait seul ».

Émirats et Bahrein

Cette irrésistible poussée vers l'est, elle se manifeste, dès le Moyen-Orient, par la pénétration de l'Alliance dans les Émirats et à Bahrein.

Une dimension planétaire

A **Abou Dhabi,** où elle a été fondée en avril 1976, elle est logée dans un bâtiment flambant neuf, voisin de la petite école, et elle voit ses effectifs scolaires monter en flèche : de 100 élèves qu'elle reçoit peu après son ouverture, elle passe à 450 quatre ans plus tard. Dotée d'une bibliothèque de 2 000 volumes, d'une cinémathèque de 173 courts métrages, elle contribue à faire connaître les classiques du cinéma français, par exemple les films qui ont fait la gloire de Pagnol et de Raimu. A Manama (Bahrein), où il s'est réuni pour la première fois en 1969, le comité, qui bénéficie du soutien de nombreuses compagnies françaises, fait alterner avec succès l'enseignement de la langue (on compte une centaine d'étudiants) et des expositions sur la France qui instruisent le public sur certains aspects de notre pays. Et **Dubai** compte aujourd'hui une toute jeune Alliance.

Au **Pakistan,** les principaux centres se situent : à Karachi, où le comité, installé dans de nouveaux locaux en 1980, rassemble à cette date 760 membres et reçoit dans ses cours plus de 600 étudiants (contre 300 en 1969) ; à Lahore, où, dix-huit ans après sa fondation, l'Alliance accueille 400 élèves, et à Peshawar, où il n'y a pas moins de 250 membres, dont 200 suivent assidûment les classes de français.

Au **Bangladesh,** État qui a conquis son indépendance en 1971, l'Alliance est représentée dans deux grandes villes. La première est Dacca, où elle compte 240 membres et plus de 550 élèves en 1982, où elle dispose d'une bibliothèque riche de 3 000 volumes et d'une discothèque bien fournie, où, enfin, elle organise des manifestations de toute sorte : hommage à la mémoire d'André Malraux, concours de photos, exposition-vente d'affiches, organisation de « Journées Alliance », bal masqué, pique-nique — tout cela pour la seule année 1977. La seconde est Chittagong, où elle s'est formée en 1969, et où, en 1982, elle a de nombreux étudiants.

En **Inde,** des comités souvent très actifs sont présents dans une douzaine de grandes villes. Les plus importants (par ordre alphabétique) sont les suivants : Bangalore, où le ministre Norbert Segard a posé la première pierre du nouvel édifice le 1er mars 1980 et où on dénombre 500 membres et 800 étudiants ; Bombay, qui a 1 000 adhérents et dont les effectifs scolaires ne cessent d'augmenter (plus de 1 000 élèves en 1979) ; Calcutta qui, sous la présidence avisée et efficace de Lady Mukerjea, réunit 800 membres, dispense son enseignement à 600 adultes et publie une revue franco-bengalie, *Confluence ;* Delhi, dont les cours battent tous les records d'affluence (1 800 élèves), qui est devenu le plus grand centre d'échan-

Une dimension planétaire

ges culturels franco-indiens et qui donne le meilleur exemple dans ce domaine, avec sa bibliothèque de 16 000 volumes et l'ouverture d'un « Théâtre de poche » en 1981 ; Goa, qui inaugure une nouvelle maison le 12 décembre 1981 ; Hyderabad, où l'Alliance qui vient d'être créée le 31 décembre 1980, compte 340 membres et 180 étudiants ; Madras (857 membres et 1 000 élèves en 1981), qui n'organise pas seulement des discussions relatives à des œuvres littéraires, à des films, à des chansons, mais aussi des cours de karaté et de danse classique, voire des tournois d'échecs et qui est autorisée par l'Université à préparer les étudiants *au M. A. french* ; Trivandrum, de fondation également toute récente (elle date de 1981), qui a déjà 680 membres et près de 200 élèves. Dans les anciens comptoirs français de l'Inde, on observe aussi l'existence de deux vaillants comités : celui de Karikal (60 membres et 320 élèves en 1980) ; celui de Pondichéry qui, en 1981, a 2 272 membres, enseigne à 600 étudiants et en compte 117 autres dans son cours par correspondance. L'Inde est, incontestablement, l'un des pays où, durant ces dix dernières années, l'Alliance a fait le plus de progrès.

A Ceylan, devenue **Sri Lanka** en 1972, l'Alliance de Colombo, riche de 300 membres et de 500 élèves, se manifeste par une vie sociale intense, cependant que celle de Kandy, fréquentée par une centaine d'étudiants, se consacre surtout à l'enseignement.

En **Birmanie,** le centre de Rangoon, après avoir été fermé pendant plusieurs années, rouvre ses portes avec succès en 1970. Il compte aujourd'hui 110 familles payant leur cotisation et 170 étudiants. L'activité cinématographique est l'une des plus appréciées puisqu'il n'y a pas moins de huit projections de films par mois dans cette Alliance où la vie n'aura jamais été facile.

En **Thaïlande,** l'Alliance de Bangkok, qui cohabite avec le centre culturel français, est, depuis longtemps, tout à fait florissante. Outre les 250 membres qui y sont inscrits et les 1 200 élèves qui en suivent les cours en 1972, elle peut, cette année-là, fêter son 60e anniversaire, en présence même du roi, et rassemble, à cette occasion, un bon millier de personnes. Dix ans plus tard, lorsqu'elle inaugure ses nouvelles installations − un auditorium de 300 places et un restaurant −, la cérémonie, qui coïncide à peu de chose près avec la célébration de son 70e anniversaire, est présidée cette fois par la princesse Galgani Vadhana, sœur de sa Majesté et présidente de l'Association thaïlandaise des professeurs de français. Pendant trois semaines, du 6 au 27 novembre 1981, 700 visiteurs sont accueillis dans les locaux de l'Alliance, qui abritent en même temps une exposition de peintures et de sculptures ainsi

Une dimension planétaire

qu'un festival cinématographique. Aujourd'hui, avec ses 1 500 membres, ses classes où se pressent, sous la férule énergique d'Émile Mantica, plus de 2 500 étudiants et sa bibliothèque de 1 500 volumes, elle prend rang parmi les quinze premières du monde. Ajoutons que, depuis 1972, elle a ouvert, à Chieng Maï, une antenne qui prolonge en province son action dans la capitale : en 1981, on y compte 120 membres et une centaine d'élèves répartis dans trois cours différents.

La **Malaisie** possède, dans sa capitale de Kuala Lumpur, une Alliance qui ne cesse de se développer. Le nombre de ses étudiants, qui est de 600 en 1977, s'élève à plus de 700 deux ans plus tard. Les stages de pédagogie qu'elle organise à l'intention des professeurs de français offrent à ceux-ci l'occasion d'améliorer leur enseignement. Elle a une vie socioculturelle assez intense pour mettre sur pied, à Noël 1977, deux fêtes destinées, l'une aux enfants, l'autre aux adultes. Elle ajoute à ses cours de langue des cours de cuisine et de danse, elle a un club photo et une chorale. Enfin, elle ouvre, en 1976, une antenne à Ipoh. Un peu plus au Nord, dans l'Ile de Penang, les résultats sont également convaincants, puisque l'Alliance y compte 240 membres et que ses cours y sont suivis par 210 élèves.

Au sud, dans le jeune État de **Singapour,** l'Alliance connaît une prospérité à l'image d'un pays petit par les dimensions, mais grand par l'activité économique, bancaire et commerciale qui s'y développe. Installée dans une villa de type victorien, mais que des travaux importants modifient pour la rendre plus fonctionnelle, elle voit ses effectifs augmenter d'une façon impressionnante, puisqu'en 1980 elle compte 800 membres et plus de 2 200 étudiants. Là aussi, on multiplie les initiatives socioculturelles : danse, mime, chant, gastronomie, peinture, photo, sport (l'Alliance a une équipe de football qui n'est battue que deux fois en 39 rencontres et dispose d'un court de tennis où sont organisés des tournois), sorties en commun où la seule langue utilisée est le français. Il y a là les signes d'une vitalité exceptionnelle. Une publication mensuelle — *Liens* — créée en 1976 par Roland Drivon, tire à 41 000 exemplaires dès l'année suivante et confirme le dynamisme d'une Association à tous égards exemplaire.

Sans vouloir faire de peine à personne en se livrant à des comparaisons peut-être inopportunes, il faut bien reconnaître que, dans le Sud-Est asiatique, la palme revient à **Hong Kong,** où l'Alliance suscite un engouement hors du commun : 1 400 élèves en 1969, 2 500 en 1971, 5 116 en 1972, plus de 10 000 en 1975 ! Elle doit

Une dimension planétaire

plusieurs fois changer de local pour faire place à la demande d'un public toujours plus nombreux et s'étend jusqu'à Kow Loon, dans les Nouveaux-Territoires. Elle emploie quelque 50 professeurs, a une bibliothèque de 10 000 volumes, une discothèque de 1 000 disques et peut se permettre d'organiser un festival du cinéma français qui remporte une sorte de triomphe. Dans cet Extrême-Orient, où l'Alliance a fait une étonnante percée, il faut bien citer Hong Kong parmi les lauréats du développement et du succès.

Dans les pays de l'ex-Indochine, où l'Alliance avait pénétré dès sa fondation, son action est désormais soumise aux nouvelles situations politiques et elle se limite pratiquement au domaine de l'enseignement. A Saigon, où elle a compté jusqu'à plus de 500 membres, son crédit, après avoir fléchi vers 1965, remonte pendant les années 1970 et suivantes, où elle compte à peu près 400 élèves. Au Laos, et plus spécialement à Vientiane, le nombre des personnes inscrites aux cours est plus élevé : 900 en 1970, 600 adultes et 250 enfants des classes primaires en 1972, 620 élèves en 1974. A Pnom-Penh, où elle est hébergée le soir dans les classes du lycée Descartes, l'Alliance connaît un très grand succès : en 1971, ses cours sont suivis par 2 800 personnes, Khmères à plus de 80 %, en 1973, par 4 600 — et ce chiffre serait encore plus considérable s'il était possible d'utiliser des locaux plus vastes. Ensuite, la guerre que l'on sait interdit toute activité, fût-elle de caractère strictement pédagogique.

En **Chine populaire,** une mission de quatre professeurs, conduite par le directeur de l'École de Paris (juin-septembre 1979), reçoit un excellent accueil et permet de faire pénétrer dans les instituts de langue de Pékin et de Shanghai les méthodes en honneur à l'Alliance, mais elle ne parvient pas à débloquer la situation et à faire ouvrir des filiales, comme il y en avait à Shangai jusqu'en 1949.

Dans la **Corée** voisine, en revanche et notamment à Séoul, elle est fort bien implantée : en 1971, elle reçoit 1 400 élèves, que se répartissent dix professeurs sous la houlette du directeur détaché ; en 1973, elle en accueille 1 950 et ouvre une antenne à Taegu ; mais un incendie vient détruire cette belle progression, et quand, relevée de ses ruines en 1976, elle reprend ses activités, elle a la satisfaction d'héberger 600 étudiants (auxquels il faut en joindre 430, à Taegu) et d'être chargée, par le gouvernement même, d'organiser les examens de français pour les fonctionnaires coréens qui ont l'intention de s'y présenter. Aujourd'hui la prospérité est revenue, puisqu'en 1982 il y a 4 830 élèves inscrits dans les deux centres.

Une dimension planétaire

234

ALLIANCE FRANÇAISE de NAGOYA

名古屋日仏協会

Automne 1982   〒464 名古屋市千種区四ッ谷通2-13 ルーツストーンビル ☎(052)781-2822

*Une
dimension
planétaire*

Une troisième filiale, créée à Busan en 1978, bénéficie de la présence d'un professeur détaché.

Au **Japon,** depuis 1977, le directeur de l'Institut français de Tokyo, ou son adjoint, exerce en même temps les fonctions de délégué général de l'Alliance. Mais l'implantation de celle-ci reste timide. Elle se réduit à trois filiales qui sont situées à Nagoya[9], Osaka et Hiroshima et pratiquent l'enseignement du français, chacune avec l'appui d'un détaché. Il faut ajouter à ce dispositif vraiment maigre les deux centres d'enseignement de la langue qui fonctionnent à Humamatsu et à Sapporo.

La situation est beaucoup plus favorable aux **Philippines,** où le comité de Manille, après avoir inauguré ses nouveaux locaux en 1979, fête en 1980 son 60e anniversaire. Avec ses antennes de Pasay et de Quezon, et le comité de Cebu, ce sont plusieurs centaines d'élèves que l'Alliance accueille dans ses cours : un tel chiffre dit assez éloquemment sa vitalité.

Océanie

E n **Australie,** où elle compte actuellement seize Comités, l'Alliance ne cesse d'améliorer ses positions. Du reste, depuis 1970, à l'initiative d'Albert Salon, elle a regroupé ses fidèles en une fédération, qui a son siège à Canberra, la capitale fédérale, et dont le président, Ross Steele, a vu récompenser ses mérites en recevant, en 1980, les insignes de chevalier dans l'ordre du Mérite.

Les Alliances sont, évidemment, d'importance très inégale, les deux plus puissantes et de loin, se trouvant situées dans les deux grandes métropoles du pays : Sydney et Melbourne.

A Sydney, qui a élu, en 1977, un brillant président en la personne de M. de Boos-Smith, et où le comité recrute toujours un plus grand nombre d'adhérents (1 200 en 1969, 1 714 six ans plus tard), l'activité est débordante. Du côté de la vie mondaine, cocktails, présentations de mode, réceptions organisées par un comité de dames de la High-Society se succèdent à un rythme accéléré, et du côté de l'enseignement on ne cesse de multiplier les classes : tandis qu'il y a 510 étudiants en 1972, on en compte, en 1979, 1 094

---

9. A Nagoya, il y a des cours, des activités culturelles, et on édite un très beau *Bulletin* (cf. page 234).

auxquels il convient d'ajouter ceux qui suivent les cours extérieurs (333) et ceux qui sont dans les cours privés (88). Dans son local moderne, sis en plein coeur de la City, où elle s'est transportée en 1969, avec son service de documentation pédagogique, sa bibliothèque de 12 000 volumes, sa discothèque et sa filmothèque, l'Alliance de Sydney est superbement équipée et prend place parmi les grandes maisons de notre Association.

A Melbourne, le bilan est également des plus flatteurs. Là aussi, le nombre des membres est en augmentation constante : de 900 en 1968, il passe à 1 074 en 1978 et à 1 200 en 1980. Celui des élèves suit la même courbe ascendante : longtemps maintenu aux environs de 700, il s'élève à 1 070 en 1981. Au concours annuel de langue française, les candidats de Melbourne se chiffrent par milliers ; au concours Lapérouse, organisé par la délégation générale de Canberra, ils obtiennent d'excellents résultats. L'élection à la présidence, en 1979, de Colin Nettelbeck, qui est un chercheur connu en matière de littérature française, resserre les liens avec l'Université. Enfin, depuis son installation, en mars 1980, dans son nouveau local de Richmond, l'Alliance de Melbourne dispose désormais de deux lieux de travail proportionnés à ses mérites et à ses ambitions.

Dans les autres villes importantes, on s'évertue aussi avec bonheur. A Adélaïde, il y a plus de 100 membres et de nombreux étudiants suivent les cours de français ouverts par l'Alliance. A Brisbane, où le vénérable J.-C. Mahoney a été longtemps président, on compte une centaine de membres et on s'est mis à enseigner. A Canberra, où se tient la délégation générale, Serge Preca a beaucoup oeuvré pour doter l'Alliance d'un local digne d'elle et y créer des classes : n'est-ce pas d'ailleurs à elle qu'est confié, en 1974, un stage intensif d'enseignement de français destiné aux diplomates résidant dans la capitale australienne ? A Perth, grande cité isolée de l'Australie occidentale, le comité rassemble 120 membres qui se réunissent autour de barbecues champêtres, à moins que ce ne soit dans les salons du restaurant Bougainville, et les cours dont l'Alliance a pris l'initiative reçoivent plus de 150 élèves.

Ailleurs, on obtient des résultats qui méritent d'être soulignés. Armidale groupe une centaine d'élèves dès 1973 ; à Atherton, en 1975, à Ballarat en 1980 s'ouvrent de jeunes Alliances ; Hobart, dans la lointaine Tasmanie, présente de nombreux candidats au concours de langue française ; le cercle de Toowoomba a plus de 100 membres, et celui de Waga-Waga (la ville des corbeaux), à l'occasion d'événements marquants, telle la visite de l'ambassa-

Une dimension planétaire

deur de France en 1979, organise des soirées auxquelles accourent, d'un peu partout, les sympathisants de l'Alliance.

Dans la **Nouvelle-Guinée** voisine, deux comités de fondation récente, assurent la présence de l'Association : celui de Port Moresby, dont la création remonte à 1972, et celui de Boroko, qui date de 1971.

En **Indonésie,** où elle a beaucoup progressé ces dernières années, l'Alliance ne possède pas moins de dix filiales, dont les efforts sont coordonnés par la délégation générale sise dans la capitale. Déjà, vers les années 1970, il y a de grands centres d'enseignement, à Jakarta, à Bandung (370 élèves) à Jogjakarta (500). Mais d'autres s'ouvrent ensuite dans des villes de moindre population : par exemple celui de Bogor, qui, en 1979, a cinq classes de français ou celui de Balikpapan, créé en 1980, qui en compte 13.

En **Nouvelle-Zélande,** l'éloignement de la France n'empêche pas ceux qui aiment et pratiquent le français de se retrouver dans une dizaine de comités, eux-mêmes regroupés en une fédération dont le siège est à Palmerston North.

A Auckland, outre les activités traditionnelles (conférences, lectures, soirées et variétés), on essaie de multiplier les rencontres et d'y associer les jeunes ; on donne aussi à l'enseignement une place que situe assez exactement l'attribution, en 1976, de 120 diplômes de français.

A Hamilton, un effort du même ordre est accompli, puisqu'on y institue un concours oral de français auquel participent 250 lycéens de 13 à 18 ans et qu'en 1976 on y présente 130 candidats aux examens de l'Alliance.

A Wellington, où, pendant 55 ans, dont 20 de présidence, s'est illustrée Mme Finlayson, et où le comité compte 200 membres, on se réunit tous les quinze jours et on multiplie les manifestations socioculturelles : bals, représentations théâtrales, causerie, soirées musicales, projections de films.

Dans les Alliances de Christchurch, de Lowerhutt, de Dunedin, la vie n'est guère différente : on y organise, chaque année, une dizaine de soirées récréatives, qui toutes marquent le même désir de garder le contact avec la France et la langue qui s'y parle.

Une dimension planétaire

L'arche d'Alliance

Une triple vocation

Aujourd'hui comme hier, et comme demain sans doute, l'Alliance reste fidèle à la triple vocation qu'a si bien définie Georges Duhamel, son président de 1937 à 1949.

1) Elle répond d'abord à l'« amour d'un beau langage ». Un langage non point académique, fondé sur un purisme démodé : mais un langage clair, vivant, précis, aussi loin des raffinements inutiles de la préciosité que du snobisme de la vulgarité. L'Alliance française a été créée pour une meilleure et plus large diffusion de la langue. C'est pourquoi l'enseignement de celle-ci, auquel Marc Blancpain a attaché tant d'importance, reste et restera la priorité des priorités. C'est pour lui et par lui (notamment grâce aux ressources financières qu'il procure) que l'Alliance existe d'abord.

2) L'Alliance est favorable au **respect de la civilisation.** Non pas seulement de la civilisation française, qui n'en est qu'une forme, mais des diverses civilisations. Aussi entend-elle pratiquer le « dialogue des cultures », à la fois en propageant la sienne et en faisant le meilleur accueil aux autres. D'où la volonté de multiplier les échanges culturels, d'où cette *Maison des Cultures du Monde,* qu'abrite aujourd'hui le siège parisien et ce théâtre rouvert, rénové, remis en route qui en sera le lieu d'action privilégié.

3) Enfin, l'Alliance pratique le *culte de l'amitié internationale,* non seulement à Paris et dans toute la province française, mais aussi, grâce à son millier d'implantations, sur toute la planète :

François Mitterrand, à Mexico, n'a-t-il pas fait l'éloge de son « esprit de symbiose intellectuelle » ?

Un peu partout, à côté des Écoles, s'organisent des cercles d'accueil, des groupes de théâtre, des clubs réunissant wmateurs de films et de poésie, des équipes de football, toutes formations ou activités qui incitent au rapprochement entre les hommes. Se rassembler pour monter une pièce de Molière ou d'Ionesco, préparer des expositions de peinture, présenter des festivals cinématographiques, publier une revue poétique, faire des marches collectives, pique-niquer au bord d'un lac, et y allumer des barbecues, n'y a-t-il pas là, pour la jeunesse du monde, un programme alléchant, tonique, réconfortant ? L'œcuménisme par l'instrument du français : telle est aujourd'hui la plus haute mission de l'Alliance. Il faut admirer qu'après un siècle d'existence, elle sache, tout en respectant l'héritage d'une très ancienne tradition, épouser sans effort les idéaux et la sensibilité de son temps.

« Une libre association d'hommes libres »

Cette vitalité et cette longévité, que beaucoup d'institutions lui envient, n'ont rien de mystérieux, encore moins de miraculeux. Elles tiennent aux structures mêmes de l'Alliance, « libre association d'hommes libres », qui ne tente nulle part d'imposer ses vues — politiques, nationales ou religieuses — à ses ressortissants.

La formule qui explique son succès et qui s'est beaucoup précisée depuis 1944, est aussi simple qu'originale : confier, dans chacun des cent pays où elle existe, sa destinée aux mains mêmes des étrangers (ou, éventuellement, des Français de l'étranger) qui l'ont fondée et qui en ont la responsabilité. Chaque Comité décide de ses propres statuts, en conformité avec ceux de l'Alliance-mère de Paris et en accord avec elle. C'est le Comité qui recrute ses membres, élit son Président, dispose de ses fonds, s'administre à son gré. Toutes les fois que c'est possible, il est encouragé — voire aidé — à acheter un terrain (celui-ci souvent fourni par un donateur, public ou privé) et à y construire sa propre maison, au besoin à l'aide d'emprunts qui seront peu à peu remboursés, de façon qu'il soit chez lui, en position de totale autonomie. Lorsqu'une Alliance a une école et qu'un Directeur lui est envoyé de France pour animer les cours et développer les activités culturelles, ce Directeur, pourtant fonctionnaire rémunéré par la France, dépend du Comité, dont il doit suivre les directives et les décisions. Ainsi chaque Alliance, loin d'être une antenne téléguidée par le gouvernement français ou par le Siège central, est-elle une association de carac-

L'arche d'Alliance

tère national, obéissant à la législation du pays où elle est installée
et correspondant aux aspirations de celui-ci.

L'Alliance a pour principe le respect absolu de toutes les races, de toutes les nations, de toutes les religions, de toutes les philosophies. Elle n'est ni un parti ni une église : ni confessionnelle, ni non plus anticléricale, elle est la laïcité même, au plein sens du mot. Son intitulé l'indique assez : elle rassemble, au nom du français et de la civilisation dont il est porteur, tous ceux, sans exception, qui aiment cette langue et militent pour sa propagation. Elle est une *arche,* et son emblème naturel est le rameau d'olivier.

Sa longue histoire prouve une remarquable continuité dans les vues et dans l'action. Le rapport Rigaud qui, en 1981, a cherché à mettre de l'unité et de l'harmonie entre les organismes agissant en faveur du français à travers le monde, lui rend un juste hommage et propose de lui confier une part accrue dans cette vaste entreprise collective. Cette optique est aujourd'hui partagée par le ministère des Relations extérieures, qui a pris conscience de son rôle fondamental. Un glorieux passé porte ici témoignage et promet un avenir florissant.

242

ALLIANCE FRANÇAISE DE PARIS
MEMBRES DU CONSEIL D'ADMINISTRATION

Président d'honneur :
M. François MITTERRAND, président de la République.

Vice-Présidents honoraires :
M. Léon NOËL, membre de l'Institut ;
M. Pierre CLARAC, membre de l'Institut, secrétaire perpétuel honoraire de l'Académie des Sciences morales et politiques.

Membres honoraires :
M. Henri BLANCHENAY, ancien président de l'Alliance française de New York.
M. Jacques de LACRETELLE, de l'Académie française.
M. Jean ROCHE, membre de l'Institut.

BUREAU
Président :
M. Marc BLANCPAIN, ancien secrétaire général de l'Alliance française.

Vice-Président :
MM. André CHAMSON, de l'Académie française ;
Raymond LAS VERGNAS, président honoraire de la Sorbonne Nouvelle Paris III ;
Louis LEPRINCE-RINGUET, de l'Académie française, de l'Académie des sciences ;
Georges PORTMANN, de l'Académie de Médecine et de Chirurgie, doyen honoraire de la Faculté de Médecine de Bordeaux.

Secrétaire général :
M. Philippe GREFFET, agrégé de l'Université.
Trésorier général :
M. Jacques MOSER, vice-président honoraire de la Banque française du Commerce extérieur.
Trésorier général adjoint :
M. Louis FLAIVE, directeur de la Banque française du Commerce extérieur.

Délégué général :
M. Roger GOUZE

MEMBRES D'HONNEUR

MM. Jean AUBA, Inspecteur Général, Directeur du Centre International d'Études Pédagogiques ;
Pierre AUGER, membre de l'Institut, directeur général de l'Organisation européenne de Recherches spatiales ;
M. le Professeur Jean BERNARD, de l'Académie française, membre de l'Académie de Médecine ;
M. André BLONDEAU, Directeur de l'enseignement à la Chambre de commerce et d'industrie ;
M. Yves BOUVRAIN, membre de l'Académie de médecine ;
M. Jean FAVIER, directeur général, Direction des archives de France ;

M. Michel FOULON, président-directeur général des Éditions Hatier ;

M. Paul-Marie GAUDEMET, professeur à l'Université de droit, d'économie et de sciences sociales de Paris ;

M. Jean-Claude GROSHENS, président du Centre national d'art et de culture Georges-Pompidou ;

M. Jacques HABERT, sénateur ;

M. Armand HOOG, professeur à l'université de Princeton (U.S.A.) ;

M. Paul IMBS, ancien recteur, président de l'Alliance française de Nancy ;

S.E.M. Jean-Daniel JURGENSEN, Ambassadeur de France, Président de la Maison de l'Amérique latine ;

M. Pierre MESSMER, ancien Premier ministre, député de la Moselle ;

M. Jean MISTLER, secrétaire perpétuel de l'Académie française ;

M. le Professeur Frédéric MAURO, de l'Académie des Sciences d'Outre-mer.

M. Jean-Jacques NATHAN, éditeur ;

M. Jacques SOUSTELLE, ancien ministre, membre de l'Académie française ;

M. Léopold SEDAR-SENGHOR, ancien président de la République du Sénégal, membre de l'Académie française ;

M. Paul-Émile VIARD, ancien professeur à la Faculté de droit d'Alger.

MEMBRES ACTIFS

MM. Claude-André ASPAR, vice-président Boyden Associates ;

Jean BAILLOU, ministre plénipotentiaire, directeur honoraire de l'Institut international d'Administration publique ;

Pierre Guillain De BENOUVILLE, général député de Paris, président-directeur général de « Jours de France » ;

René BERTHON, vice-président Schneider S.A. ;

Roger BOUZINAC, directeur général de la Fédération nationale de la presse française ;

Michel BRUGUIÈRE, ancien rapporteur général du Haut Comité de la langue française ;

Léonce CLEMENT, directeur Union des Français à l'étranger ;

Albert DELAUNAY, professeur honoraire à l'Institut Pasteur de Paris ;

Xavier DENIAU, député du Loiret, ancien secrétaire d'État auprès du Premier ministre, chargé des D.O.M. et T.O.M.

Mme FATOME, présidente de l'Alliance française de Cherbourg ;

Mlle Monique FIOLLE, présidente de l'Alliance française de Marseille ;

S.E.M. Jean FRANÇAIS, Ambassadeur de France ;

MM. Alain GOURDON, Administrateur Général de la Bibliothèque Nationale ;

Jean HARZIC, délégué général de l'Alliance française aux États-unis ;

Francis LANGLUME, président-directeur général de la Fondation Claude-Adolf-Nativelle ;

Jacques LE BOURGEOIS, ancien président du Cercle d'accueil de l'Alliance française de Paris ;

Charles TISSOT	1883-1887
Ferdinand de LESSEPS	1887-1888
Victor DURUY	1889-1891
Comte Colonna CECCALDI	1891-1892
Général PARMENTIER	1892-1899
Pierre FONCIN	1899-1914
Jules GAUTIER	1914-1919
Paul DESCHANEL	1919-1920
Raymond POINCARÉ	1920-1925
Paul DOUMER	1925-1930
Raymond POINCARÉ	1930-1934
Joseph BÉDIER	1934-1937
Georges DUHAMEL	1937-1949
Émile HENRIOT	1949-1961
Wilfrid BAUMGARTNER	1962-1978
Marc BLANCPAIN	1978-

SECRÉTAIRES GÉNÉRAUX

Pierre FONCIN	1883-1897
Alfred MUTEAU	1897-1899
Léon DUFOURMANTELLE	1899-1909
Émile SALONE	1909-1914
Albert MALET	1914-
Paul LABBÉ	1919-1934
Louis DALBIS	1934-1937
Jean LICHNEROWICZ	1937-1944
Marc BLANCPAIN	1944-1978
Philippe GREFFET	1978-

ALLIANCES FRANÇAISES DE L'ÉTRANGER
EFFECTIFS PAR CONTINENTS

	EUROPE	AFRIQUE	AMÉRIQUE DU NORD	ANTILLES	AMÉRIQUE LATINE	ASIE	OCÉANIE	TOTAL
1967	18 680	9 285	3 576	4 295	104 006	17 664	4 758	162 264
1968	19 365	9 717	3 629	3 779	113 998	18 055	4 974	172 517
1969	19 259	10 385	3 838	4 020	115 384	17 975	4 433	175 294
1970	28 162	10 204	3 461	3 699	119 961	15 739	4 332	185 558
1971	28 343	11 693	3 484	4 315	123 540	19 201	4 370	194 946
1972	28 542	11 762	6 750	4 674	135 827	25 821	4 778	218 154
1973	29 732	12 632	6 750	4 667	131 552	25 658	6 271	217 262
1974	30 140	12 390	7 247	4 342	131 410	25 941	6 636	218 106
1975	34 726	12 209	12 122	6 255	132 462	31 950	8 435	238 159
1976	36 174	12 085	12 696	6 861	135 868	29 685	5 621	238 990
1977	29 022	12 146	14 917	7 168	129 732	29 378	4 975	227 338
1978	34 252	12 520	15 448	6 325	131 493	27 450	5 545	233 033
1979	35 450	11 505	13 550	6 407	143 617	27 977	6 253	244 759
1980	49 229	15 098	13 589	5 674	171 713	29 081	6 127	260 511
1981	48 812	16 889	14 247	6 516	135 627	31 243	5 538	258 872
1982	51 935	23 008	18 365	6 655	133 999	33 098	6 929	273 989

En 1947, le total général des étudiants était de 50 000, en 1957 de 78 000.

EXAMENS À L'ÉTRANGER
TABLEAU RÉCAPITULATIF DU NOMBRE DE CANDIDATS PAR EXAMEN
1972-1982

EXAMENS	Diplôme de langue	Diplôme supérieur	Certificat commercial	D.H.E.F.	Brevet d'aptitude	Total
1972	5 167	711	140	436	20	6 474
1973	5 471	838	135	326	25	6 795
1974	4 907	939	139	361	14	6 360
1975	3 764	893	159	320	17	5 153
1976	4 042	695	154	496	23	5 410
1977	4 038	750	147	544	29	5 508
1978	4 287	850	123	510	17	5 789
1979	4 734	1 040	132	568	50	6 524
1980	4 583	1 080	117	472	40	6 292
1981	5 579	1 362	151	501	50	7 643
1982	6 101	1 449	117	452	63	8 182

ALLIANCE FRANÇAISE DE TULLE

BILLET TULLOIS

« Nous voici de retour... »

Les lauréats du concours européen de l'Alliance française viennent d'écrire à Mme Védrenne pour la remercier et lui faire part de leurs impressions après leur voyage à Paris.

Voici cette lettre :

« Nous voici de retour à Tulle. Bien sûr, nous aurions pu nous contenter de vous envoyer une simple carte postale en souvenir de ce séjour et pour vous témoigner toute notre reconnaissance. Mais non. C'eût été bien trop peu pour vous remercier, vous tous, organisateurs de l'Alliance française, de nous avoir permis de vivre une telle aventure.

» Pour nous s'est terminée, hier, une merveilleuse aventure qui nous a paru – hélas ! – combien trop courte. Une semaine. Une semaine qui nous fut donnée pour faire la découverte de la merveilleuse ville de Paris, bien sûr, mais encore et surtout celle d'autres cultures, d'autres coutumes, d'autres folklores, d'autres jeunes. Je ne saurais vous décrire... les mots me manquent et seraient d'ailleurs impuissants à traduire ce que nous avons vécu pendant ces quelques jours.

» Dès le premier soir, le contact est établi. La sympathie, l'amitié, l'amour même sont nés. Des partages, des échanges se sont effectués. Nous avons vécu, en une semaine, ce que d'autres mettent des mois, des années parfois à connaître.

» Les adultes tentent de créer une Alliance. Nous avons tout fait pour que la nôtre soit belle et forte. Puissent les années n'y rien changer.

» La Finlande et la Grèce, la Belgique et l'Espagne, la Suède et l'Italie, le Luxembourg et le Portugal, Les Pays-Bas et la Turquie, l'Irlande et l'Angleterre, la Suisse et la Pologne, la Yougoslavie et Chypre, l'Autriche et le Danemark, l'Allemagne et la France se sont promis de s'écrire et ont formulé le vœu de se retrouver un jour, à nouveau réunis. Nous n'avons pas la prétention de refaire le monde, mais seulement d'entretenir les sentiments, nés au fil de ces quelques jours.

» Hier, ce fut le déchirement. Après une semaine passée ensemble, nous allions nous quitter... à jamais peut-être. Mais non, il ne fallait pas. L'amitié avait vu le jour. Nous avions désormais nos expressions de ralliement, nos habitudes prises en commun, nos plaisanteries.

» Pour nous, c'est une tranche de vie qui s'est terminée. Une tranche de vie qui restera à jamais gravée dans nos cœurs. Et quoi de plus merveilleux que de savoir que l'on a désormais au moins un ami véritable dans vingt pays du monde.

» Hier, c'est un peu comme si le cœur de Paris avait éclaté, dispersant peu à peu ses morceaux aux quatre coins de l'Europe. Puissent seulement un jour ces fragments s'unir à nouveau.

» Mais malgré la tristesse qu'a engendrée pour nous cette cruelle déchirure qui s'accentuait un peu plus à chaque heure, nous ne pouvions que remercier de tout notre cœur tous ceux qui ont rendu possible ce voyage et cette rencontre.

» Un seul mot pour résumer cela : merci. Merci à vous, en espérant que la possibilité sera encore donnée longtemps à d'autres jeunes de vivre une telle expérience ».

Table des matières

Les documents reproduits dans cet ouvrage nous ont été aimablement fournis par l'Alliance française, à l'exception de :
p. 24, photothèque Hachette
p. 43, cliché Illustration
p. 44, cliché Illustration
p. 89, cliché Illustration
p. 96, cliché Illustration
p. 137, photo « Parisien libéré »
p. 151, photo Keystone
p. 197, photo Landin (2)
p. 201, photo Landin

Imprimé en France par BRODARD GRAPHIQUE - Coulommiers-Paris HA/6004/2.
Dépôt légal n° 7218-8-1983 — Collection n° 20 — Édition n° 01.